Katharina Saalfrank
Kindheit ohne Strafen

© Philip Schulte

Katharina Saalfrank ist Diplom-Pädagogin, Musiktherapeutin, Eltern- und Familienberaterin sowie erfolgreiche Ratgeber-Autorin. Sie arbeitet bindungs- und beziehungsorientiert in eigener pädagogisch-psychologischer Praxis in Berlin und stellt vor allem die konstruktive Beziehung zwischen Eltern und Kindern sowie die emotionalen Entwicklungsprozesse der Kinder in den Mittelpunkt. Von 2004 bis 2011 hat sie als Pädagogin in der RTL-Sendung *Die Super Nanny* Familien in schwierigen Situationen gecoacht. Katharina Saalfrank ist Mutter von vier Söhnen und lebt mit ihrem Mann in Berlin.

Weitere Informationen unter www.katiasaalfrank.de

Katharina Saalfrank

Kindheit ohne Strafen

Neue wertschätzende Wege für Eltern,
die es anders machen wollen

BELTZ

Dieses Buch ist erhältlich als:
ISBN 978-3-407-86488-8 Print
ISBN 978-3-407-86497-0 E-Book (epub)

7. Auflage 2022

© 2017 im Beltz Verlag
in der Verlagsgruppe Beltz · Weinheim Basel
Werderstraße 10, 69469 Weinheim
Alle Rechte vorbehalten
Lektorat: Dr. Katharina Theml, Büro Z, Wiesbaden
Umschlaggestaltung: www.stefanielevers.de (Gestaltung),
www.stephanengelke.de (Beratung)
Bildnachweis: © plainpicture/Ute Mans
Satz: publish4you, Bad Tennstedt
Herstellung, Layout: Antje Birkholz
Druck und Bindung: Beltz Grafische Betriebe, Bad Langensalza
Beltz Grafische Betriebe ist ein klimaneutrales Unternehmen
(ID 15985-2104-100).
Printed in Germany

Weitere Informationen zu unseren Autor_innen und Titeln finden Sie unter: www.beltz.de

Inhalt

Einleitung

»Nein«, sagt der Vater von Leon. Ärgerlich schaut er den Vier-jährigen an. »Neeeeein«, wiederholt er noch einmal bewusst mit tiefer Stimme, um seinem Nein noch mehr Gewicht zu ver-leihen. »Nein, Leon, jetzt reicht's mir aber!«, stößt er unge-duldig aus. »Mein lieber Freund! Wenn du jetzt nicht von der Fensterbank herunterkommst, dann spiele ich nicht mehr mit dir, und zur Oma gehen wir nachher auch nicht!«

Kommt Ihnen das bekannt vor? Sie bitten Ihre Kinder mehr-mals, etwas zu tun oder zu unterlassen. Sie haben als Eltern gute Gründe für Ihre Bitten, Sie haben es erklärt, mehrfach. Sie ver-suchen es freundlich, Sie sagen es noch und noch einmal! Doch Sie haben einfach das Gefühl, überhört zu werden oder »gegen eine Wand« zu reden. Oder gar, dass Ihr Kind Sie bewusst ärgern möchte! Wenn Sie dann irgendwann glauben, die komplette Bandbreite Ihrer Möglichkeiten ausgeschöpft zu haben, begin-nen Sie, mit Konsequenzen zu drohen, oder verhängen Strafen.

»Jetzt reicht's mir aber«, ruft Lisas Mutter genervt ihrer zwölfjährigen Tochter entgegen. »Ich habe es im Guten ver-sucht, und ich war sehr geduldig! Wir haben x-mal drüber geredet. Und was ist passiert? Nichts! Dein Zimmer ist nicht aufgeräumt und deine Hausaufgaben hast du auch noch nicht gemacht. Es reicht mir jetzt wirklich!« Das Gesicht der Mutter ist vor Ärger rot angelaufen. Nachdem es den ganzen Nach-mittag Streitereien gegeben hatte, platzt ihr nun der Kragen, und sie schreit los: »Das hat jetzt Konsequenzen, mein Fräu-lein! Du hast dich nicht an unsere Absprachen gehalten, das geht so nicht. Dafür darfst du heute Abend kein Fernsehen mehr schauen, und den Besuch am Wochenende bei deinen Freundinnen kannst du auch vergessen!«

Lassen Sie uns ein kleines Gedankenexperiment machen und diese Situation in eine Erwachsenenbeziehung übersetzen. Folgender Dialog entsteht dann:

Frau (empört): »Was? Du hast nicht aufgeräumt? Das kann doch wohl nicht wahr sein.«

Mann: »Ich hatte noch andere Dinge zu tun und bin noch nicht dazu gekommen.«

Frau (wird lauter): »Wie? Und unsere Buchung für den Urlaub hast du auch noch nicht erledigt?«

Mann: »Das wollte ich noch machen.«

Frau (laut): »Also, jetzt reicht's wirklich! Ich habe es im Guten versucht, und ich war sehr geduldig! Wir haben x-mal drüber geredet. Und was ist passiert? Nichts! Die Küche ist nicht aufgeräumt, und unser Urlaub ist auch nicht gebucht. Es reicht mir jetzt wirklich.« Frau (schreit jetzt): »Das hat jetzt Konsequenzen, mein lieber Freund! Du hast dich nicht an unsere Absprachen gehalten, das geht so nicht! Dafür darfst du heute Abend das Fußballspiel nicht anschauen, und dein Bier am Wochenende mit deinen Freunden kannst du auch vergessen.«

Wenn ich in meinen Veranstaltungen zu diesem kleinen Gedankenexperiment einlade, reagiert das Publikum immer gleich: Es lacht laut auf, und viele schmunzeln. Es hört sich eben lustig an, wenn der eine Partner dem anderen wie einem Kind droht. Unter Erwachsenen hört es sich »schräg« an – zwischen Eltern und Kindern finden solche Dialoge tagtäglich statt, und Erwachsene finden das erst einmal gar nicht merkwürdig. Denn: Ist es nicht so, dass wir Eltern dafür verantwortlich sind, aus unseren Kindern gesellschaftsfähige Wesen zu machen? Und gehört es da nicht auch dazu, ein Verhalten, das wir nicht gutheißen, zu sanktionieren und Kindern Grenzen aufzuzeigen? Ist das nicht notwendig, wenn wir wollen, dass Kinder sich an die Regeln in unserer Gesellschaft halten?

Nein, es ist nicht notwendig. So viel kann ich schon einmal sagen. Warum wir es trotzdem häufig tun und warum es uns so schwerfällt, es anders zu machen, lohnt sich zu hinterfragen. Doch für mich geht es gar nicht in erster Linie darum, dass wir die Verantwortung für das Aufwachsen unserer Kinder und auch dafür haben, dass sie sich in der Gesellschaft zurechtfinden. Die Frage ist für mich eher: Auf welche Art und Weise dürfen Kinder erwachsen werden? Von welchen Werten ist ihr Aufwachsen geprägt?

Ich möchte gleich einem Missverständnis vorbeugen und klarstellen, dass Kindheit ohne Strafen für mich nicht bedeutet, dass Kinder ohne Orientierung von Erwachsenen aufwachsen, sich selbst überlassen sind oder es hier um einen Laissez-faire-Umgang handelt, bei dem Kinder keine Grenzen erfahren. Ganz im Gegenteil! Kinder brauchen Führung – ohne die sind sie verloren. Die Frage ist nur, wie die Qualität dieser Führung beschaffen ist und für welche Form der Führung ich mich entscheide. Ist es eine autoritäre, sanktionierende Führung oder eine, die wertschätzend auch die Bedürfnisse des anderen berücksichtigt?

Das Gegenteil einer sanktionierenden Führung ist jedoch auch keine »Kuschel Pädagogik«, die Kinder über »Tische und Bänke« gehen lässt, wie von Verfechtern des autoritären Erziehungsstils gerne vermutet wird. Nein, ganz und gar nicht. Ich halte den strafenden, sanktionierenden Umgang mit unseren Kindern für unnötig und überflüssig. Ich möchte konstruktive Alternativen zu Strafen und Sanktionen anbieten, denn die gibt es. Sie basieren auf meinem bindungs- und beziehungsorientierten Ansatz mit Kindern, der sich im Laufe der letzten zwei Jahrzehnte in meiner Arbeit mit Familien, aber auch für mich als Mutter bewährt hat.

Diese Pädagogik zeichnet sich vor allem dadurch aus, dass

wesentliche Aspekte von Bindung und Beziehung in besonderer Weise im Umgang miteinander berücksichtigt werden, sodass einerseits die konstruktive Beziehung und der wertschätzende Dialog zwischen Erwachsenen beziehungsweise Eltern und Kindern sowie die individuellen emotionalen Entwicklungsprozesse der Kinder im Mittelpunkt stehen. Wichtige Erkenntnisse aus der Bindungs- und Säuglingsforschung und aus der Entwicklungspsychologie werden berücksichtigt und spielen eine entscheidende Rolle dabei, welche Beziehungsantwort Eltern ihren Kindern geben. Andererseits geht es darum, individuelle Beziehungsgeflechte zu analysieren und zu verstehen – ein großer Unterschied zur Verhaltenspädagogik, die nicht auf das Verstehen von Ursachen, sondern auf reine Symptombehandlung und Anpassung setzt.

Das Fatale ist, dass ein Umgang mit Kindern, der auf reine Verhaltensanpassung und auf Lob für gutes Verhalten, auf Strafen und Konsequenzen für »negatives«, »schlechtes« oder von uns nicht erwünschtes Verhalten setzt, zwar »funktioniert«, jedoch die Beziehungsqualität innerhalb der Familie, insbesondere die zwischen Eltern und Kindern, stark belastet. Mehr noch, er kann sogar mit negativen Langzeitfolgen für die psychische und physische Gesundheit der Kinder einhergehen. Wer es also aufgrund dieser Erkenntnisse anders machen will, muss nicht nur auf der Beziehungsebene umdenken, sondern noch wichtiger: *umfühlen* und sich ganz neu in die Beziehungen in der Familie und in Kinder einfühlen. Wenn wir anders fühlen und denken, können wir auch Handlungsalternativen finden und uns aus bisherigen Mustern befreien.

Ich möchte mich mit diesem Buch in erster Linie nicht *gegen*, sondern *für* etwas aussprechen. Für eine Kindheit ohne Strafen. Und für eine achtsame, liebevolle, fürsorgliche und konstruktive Begleitung unserer Kinder. Ich möchte Herzen öffnen und Empathie wecken, das emotionale Sensorium in uns selbst schärfen und die Einfühlung in unsere eigenen und in die Bedürfnisse unserer Kinder wecken. Bei allen Menschen, die es anders machen wollen. In diesem Sinne möchte ich Sie dabei begleiten, neue Wege zu beschreiten, und Sie ermutigen, nicht aufzugeben, wertschätzende Lösungswege zu suchen.

Das alles ist sicher leicht gesagt. Doch ich weiß, dass die Umsetzung für viele Eltern überhaupt nicht einfach ist. Warum? Weil wir den Kontrollmodus abschalten und Vertrauen lernen dürfen. Das geht nicht ohne die Reflexion eigener Handlungsmuster. Schnell werden Stimmen in uns wach, die alte Erziehungssätze in uns wecken und uns zuflüstern: »Wer nicht hören will, muss fühlen!«, »Strafe muss sein!« oder auch »Was Hänschen nicht lernt, lernt Hans nimmermehr!«. Diese Stimmen sind mal lauter, mal leiser, und sie machen es nicht leicht, Vertrauen in uns selbst und in die Beziehung zu unseren Kindern zu entwickeln.

Solange sich alle gut verstehen, ist das kein Problem. Dann können wir freundlich und wertschätzend miteinander umgehen. Was aber, wenn wir uns ärgern, wenn wir wütend sind und wenn in unserer Wut die Stimmen überhandnehmen und uns in alte Muster zurückwerfen? Ich treffe oft auf Eltern, die ihren Kindern eine Kindheit ohne Strafen ermöglichen wollen und die merken, dass es nicht so einfach ist, die eigenen Beziehungsmuster, Verhaltensweisen und Prägungen hinter sich zu lassen. Und so fragen mich viele: Warum ist es so schwer, es anders zu machen, und wie können wir die eigenen tief sitzenden Handlungsmuster unterbrechen? Das alles sind Fragen, mit denen wir uns in diesem Buch beschäftigen wollen.

Es geht nicht darum, zu urteilen, ob die Eltern in meinen eingangs beschriebenen Beispielen »richtig« oder »falsch« gehandelt haben oder ob sie gute oder schlechte Väter oder Mütter sind. Bei der Erziehung – oder besser, in der Beziehung zu unseren Kindern – laufen viele unbewusste Prozesse ab, und wir hinterfragen unser Handeln oft nicht, weil wir im Alltag einfach Erziehung »betreiben« und es selbst so erfahren haben. Nie habe ich im Rahmen meiner beruflichen Praxis »schlechte« Eltern getroffen. Im Gegenteil. Sie alle lieben ihre Kinder sehr und haben im Rahmen ihrer Möglichkeiten das Beste gegeben. Die Frage, die viele Eltern bewegt, ist: Warum können wir in Konfliktsituationen die Liebe zu unseren Kindern nicht (mehr) in liebevolles Handeln umsetzen?

Eine Mutter sagte in meiner Beratung einmal: »Ich will einfach nur, dass mein Kind auf mich hört! Kennen Sie diese Momente?« Ich kenne sie – als Mutter und als Pädagogin in meiner Arbeit als Eltern- und Familienberaterin. Und doch: Als vor über 20 Jahren mein erstes Kind zur Welt kam, habe ich sehr schnell den Wunsch entwickelt, es anders zu machen. Anders, als ich es selbst erlebt habe, und auch anders, als es mir von außen geraten wurde. Warum? Weil ich mein Kind in seinem Verhalten vor allem verstehen wollte. Weil ich schon damals davon überzeugt war, dass das Verhalten von (großen und kleinen) Menschen einen bestimmten Sinn hat und dass wir den manchmal nicht sofort verstehen und erkennen können, dass es sich aber lohnt, hinter das Verhalten zu schauen.

Auch die Eltern, die mir in meiner Praxis begegnen, wollen es anders machen. Sie sind auf der Suche nach neuen Wegen und wollen ihre Kinder besser verstehen, wollen auf ihre Bedürfnisse reagieren und geraten dabei immer wieder in einen sanktionierenden Umgang. Eine Mutter beschreibt es so:

> Mir passiert es, wenn ich in überfordernde Situationen komme beziehungsweise schon länger an meiner Belastungsgrenze balanciere. Dann werde ich laut und doof und schicke die Kinder schon mal in ihre Zimmer. Wir haben drei, sie sind acht, fast vier und zwei Jahre alt. Ich fahre zwar schnell wieder runter und hole die Kids wieder aus ihrem Zimmer, entschuldige und erkläre mich – ich bin aber trotzdem unglücklich und kann das Ganze nicht ungeschehen machen. Ich habe ein großes Problem mit Abgrenzung, gehe oft über meine Grenzen. Ich wünsche mir so sehr, aus dieser Strafspirale rauszukommen.

Eltern merken, dass es nicht einfach ist, Konflikte auch auszuhalten und es somit anders zu machen. Was ist das genau für ein
Muster, in das wir immer wieder zurückfallen? Wo kommt es her
und warum sitzt es so tief? Warum ist es für unser Beziehungs-
verhalten so destruktiv, wie können wir es hinter uns lassen und
wie im Alltag handeln? Auch darum wird es in diesem Buch gehen.

»Aber Kinder brauchen doch Grenzen!«, wird Eltern immer
wieder zugerufen. Und jetzt komme ich und sage: Wir müssen Kindern keine Grenzen setzen. Wir dürfen uns in unseren
eigenen Grenzen zeigen. Ja, ABER ... schallt es gleich von allen
Seiten. Wenn ich auf Veranstaltungen mit Lehrerinnen oder
Erzieherinnen bin, ist das genau meine Erfahrung – aber auch
Eltern erheben Einspruch. Moment mal, keine Grenzen setzen?
Ja, ABER, das geht doch nicht! Ja, ABER, dann tanzen die Kinder
uns doch auf der Nase herum! Das große JA, ABER versperrt uns
die Sicht auf alles Neue und verhindert so, dass wir eine neue
Perspektive einnehmen, dass wir den Blick auf das Bisherige verändern können. Deshalb möchte ich Sie, bevor Sie weiterlesen,
um etwas bitten: Stellen Sie Ihre bisherigen Gedanken und Vor-
behalte zunächst zur Seite. Ich bitte Sie um Offenheit und um
Unvoreingenommenheit und lade Sie dazu ein, das Gelesene auf
sich wirken zu lassen, ohne gleich den großen »Ja-aber-Filter«
darüberzulegen.

Natürlich werden wir uns mit der Frage, in welcher Weise Erwachsene Grenzen setzen können, ohne zu strafen, auseinandersetzen – nicht an dieser Stelle, und doch möchte ich Ihnen hier
schon sagen: Die Frage, wie wir Grenzen für uns selbst setzen
und uns auch abgrenzen können, gehört zu einem wesentlichen
Themenfeld, wenn wir über Beziehungen sprechen.

Ich habe keine Methode zu verkaufen, ich möchte nicht
überzeugen und nicht missionieren. Dennoch gibt es aus meiner Sicht interessante Erkenntnisse aus der Säuglings- und
Bindungsforschung, der Hirnforschung und der Entwicklungs-

psychologie, die deutliche Hinweise darauf geben, dass es sich lohnt, den Umgang mit unseren Kindern zu überdenken. Kindheit ohne Strafen, geht das? Warum sollten wir uns auf den Weg machen, und was spricht dafür, es anders zu versuchen? Das möchte ich gern im ersten Kapitel anhand verschiedener pädagogischer, psychologischer und auch neurobiologischer Grundlagen beleuchten, wobei dem Aspekt der Bindung eine besondere Bedeutung zukommt. Eine sichere Bindung ist die Grundlage für eine gesunde Entwicklung unserer Kinder, und Strafen können diese Entwicklung massiv behindern.

Insgesamt ist die Gefühlswelt von uns Eltern vielfältig geprägt: durch eigene Erfahrungen in der Kindheit und auch durch viel Druck und Erwartungen von außen. In welchen Situationen gehen mit uns »die Pferde durch«? Welche Gefühle bringen uns dazu, zu strafen und Konsequenzen zu verhängen? Darüber möchte ich im zweiten Kapitel einen Überblick geben. Es wird emotional, das verspreche ich Ihnen.

Im dritten Kapitel schauen wir uns die Mechanismen von Strafen, Konsequenzen und Sanktionen an und stellen uns der Frage, was dieser Umgang bei den Beteiligten bewirkt. Vielleicht werden Sie überrascht davon sein, wie viele Auswirkungen diese Maßnahmen auf der Bindungs- und Beziehungsebene und somit für die Entwicklungen unserer Kinder haben.

Ja, und dann steht natürlich die herausfordernde Frage im Raum, wie wir aus einem sanktionierenden Umgang herausfinden können – wenn wir denn wollen. Das vierte Kapitel zeigt anhand von Beispielen und praktischen Übungen auf, wie wir einen anderen Umgang mit unseren Kindern entwickeln können. Dabei geht es auch um Sie als Eltern und um die Auseinandersetzung mit Ihren eigenen Beziehungsmustern und Erfahrungen als Kind. Das ist wichtig, damit Sie wirklich neue Wege gehen können und nicht immer wieder in alte strafende Verhaltensmuster zurückfallen.

Im fünften Kapitel geht es um grundlegende Prinzipien auf

dem neuen Weg, den bindungs- und beziehungsorientierten Ansatz, emotionale Grundbedürfnisse und den wertschätzenden Dialog als Grundlage im Miteinander. Im abschließenden Kapitel greife ich ganz klassische Alltagssituationen auf, die wir Eltern alle kennen. Dort werden weitere Denkanstöße und Hinweise gegeben, wie Situationen im Alltag mit unseren Kindern ohne Strafen und Konsequenzen in einem bindungs- und beziehungsorientierten Miteinander gut zu lösen sind.

Ich wünsche mir, dass es Ihnen als Eltern gelingt, eine Kindheit ohne Strafen möglich zu machen und neue wertschätzende Wege in der Beziehung zu Ihren Kindern zu finden. Voraussetzung dafür ist, dass Sie sich auf neue Wege einlassen, dass Sie das hier zusammengetragene Wissen aufnehmen und bereit für persönliches Wachstum sind, vielleicht auch bereits Gedachtes und Gefühltes neu denken und fühlen und es wirklich anders machen wollen. Ich bin sicher: Wenn Sie das Buch gelesen haben, verstehen Sie das Verhalten Ihrer Kinder besser und werden auch Ihr eigenes Handeln viel besser reflektieren und nachvollziehen können. Gerade die Erkenntnisse aus der Neurobiologie können uns als Eltern bestärken, unbewusste Vorgänge in unser Bewusstsein holen, Aufschluss über Folgen unseres Handelns geben und unsere Augen für uns und unsere Kinder öffnen.

So können Sie sich auf neue Wege begeben, gleichzeitig etwas über sich und die Entwicklung Ihrer Kinder erfahren und so entspannter und gelassener im familiären Alltag agieren. Das Ziel ist, dass Sie Ihre Kinder mehr genießen und neue Handlungsalternativen finden, ohne den kraftraubenden Machtkampf, ständiges Schimpfen und Strafen im täglichen Miteinander. Wir sollten nicht vergessen: Für uns ist es »nur« der Alltag mit unseren Kindern. Für die Kinder ist es ihre Kindheit – sie haben nur die eine.

Kapitel 1

Warum es sich lohnt, neue Wege zu gehen

Ohne Machtkämpfe ist das Familienleben leichter

In meine Beratung kommen immer wieder Eltern mit dem Anliegen, besser mit ihrem Kind zurechtkommen zu wollen. Gerade nach dem ersten Babyjahr, wenn Kinder laufen und sprechen lernen, werden die Bedürfnisse nach Autonomie, Selbstständigkeit und der Drang nach Selbstwirksamkeit stärker. Das heißt, es beginnt ein neuer Lebensabschnitt: Kinder werden körperlich aktiver, können sich unabhängiger von ihren Eltern bewegen und so auch ihre Umwelt mehr und mehr selbstständig erkunden. Diese Zeit ist für Kinder der Beginn einer tief greifenden emotionalen Entwicklung, und Eltern sind oft zunächst überrascht, dass die eben noch so freundlich lächelnden Babys auf einmal so widerständig werden. Umso erschrockener sind sie über sich und ihre eigenen Reaktionen. Anfangs beruhigen sich Eltern noch selbst, indem sie sich sagen, dass es nur die »Trotzphase« oder die sogenannte Autonomiephase ist. Dann aber werden die Kinder älter, es beginnen Machtkämpfe, diese verhärten sich, und Eltern begegnen ihren Kindern mit Maßnahmen, die das Verhalten der Kinder an ein von ihnen gewolltes anpassen sollen.

Wenn Eltern kämpfen

Mein Sohn Tom (fünf Jahre) ist heute total aufgedreht, wild und ungestüm gewesen. Wir haben ihn von der Kita abgeholt, waren noch kurz bei der Oma, was Tom schon nicht so gut fand, und kamen nach Hause. Er sollte sich wie immer hinsetzen und seine Schuhe ausziehen beziehungsweise wir helfen ihm dabei, wenn er es möchte. Doch er rutschte extra von der Treppe runter, legte sich auf den Boden und trat wie wild gegen die Heizung. Einfach so! Wie bringen wir unserem Kind bei, dass so etwas nicht geht?

Wir haben ihm dann ganz ruhig gesagt, dass er das nicht machen soll, und auch erklärt, dass die Heizung kaputtgeht, dass alles dreckig wird und dass wir das nicht wollen. Es hatte keinen Sinn! Wir konnten ihn gar nicht erreichen! Er hat uns einfach ignoriert, nicht auf uns gehört und weitergemacht.

Mein Mann hat ihn dann bestraft, was ich aber überhaupt nicht gut finde. Ich will das einfach nicht mehr. Da ich aber auch nicht möchte, dass der eine Elternteil Ja und der andere Nein sagt, habe ich die Strafe meines Mannes dann mit durchgezogen, auch wenn ich es nicht so gemacht hätte. Das hat natürlich zu extremen Diskussionen zwischen uns beiden geführt, weil ich meinem Mann erklären wollte, dass ich das so nicht richtig finde.

Er hat gesagt: »Tom, du weißt ganz genau, dass du nicht gegen die Heizung treten oder hauen sollst, jetzt gibt es keine Gute-Nacht-Geschichte.« Mein Sohn ist ausgerastet. Er hat geschrien und getobt. Wollte sich dann nicht ausziehen lassen, wollte keinen Schlafanzug, wollte seine Zähne nicht putzen und natürlich auch nicht ins Bett. Eine Stunde hat er gewütet und war danach so erschöpft, dass er dann doch eingeschlafen ist. Ich habe so ein schlechtes Gewissen, aber was soll ich machen, wenn ich mit meinem Mann nicht einer Meinung bin? Ich kann meinem Sohn ja dann schlecht doch die Geschichte vorlesen.

Solche oder ähnliche Situationen kennen bestimmt viele Eltern. Wir wollen, dass unsere Kinder etwas tun oder lassen, und wenn sie dem nicht nachkommen, neigen wir häufig dazu, das Handeln des Kindes als Angriff zu verstehen und persönlich zu nehmen. Dabei ist in der Regel nichts, was Kinder tun, gegen uns Erwachsene gerichtet. Wenn wir aber diesem Trugschluss unterliegen, beginnt ein (Macht-)Kampf zwischen Eltern und Kind, der im Ergebnis nicht das nach sich zieht, was das Kind eigentlich braucht. Denn Kinder machen in diesen Momenten letztendlich vor allem wichtige Erfahrungen mit sich und ihren Emotionen machen.

Der Machtkampf ist als Art und Weise, miteinander in Beziehung zu treten, nicht konstruktiv. Er kostet alle Beteiligten Kraft, und es gibt nur Verlierer: sowohl die Eltern als auch das Kind. Dabei erlebe ich viele Eltern zerrissen zwischen dem Altbekannten und etwas Neuem: Während der Vater von Tom im Beispiel eine Strafe verhängt, spürt die Mutter deutlich, dass sie das nicht (mehr) möchte. Sie merkt, dass sie dadurch in einen anstrengenden Kampf mit ihrem Kind gerät, und will es anders machen.

Wenn Eltern mit ihren Kindern in einen Machtkampf geraten, beginnen sie häufig, ihre Kinder zu strafen. Doch Strafen helfen dem Kind nicht. Sie sind sogar schädlich für die Entwicklung. Das »Trotzverhalten« kann sich verstärken, und die Machtkämpfe nehmen zu. Manche Kinder ziehen sich zurück und verschließen sich. Sie fallen dann zwar weniger auf, werden jedoch in ihrer emotionalen Entwicklung gehemmt, weil sie keine Verbindung zu ihren Gefühlen erlangen und so keine angemessenen Strategien für den Umgang mit ihnen entwickeln können. Außerdem sinkt die Kooperationsbereitschaft der Kinder.

Wenn wir für einen Augenblick aus der Situation heraustreten und Tom und seine Eltern von außen betrachten, können wir schnell merken, dass hier nichts im Verhältnis steht: Wir sehen zwei erwachsene Menschen, die mit einem Fünfjährigen auf der Treppe rangeln und einen zermürbenden Kampf kämpfen. Einen von vielen. Dabei ist es so, dass das Verhalten von Kindern immer ein Ergebnis dessen ist, was für eine Beziehung Eltern anbieten (können).

Wer trägt hier eigentlich die Verantwortung?

Alle Menschen werden mit Eigenheiten, Eigenarten und bestimmten Charakterzügen geboren, doch wie Kinder sich dann tatsächlich entwickeln, hängt vor allem davon ab, wie die Eltern mit ihnen umgehen und wie sie diese Beziehung gestalten. Die Verantwortung für die Qualität der Beziehung liegt ganz bei den Eltern. Es ist unsere Aufgabe, die Beziehung zu den Kindern zu gestalten – sie selbst wären hier völlig überfordert. Kinder verursachen (mit ihrem nicht an unsere Vorstellungen angepassten Verhalten) allenfalls Belastungen. Die Verantwortung, damit gut umzugehen und für eine gelingende Beziehung zu sorgen, liegt in unseren Händen.

Die Art und Weise, in der der Vater hier die Verantwortung für die Beziehung zu seinem Sohn übernimmt, ist jedoch wenig fürsorglich und liebevoll. Durch die Strafe und die Form der Kommunikation wird die Beziehung zwischen Vater und Sohn belastet. Auch gibt der Vater Tom die Verantwortung für den Konflikt: »*Tom, du weißt ganz genau, dass du nicht gegen die Heizung treten oder hauen sollst.*« Die Botschaft, die die Eltern an Tom senden, lautet: Wir lehnen dich mit diesem Verhalten ab – und es ist deine Schuld.

Wir säen in dieser Form von elterlicher Führung in der kindlichen Seele zwei Gefühle: Schuld und Scham. Beide Gefühle sind destruktiv und richten sich gegen den Menschen.

Nicht, dass hier Missverständnisse aufkommen. Das alles bedeutet nicht, dass ich Toms Eltern und ihren Wunsch danach, dass ihr Sohn nicht gegen die Heizung tritt, nicht nachvollziehen kann. Und natürlich wollen wir, dass unser Kind lernt, sich entsprechend zu verhalten. Es geht vielmehr um die Art und Weise, wie Eltern diesen Konflikt lösen und wie wir unsere Kinder durch eine Auseinandersetzung führen.

Strafen helfen nicht wirklich

Durch Strafen nimmt das unerwünschte Verhalten – gerade in dieser wichtigen Phase der zunehmenden Autonomie der Kinder – nicht ab, sondern eher zu. Durch Bestrafung nutzt der Erwachsene seine elterliche Autorität – er missbraucht seine Macht und übt Kontrolle aus. Der eigene Wille des Kindes wird gebrochen, der in der Situation unsichere Erwachsene wird so gestärkt. Beim Kind können durch Strafen unerwünschte Verhaltensweisen unterdrückt beziehungsweise erwünschte angewöhnt werden, eigene wichtige Erfahrungen kann es jedoch nicht machen. Es lernt nur: Ich muss gehorchen, sonst erfahre ich Schmerzen oder mir wird etwas weggenommen. Bei Tom ist es die Gute-Nacht-Geschichte. Kinder erleben durch Bestrafung Demütigung und Ablehnung. Sie erfahren, dass sie so, wie sie sind, nicht geliebt werden.

Wird ein Kind häufig bestraft, so ist die Beziehung nicht von Vertrauen, sondern von Angst geprägt. Diese Angst kann zu einer Dauerbelastung führen. Durch regelmäßige Bestrafung kann sich das Kind nicht nach seinen eigenen Bedürfnissen und Eigenheiten entwickeln. Es wird eher verängstigt sein, seine eigene Meinung zu sagen, wird Konflikten aus dem Weg gehen und sich im schlimmsten Fall nichts zutrauen.

So können wir uns fragen: Wie sollen unsere Kinder sein? Welche Werte wollen wir weitergeben? Was ist das Ziel unserer Erziehung? Und erreichen wir dieses, wenn wir Konsequenzen und Sanktionen androhen und verhängen? Sollen unsere Kinder lernen, dass man Konflikte so klärt: Der Stärkere verbietet dem Schwächeren etwas, setzt sich mit Schimpfen und Gewalt durch, kränkt und wertet ab? Ziele wie Verantwortungsbewusstsein, Eigenständigkeit, autonomes Handeln, ein starkes Selbstbewusstsein und Selbstständigkeit sind aus meiner Sicht nur schwer zu erreichen, wenn wir kindliches Verhalten mit Strafen oder Sanktionen belegen. Um ganz deutlich zu werden: Diese Ziele werden nicht erreicht. Im Gegenteil: Die Kindheit wird zu einem Kampf, und später kämpft man als Erwachsener weiter. Gegen Schuld, Scham und ein geringes Selbstwertgefühl.

Da wir heute gesicherte Erkenntnisse darüber haben, was Kinder für eine gesunde seelische Entwicklung brauchen, können wir uns ganz bewusst von Strafen und Konsequenzen als Erziehungsmaßnahme abwenden und zu einer neuen Haltung finden. Einer Haltung, die nicht aus Kampf, Abwertung und Verletzungen besteht, sondern in der wir die emotionalen Bedürfnisse und persönlichen Grenzen von Kindern achten, sie als Persönlichkeit annehmen und Konflikte wertschätzend und konstruktiv lösen. Die Machtkämpfe reduzieren sich so, die Qualität der Beziehung verändert sich, und das Vertrauen zwischen Eltern und Kindern wächst.

Damit wir unser Verhalten unseren Kindern gegenüber ändern können, ist es erst einmal wichtig, zu verstehen, was in Kindern vorgeht und warum sie sich so verhalten.

Durch Strafen nimmt das unerwünschte Verhalten nicht ab, sondern eher zu. Es entsteht eine Machtspirale, aus der es oft keinen Ausweg gibt. Strafen und Konsequenzen zeigen häufig (leider!) einen kurzfristigen Erfolg – deshalb ist es so verführerisch, sie einzusetzen. Letztlich jedoch sind sie das Tor zum Machtkampf zwischen Groß und Klein, verschärfen negative Haltungen und Einstellungen auf beiden Seiten und können auch problematisches Verhalten bei Kindern verfestigen.

Kinder sind nicht gegen uns oder Wie Kooperation gelingt

Wenn wir im Alltag in Machtkämpfe mit unseren Kindern geraten, haben wir oft den Eindruck, dass Kinder sich »trotzig« und widerständig, ja geradezu konfrontativ uns gegenüber verhalten. So nehmen wir ihr Verhalten schnell persönlich und haben das Gefühl, dass sie grundsätzlich auf Auseinandersetzungen und Kampf mit uns Erwachsenen aus sind. Nicht nur die Eltern von Tom haben das so empfunden. Eine andere Mutter hat es so beschrieben:

> Ich habe fast das Gefühl, dass mein Sohn mich provozieren möchte und mich mit Absicht ärgern will. Er weiß ganz genau, dass er vor dem Essen seine Hände waschen muss. Das ist eine Regel bei uns, die gilt jeden Tag. Ich verstehe nicht, warum er das nicht einfach macht!

Es sind oft Kleinigkeiten, die – aus Erwachsenensicht – im Alltag mit unseren Kindern »schief«laufen. Zum Beispiel können wir nicht verstehen, warum das Kind eine für uns so geringfügig erscheinende Erwartung wie das Händewaschen nicht einfach erfüllt. Ja mehr noch, wir empfinden seine Verweigerung als persönlichen Angriff oder gar als »Kampfansage«.

Es ist nicht so, dass ich das Gefühl von Eltern hier nicht verstehen und nicht nachvollziehen könnte. Im Gegenteil. Dennoch möchte ich Eltern an dieser Stelle bestärken und ermutigen, genauer hinzuschauen und zu sehen, was wirklich hinter dem »trotzigen« Verhalten und der Verweigerung ihres Kindes steckt. Damit das gelingt, werde ich im Folgenden einige entwicklungspsychologische Aspekte darlegen. Ziel ist, sich aufgrund dieser Erkenntnisse innerlich mehr zurücklehnen zu können und sich selbst nicht mehr so stark infrage gestellt zu fühlen.

Die Entwicklungspsychologie gibt Aufschluss

Die Einstellung, dass Kinder aufsässig sind und sich gegen uns stellen, ist unbewusst noch in uns verankert. Sie ist ein Überbleibsel aus der Geschichte der Kindererziehung, wie sie in den zurückliegenden Jahrzehnten und Jahrhunderten praktiziert wurde. Man hatte die Vorstellung, dass Kindern eine gewisse Widerständigkeit angeboren sei, die durch Erziehung unterbunden und aberzogen werden müsse.

Mittlerweile existieren aber Erkenntnisse aus unterschiedlichen wissenschaftlichen Bereichen, etwa aus der Säuglingsforschung und der Entwicklungspsychologie, die besagen, dass der Mensch bereits als soziales, beziehungsfähiges Wesen geboren wird und Bindung zu anderen Personen sucht. So geht etwa die Bindungstheorie seit John Bowlby davon aus, dass alle Menschen ein angeborenes Bedürfnis haben, Beziehungen zu anderen Menschen aufzubauen. Eine wichtige Erkenntnis der Entwicklungspsychologie ist, dass Kinder sich aufgrund ihrer Bindungs- und Beziehungsfähigkeit grundsätzlich mit uns verbinden und mit uns gemeinsam wirken wollen. Dass Kinder als aufsässige, widerständige Wesen geboren werden, ist also ein Irrtum. Der Schweizer Professor für Kinderheilkunde Remo Largo hat in seinen Büchern *Babyjahre* und *Kinderjahre* wesentliche Gedanken zu diesem Thema zusammengetragen, die mich immer wieder in dem bestätigen, was ich an Kindern beobachte. Denn Kinder sind grundsätzlich zur Zusammenarbeit mit uns Erwachsenen bereit. Wir sollten sie in ihrer Verweigerung deshalb zunächst verstehen und ihr Verhalten ergründen. Erst dann können wir Handlungsalternativen entwickeln.

Kinder verweigern sich nicht, um uns zu ärgern, Kinder können dann einfach nicht anders. Wenn Kinder die Zusammenarbeit mit Erwachsenen verweigern, dann nur weil:

- ein hoher Erwartungsdruck sie überfordert. Das geschieht, wenn sie sich zu lange und zu sehr nach den Wünschen und Erwartungen der Eltern richten müssen und über einen längeren Zeitraum in eine Überkooperation geraten.
- ihr Vertrauen in die Beziehung beschädigt wird oder ihnen ganz abhandenkommt. Das geschieht, wenn sie verletzt oder gekränkt werden, ihre Persönlichkeit nicht geachtet und ihre Bedürfnisse missachtet werden.

Was heißt das genau? Stellen Sie sich vor, Sie haben liebevoll ein Essen für den Partner vorbereitet und sich viel Mühe gemacht. Und dann kommt der Partner nach Hause und kritisiert Ihr Essen: zu scharf, zu salzig, zu wenig schmackhaft. Selbst wenn es nur zwischen den Zeilen als Botschaft bei Ihnen ankommt – Sie werden sich das nächste Mal überlegen, ob Sie sich die Mühe machen. Ihr Bedürfnis danach, gesehen zu werden, wird hier übergangen, und Sie bleiben *gekränkt* und vielleicht auch *traurig* zurück. Ihre Kooperationsbereitschaft sinkt in diesem Augenblick stark. Vielleicht werden Sie sich in Zukunft verweigern, ärgerlich werden und sich »trotzig« das nächste Mal keine Mühe mehr geben und mit Ihrem Partner an dieser Stelle direkt oder auch später in Streit geraten. Die Stimmung ist hin, und Ihr Vertrauen in die Beziehung ist ein kleines Stück *beschädigt*.

Oder ein anderer Fall: Sie hatten einen anstrengenden Tag, mit vielen verschiedenen Terminen, wenig Zeit dazwischen, viel Druck, Ihr Chef hat Sie gerügt und schien unzufrieden mit Ihnen – Sie fühlten sich den gesamten Tag fremdbestimmt, und die Unzufriedenheit ist mit jedem Termin gewachsen. Die Ruhe, die Sie gebraucht hätten, konnten Sie sich nicht nehmen, stattdessen mussten Sie kooperieren, mit den Kollegen und dem Chef. Und jetzt auch noch mit dem Partner? Das ist einfach irgendwann zu viel, und da ist es am Abend dann vorbei: Ihr Partner sagt ein »falsches« Wort, und Sie gehen in die Luft.

Die Kooperationsbereitschaft ist aufgrund der *dauerhaften Überforderung* am Tag einfach ausgereizt und am Abend für Sie nicht mehr möglich.

Kennen Sie das? Genauso geht es unseren Kindern. Und wir dürfen nicht vergessen, dass dies bei Kindern auf einem ganz anderen Niveau geschieht und sie noch nicht fähig sind, sich hier selbst zu regulieren. Kinder kommen aufgrund ihrer seelisch-emotionalen Entwicklung noch viel eher an ihre Grenzen, sind viel schneller überfordert und haben nicht die sprachlichen Möglichkeiten, ihre Überforderung auszudrücken. Sie sind auf Erwachsene angewiesen, die ihre Überforderung wahrnehmen und nicht Unmögliches von ihnen verlangen. Kinder wollen also eigentlich mit uns zusammenwirken, sich an unsere Wünsche anpassen und uns alles recht machen. Und wenn sie das nicht tun, dann ist es schlicht auf zwei Punkte zurückzuführen: Sie sind entweder gekränkt oder überfordert.

So können wir an dieser Stelle einen Schritt zurückgehen und verstehen: Das Verhalten ist nicht gegen uns gerichtet: Das Kind *kann* gerade nicht anders und ist in einer seelischen Not, die es mit seinem Verhalten auszudrücken versucht.

Manchmal ist es einfach so. Auch wir Erwachsene haben anstrengende Tage und kommen an unsere Grenzen. Es kann passieren, dass die Überforderung bei großen und kleinen Menschen aufeinandertrifft und dann alles in einem Machtgerangel und Geschrei endet. Tatsache ist jedoch auch, dass beide – Kinder und Eltern – sich unverstanden fühlen und unglücklich in diesem »Gegeneinander« zurückbleiben. Wir können das nicht immer vermeiden. Aber öfter. Wenn wir nämlich wissen, dass Kinder Teamworker und nicht grundsätzlich widerständig sind, dann können wir diese Erkenntnis in solchen Momenten nutzen.

Kommen wir zurück zu Tom und seinen Eltern. Wir haben uns gemeinsam die Situation noch einmal Schritt für Schritt angeschaut, sie stark verlangsamt und so Aspekte sehen können,

die auf den ersten Blick vielleicht gar nicht zur Eskalation beige-
tragen haben. Dann haben wir überlegt, an welchen Stellen Tom
an diesem Tag kooperiert hat. Und wir haben einige gefunden –
hier nur die offensichtlichsten:

➡ Er ist morgens aufgestanden, hat sich anziehen lassen und
hat mit seinen Eltern gefrühstückt.
➡ Er hat seine Schuhe und seine Jacke angezogen (oder sie anziehen lassen) und ist ins Auto gestiegen, um in die Kita zu
gehen.
➡ In der Kita hat er sich über sechs Stunden in seine Gruppe
integriert und mit den Erzieherinnen kooperiert.
➡ Er hat sich von seinen Eltern aus der Kita abholen lassen und
ist danach – obwohl es für ihn überraschend kam – noch mit
zur Oma gefahren.

Auch wenn es zunächst keinen sichtbaren Grund für die Überforderung von Tom gab, konnten wir viele Stellen am Tag entdecken, an denen Tom bereits kooperiert hatte. So ist es uns
gelungen, zu verstehen, warum Tom auf der Treppe nicht mehr
konnte. Die Eltern konnten spüren und auch mitfühlen, dass
er nach einem langen Tag in der Kita an seine Grenze der Kooperationsbereitschaft geraten war. Sein Verhalten gibt uns ein
wertvolles Signal, womit wir Rückschlüsse auf eine mögliche
Überforderung ziehen konnten. Natürlich: Diese Überforderung ist an manchen Stellen im Leben unserer Kinder nicht zu
verhindern – wir können jedoch behutsam mit unseren Kindern und ihrer Überforderung umgehen. Wir können sehen,
dass Kinder einen ungebrochenen Kooperationswillen haben
und uns vieles am Tag zum Gefallen tun. Wenn sie also nicht
kooperieren, dann nur, weil sie nicht mehr können. Ihr emotionales Nervensystem – dazu komme ich gleich – macht es ihnen
unmöglich.
Doch durch die elterliche Reaktion auf Toms Treten gegen die

Heizung wurde die emotionale Überforderung von Tom noch verstärkt. Die Drohung und das Aussprechen der Strafe fügten ihm noch eine Kränkung hinzu. So eskalierte der Streit, und die Situation lief völlig aus dem Ruder.

Es geht also letztlich gar nicht nur darum, dass Tom nicht mit seinen Schuhen gegen die Heizung treten soll, sondern in erster Linie darum, dass die Eltern seine Überforderung in dieser Situation erkennen, damit verantwortungsvoll umgehen, ihn sicher führen, ihm Halt geben und durch diese Unterstützung den Machtkampf nicht verstärken, sondern erreichen, dass Tom mit dem Treten aufhört.

Halt geben können Eltern, indem sie entsprechend kommunizieren. Toms Eltern haben ihm immer wieder erklärt, warum er nicht gegen die Heizung treten soll, und nach weiteren Argumenten gesucht, die ihn überzeugen, das Treten zu unterlassen. Dass Kinder dieses oder jenes nicht tun sollen, sagen Eltern ja nicht nur einmal, und sicher kennen das alle Eltern: Wir erklären, reden, bitten und erläutern. Und doch verhalten die Kinder sich nicht entsprechend. Ein Vater hat es mal so ausgedrückt:

> Ich sage die Dinge einmal, zweimal und auch dreimal im Guten. Dann werde ich lauter und lauter, und dann muss ich schreien. Manchmal hören die Kinder! Überwiegend habe ich jedoch das Gefühl, ich rede gegen eine Wand.

Dass Tom mit den Schuhen nicht gegen die Heizung treten soll, haben seine Eltern ihm schon oft gesagt. Tom hat es sicher auch gehört, aber wie oben beschrieben heißt das nicht, dass er sich entsprechend verhalten kann. Warum ist das eigentlich so?

Warum Kinder oft nicht hören – Grenzen der Kommunikation

Ich erlebe oft, dass Eltern mit ihren Kindern ausschließlich auf der Vernunftebene, also über rationale Erklärungen kommunizieren. Das ist nachvollziehbar, denn Erwachsene wollen Kindern die Welt erklären. Jedoch führt diese rein kognitive Erklärungsform oft zu endlosen Diskussionen, und die Argumente drehen sich im Kreis:

Mutter: »Nein, es gibt jetzt kein Eis, ich habe dir doch schon erklärt, warum ich das nicht möchte.«

Kind: »Ich will aber.«

Mutter: »Wir haben doch vorhin schon ein Eis gehabt.«

Kind: »Ich will aber noch eins.«

Mutter: »Wir wollen nachher noch Abendbrot essen, und Papa kommt dann auch nach Hause.«

Kind: »Ich will aber ein Eis.«

Mutter: »Ich habe außerdem gar kein Geld dabei.«

Kind: »Ich will aber trotzdem ein Eis.«

Die Mutter hat hier offensichtlich die Erwartung, dass das Kind ein Einsehen hat, die Argumentation und ihre Position versteht und sich dementsprechend verhält.

Erwarten wir wirklich, dass Kinder sagen: »Ach ja, okay Mama! Jetzt verstehe ich, was du meinst. Vielen Dank, dass du mir das alles erklärt hast: Wir hatten ja schon ein Eis und stimmt, wir haben ja noch das Abendbrot vor uns. Und richtig, der Papa wollte ja auch dazukommen. Ach ja und du hast kein Geld dabei, dann ist es natürlich völlig nachvollziehbar, dass wir das Eis nicht kaufen.«

Es ist immer ein humorvoller Moment, wenn ich das mit Eltern bespreche, denn sie merken in diesem Moment, dass ihre Erwartung völlig unrealistisch ist. »Natürlich nicht!«, sagen dann viele Eltern, »aber kann das Kind es nicht ein wenig einsehen und es uns damit leichter machen?« Ich fürchte nein. Denn es geht nicht darum, miteinander einig zu sein oder den Ärger des Kindes wegzuargumentieren und dadurch Streit zu vermeiden, sondern darum, die entstehende Frustration und die Gefühle unserer Kinder auch auszuhalten. Und wichtig zu wissen: Kinder können (noch) nicht anders. Das können wir uns mit Erkenntnissen, die wir aus der Hirnforschung gewonnen haben, gut erklären. Diese Erkenntnisse liefern uns eine relativ einfache Formel, die da lautet:

Emotion vor Kognition

Unser Gehirn besteht aus vielen verschiedenen Arealen und Bereichen. Wenn Menschen auf die Welt kommen, ist das Gehirn schon vollständig angelegt, allerdings noch nicht ausgereift. Die Reifung geschieht durch die Stabilisierung und den Ausbau neuronaler Vernetzungen. Dieses wiederum ist ein Prozess, der durch Erfahrungen angeregt wird.

Wenn wir davon ausgehen, dass es einen Bereich für die Emotion (limbisches System) und einen für die Kognition (Teile des Neokortex) gibt, dann können wir Folgendes verstehen: Die emotionalen Hirnbereiche, die für einfache und überlebensnotwendige Reaktionen (Wut, Freude, Trauer, Schmerz) verantwortlich sind, reifen früher und deutlich vor den kognitiven Bereichen. Das heißt, bei Babys und Kleinkindern dominiert das emotionale Gehirn noch sehr stark. Die Hirnregionen, die für die Verarbeitung von kognitiven Inhalten (kognitives Verständnis, Vernunft) maßgeblich sind, reifen erst sehr viel später. Zwar vernetzen sich die neuronalen Verbindungen auch im kognitiven Bereich rasant, trotzdem sind Kinder erst einmal viel stärker mit der emotionalen Entwicklung beschäftigt und intensiv in ihren Gefühlen verhaftet. Wir können sie also

grundsätzlich eher über das Gefühl als über die Vernunft erreichen.

Eine wichtige Erkenntnis, wie ich finde, denn unser Bestre-
ben, sie auf der kognitiven Vernunftebene zu erreichen, ist deshalb tatsächlich oft vergeblich. Das kindliche Gehirn kann diese
Anforderung noch nicht erfüllen und die Informationen nicht
entsprechend verarbeiten. Nicole Strüber hat das in ihrem Buch
Die erste Bindung beschrieben. Hieraus lassen sich wesentliche
Konsequenzen ableiten:

- Die frühen Erfahrungen, die Kinder in Beziehungen mit
  ihren Eltern und Bezugspersonen machen, beeinflussen
  grundlegend die *emotionalen Funktionen und Bereiche* und
  haben auch langfristig Auswirkungen auf das Fühlen und
  Denken von Kindern – auch im späteren Leben.
- Wir können die Erwartung aufgeben, dass Kinder Einsicht
  und Verständnis für unsere Position aufbringen können.
  Hirnorganisch gesehen ist es eine überhöhte Erwartung,
  dass das Kind diese komplexen kognitiven Prozesse, wie
  Einsicht und vorausschauendes, flexibles Verhalten, leisten
  kann, denn dies wird erst gelingen, wenn die entsprechenden Hirnareale einigermaßen gereift sind.

Auch Toms Eltern haben jede Menge rationale Gründe benannt
und gehofft, dass Tom ein Einsehen hat. Doch sie hatten den
Eindruck, dass Tom sie gar nicht hören konnte. Dieser Eindruck
stimmt – mit erklärenden Worten ist Tom in dieser Situation
nicht zu erreichen.

Selbst wenn einige neuronale Vernetzungen im kognitiven
Hirnbereich schon gewachsen und verschaltet sind, ist doch das
Areal, welches für die Emotionen zuständig ist, dominant. Und
gerade in Stresssituationen übernimmt dieser Bereich dann die
Führung, was bedeutet: Kinder sind in diesen Momenten nicht
auf der kognitiven Ebene erreichbar.

Stresssituationen entstehen für Kinder, wenn sie zum Beispiel etwas verboten bekommen oder auch etwas tun sollen, was sie gerade nicht wollen. Die Kinder werden dann von sehr starken Gefühlen überflutet und geraten in einen ausweglosen inneren Zustand, eine tiefe emotionale Not, aus der sie sich allein nicht mehr befreien können. Das ist der Augenblick, in dem Eltern das Gefühl haben, ihre Kinder nicht mehr erreichen zu können.

Die schlechte Nachricht: Es bringt tatsächlich nichts, Kindern in Stresssituationen auf der Vernunftebene etwas erklären zu wollen. Im Gegenteil: Wir treiben sie mit unserer Erwartung an ein bestimmtes Verhalten oft noch tiefer in die Überforderung hinein.

Die gute Nachricht: Die Erkenntnis ist auch entlastend, denn wenn wir wissen, dass es auf der kognitiven Ebene keine Verbindung geben kann, dann können wir die emotionale Ebene für die Kommunikation nutzen.

Gut ist also, wenn Erwachsene mitfühlen können, ohne dass sie ihre Entscheidung (»es gibt jetzt kein Eis«) infrage stellen. Das Kind darf traurig und frustriert sein. Eltern dürfen ihrem Kind signalisieren, dass sie es auch bedauern, dass es jetzt kein Eis mehr gibt, und gleichzeitig zu ihrer Entscheidung stehen.

Die Eltern von Tom könnten hier die Situation entschärfen, indem sie nicht sein Verhalten ansprechen, ihn nicht maßregeln, bevormunden und auf der kognitiven Ebene auf Verständnis und eine entsprechende Verhaltensänderung drängen, die er gerade nicht erfüllen kann, sondern indem sie die Emotionen, die sie wahrnehmen, benennen und ihn so auf der emotionalen Ebene erreichen: *»Du ärgerst dich und puuuh…, du bist ganz schön erschöpft!«*

Hier werden sein Gefühl und auch seine Erschöpfung benannt, was für die emotionale Entwicklung der Kinder wichtig ist. So können die Eltern Tom viel eher erreichen und ihm auf der Gefühlsebene Verständnis entgegenbringen. Das heißt noch lange nicht, dass sich Kinder dann beruhigen. Wir steigen jedoch nicht in den Machtkampf ein und gießen nicht auch noch »Öl ins Feuer«. Häufig gelingt so eine Deeskalation.

Wichtig ist, dass Eltern nicht nur die Sprache als Kommunikationsmittel nutzen, sondern auch andere Möglichkeiten ausschöpfen. So sind Mimik, Körpersprache und auch Körperkontakt wesentlich. Zur Deeskalation trägt also bei, wenn Eltern sich nicht persönlich angegriffen fühlen, sondern offen in ihrer Haltung bleiben und auch die Gefühle des Kindes aushalten können. So können die Eltern von Tom also zusätzlich zu ihrem Verständnis den Körperkontakt suchen und Tom aus seiner destruktiven Aktion herausholen.

Tom wird sich vielleicht nicht sofort beruhigen. Es ist auch gar nicht in erster Linie das Ziel, dass sich das Kind beruhigt und nicht mehr wütend ist. Ziel ist, dass das Kind in der Überforderung und Überschwemmung der Gefühle nicht alleine ist, dass es Sicherheit erlangt und spürt, dass es sich in dieser Ausnahmesituation auf seine Eltern beziehungsweise die Bezugsperson verlassen kann. Außerdem merkt es, dass Menschen unterschiedliche Meinungen haben und trotzdem liebevoll miteinander umgehen können. Das sind wichtige emotionale Erfahrungen, die sich tief und nachhaltig verankern. Das Kind kann zum Beispiel fühlen:

➡ Ich bin mit meiner Überforderung hier sicher und gut aufgehoben.
➡ Meine Eltern haben den Überblick und können mir Sicherheit geben.
➡ Sie bewahren Ruhe, und auch wenn ich mich jetzt so fühle und total überfordert bin, ist das in Ordnung.
➡ Meine Eltern sind klar in ihrer Haltung und Entscheidung und fühlen doch mit mir.
➡ Meine Grenze wird nicht übertreten, auch wenn ich mich gerade grenzenlos fühle.

➡ Meine Eltern wollen etwas anderes als ich und haben mich trotzdem lieb.

Durch die Erkenntnisse der Hirnforschung wissen wir also, dass insbesondere die frühen Erfahrungen, die Kinder in Beziehungen mit ihren Eltern und wichtigen Bezugspersonen machen, grundlegend die emotionalen Funktionen und Bereiche beeinflussen und auch langfristig Auswirkungen auf das Fühlen und Denken von Kindern haben. Umso wichtiger sind diese emotionalen Erfahrungen für ein Kind. Denn es lernt, dass es in seiner Überforderung jemanden gibt, der bedingungslos und wertschätzend an seiner Seite ist.

> Niemals kündigen Kinder von sich aus die Zusammenarbeit mit uns Erwachsenen auf. Und nie geschieht eine solche Verweigerung grundlos. Wenn Kinder sich dem Zusammenwirken verweigern, ist das immer auch ein Ausdruck dafür, dass im Beziehungsgeflecht zwischen Erwachsenen und Kindern etwas in Schieflage geraten ist. Strafen verstärken die Überforderung oder Kränkung noch, die Kooperationsbereitschaft der Kinder sinkt rapide für den Moment und kann auch langfristig beeinträchtigt werden.

Die elementare Bedeutung von Bindung

Jeder Mensch wird mit dem Bedürfnis geboren, enge und intensive Beziehungen einzugehen. Es scheint so zu sein, dass dies eine evolutionär verwurzelte Anlage in uns ist. Wir brauchen Bindung, um zu überleben. Bindungspersonen sind in der Regel die Eltern beziehungsweise die Personen, mit denen das Kind den intensivsten Kontakt in seinen ersten Lebensmonaten hat.

Im Säuglings- und Kleinkindalter dient die Bindung vornehmlich zur Befriedigung der überlebenswichtigen Bedürfnisse, da ein menschliches Neugeborenes ohne die Hilfe durch andere nicht überleben kann. Hierzu zählen vor allem das Versorgen mit Nahrung, die Pflege und das Bieten von Geborgenheit, Wärme und Sicherheit.

Diese erste frühe Bindung ist maßgeblich für eine enge emotionale Beziehung. So entwickelt der Säugling eine besondere Beziehung zu seinen Eltern oder auch anderen in dieser Zeit bedeutsamen Bezugspersonen und befriedigt damit sein Bedürfnis, sich in dieser speziellen Weise aufs Tiefste zu binden. Eine sichere Bindung ist das Ziel und die Voraussetzung dafür, als Erwachsener ein glückliches Leben mit erfüllenden Beziehungen zu führen.

Emotionale Bedürfnisse sind wesentlich

Das wurde nicht immer so gesehen. Zwischen 1945 und 1987 wurden rund 1,2 Millionen Exemplare des Erziehungsratgebers *Die deutsche Mutter und ihr erstes Kind* von Johanna Haarer in Deutschland verkauft – ein Erziehungsratgeber, der in den 1930er-Jahren verfasst worden war. Die Haarer'sche Prämisse: Möglichst wenig emotionale Nähe – sonst zieht man sich Tyrannen heran. Das Kind ist ein Tyrann, den es zu bändigen gelte – und zwar schon als Säugling. So schreibt sie, vor dem weinenden Kind warnend: »Dann, liebe Mutter, werde hart! Fange nur ja nicht an, das Kind aus dem Bett herauszunehmen, es zu tragen, zu wiegen, zu fahren oder es auf dem Schoß zu halten, es gar zu stillen. Das Kind begreift unheimlich rasch ... – und der kleine, aber unerbittliche Haustyrann ist fertig.« Das bedeutete also: schreien lassen, das Kind nicht auf den Arm nehmen und überhaupt nicht zu viel Aufmerksamkeit und Nähe aufkommen lassen. Es bedeutet aber auch, dass existenzielle Bedürfnisse – zum Beispiel nach Schutz,

Nähe, Geborgenheit, Zuwendung und Wärme – ständig unterdrückt und verdrängt werden.

Wenn man Kindern die emotionale Nähe und Fürsorge versagt und sie mit ihren Bedürfnissen alleine lässt, hinterlässt das Spuren. In der Erziehung der Generationen vor uns wurden Gefühle in der Regel unterdrückt und verdrängt. Heute wissen wir, dass Menschen hierdurch in ihrer emotionalen Entwicklung gehemmt werden und in der Folge sogar Störungen entwickeln können. Vielfältige wissenschaftliche Studien aus der Psychologie und Psychotherapie belegen, dass das Verleugnen und Verdrängen von Gefühlen den Menschen krank machen kann – von Angststörungen über Depressionen bis hin zu Bindungs- und Beziehungsstörungen. Bei einer Erziehung nach Johanna Haarer wird der Wunsch des Kindes nach Bindung nicht beantwortet, sondern einfach ignoriert.

Aus der Hirnforschung wissen wir inzwischen, dass insbesondere solche frühen emotionalen Erfahrungen, die Kinder in Beziehungen mit ihren Eltern und anderen Bezugspersonen machen, grundlegend die emotionale Entwicklung beeinflussen und auch langfristig Auswirkungen auf das Fühlen und Denken von Kindern haben. Bei sich wiederholenden schlechten Erfahrungen kann es zu Trennungsängsten kommen, deren Grundstruktur in der Psyche ein Leben lang fortbesteht.

Bindung »funktioniert« wie ein Gummiband

Bindung heißt Verbindung herstellen und festigen. Wir können sie im Alltag mit unseren Kindern in kleinen Bindungs- und Beziehungsmomenten immer wieder tief verankern. Das geschieht vor allem in den ersten sechs Lebensjahren. In dieser Zeit binden sich Kinder über Sicherheit, Nähe und Kontakt. Die wachsende Bindung drückt sich je nach Alter über unterschiedliche Aspekte in unserem Familienalltag aus:

- im ersten Lebensjahr – über Körperkontakt (Tragen, Wiegen, Kuscheln, Streicheln),
- im zweiten Lebensjahr – über Gleichheit (so sein wollen wie Papa oder Mama, Imitationen),
- im dritten Lebensjahr – über Zugehörigkeit und Loyalität (»meine« Mama, »unsere« Rutsche),
- im vierten Lebensjahr – über Wertschätzung und Anerkennung (»Mama, guck mal!«),
- im fünften Lebensjahr – über Liebe (Liebeserklärungen und kleine Gesten der Kinder),
- im sechsten Lebensjahr – über Vertrautheit (alle Erlebnisse teilen wollen, keine Geheimnisse).

Wir können auf unterschiedlichen emotionalen und körperlichen Ebenen die Bindung herstellen, vertiefen und verankern. Wichtig hierfür sind:

- Blickkontakt mit dem Kind aufnehmen (ich sehe dich),
- Feinfühligkeit im Umgang entwickeln (Achtsamkeit leben),
- Geborgenheit vermitteln (Vertrauen vertiefen),
- bei Schmerz oder Frustration Trost spenden (Sicherheit geben),
- Wort und Stimme achtsam einsetzen (warme Atmosphäre),
- gemeinsame Erfahrungen (auch Sinneserfahrungen) im Alltag schaffen (Lachen und Erlebnisse bringen Vertrauen und Geborgenheit).

Bindung ist also nicht einfach abgeschlossen, sondern wird über viele Jahre jeden Tag gelebt und gefestigt. So führt feinfühliges Verhalten zur Entwicklung einer sicheren Bindung zur Bindungsperson – und entsprechend weniger feinfühliges Verhalten zu einer unsicheren Bindung. Dessen sollten wir uns bewusst sein: Eine sichere Bindung erfüllt alle Voraussetzungen, damit sich Kinder gut entwickeln und später im Leben glücklich

sein können. Wir ermöglichen ihnen damit, dass sie später im
Leben:

- sich schnell selbst beruhigen können,
- eine hohe Konzentrationsfähigkeit entwickeln,
- eigene Bedürfnisse zugunsten anderer auch mal zurückstellen können,
- eine gute Frustrationstoleranz aufbauen,
- Glück erleben,
- eine hohe Stressresistenz entwickeln,
- eine starke Beziehungsfähigkeit leben,
- die Fähigkeit entwickeln, im Hier und Jetzt zu sein,
- wenig Angst und große Zuversicht haben,
- Empathie empfinden,
- ein starkes Selbstwertgefühl und gutes Selbstbewusstsein entwickeln.

Der Kinderarzt Dr. Herbert Renz-Polster hat das unsichtbare
Band zwischen Eltern und Kindern in einem seiner Vorträge als
eine Art Gummiband beschrieben, welches einerseits den Kindern ermöglicht, die Welt zu erkunden, und andererseits bei
»Überdehnung« die Kinder impulsiv wieder in den sicheren Hafen zurückgehen lässt. Das ist ein gutes Bild und klingt ziemlich
nachvollziehbar, führt aber in bestimmten Situationen dazu,
dass Eltern an ihre Grenzen kommen.

Warum Kinder ihre Eltern beim Schlafen brauchen

Unsere Anni ist drei Jahre alt, und wir haben abends seit ein paar Wochen ein Riesenproblem beim Einschlafen. Bis vor ein paar Monaten hat sie bei uns im Elternschlafzimmer geschlafen. Dann haben ihr Vater und ich beschlossen, dass sie in ihrem eigenen Bett einschlafen soll. Wir haben alle zusammen ein neues Bett für sie gekauft und das Zimmer schön eingerichtet. Am Anfang ging es auch ganz gut. Dann wurde es immer schwieriger. Sie will einfach nicht alleine einschlafen. Erst zögert sie alles ewig hinaus, möchte noch etwas trinken oder auf Toilette, und dann will sie mich nicht aus ihrem Zimmer gehen lassen. Es kehrt einfach keine Ruhe ein, und selbst wenn ich schimpfe, hilft das nicht. Im Gegenteil, sie ruft ständig, dass sie noch mal auf meinen Arm möchte. Ich habe ihr erklärt, dass sie jetzt schlafen soll, und ihr gesagt, dass wir ja da sind. Sie scheint das aber nicht zu verstehen, und wenn ich sie frage, warum sie das alles macht und was ihr fehlt, hat sie selbst keine Antwort und weint nur noch lauter. Das Einzige, was wirklich klappt, ist, wenn ich ihr drohe, das Licht ganz aus- und die Tür zuzumachen. Dann ist sie auf einmal still. Sie schläft zwar nicht sofort, ruft aber zumindest nicht mehr nach mir. Warum braucht es immer erst so ein Theater, bis Ruhe einkehrt, und warum kann Anni nicht alleine schlafen? Zu Beginn hat es doch auch geklappt.

Solche Situationen kennen sicher alle Eltern. Hier können wir das oben beschriebene »Gummiband« gut in Aktion sehen. Um das zu verstehen, möchte ich zuerst erläutern, warum Anni nicht gut alleine einschlafen kann, und dann den Zusammenhang zwischen dem Bindungsband und dem beständigen Kontaktsuchen von Anni herstellen.

Alleine einschlafen – aus evolutionsbiologischer Sicht nicht sinnvoll

Gerade beim Thema Schlafen ist es wesentlich, dass wir die (Ur-) Gefühle und emotionalen Bedürfnisse von Kindern berücksichtigen und Kinder diese nicht unterdrücken und selbst regulieren müssen. Warum? Kinder sind keine selbstständigen Schläfer von Anfang an. Das, was vielen Eltern nachts den letzten Nerv raubt und für uns erst einmal nicht nachvollziehbar erscheint – die Unruhe, das Weinen und das ausgeprägte Schutzbedürfnis der Kleinen –, ist aus evolutionsbiologischer Sicht äußerst sinnvoll. Denn ohne den Schutz eines Erwachsenen einzuschlafen, hätte in der menschlichen Frühzeit den sicheren Tod bedeutet. Kinder wären von wilden Tieren, Bären oder Hyänen, verschleppt und gefressen worden. So hat die Natur ein evolutionsbiologisches Programm, ein inneres Alarmsystem installiert, welches Kleinkindern das Überleben sicherte. Dieses Programm ist auch heute noch aktiv und wird ausgelöst, sobald ein Kind sich alleine und schutzlos fühlt, es ihm an Orientierung und Sicherheit mangelt, ihm kalt wird und es Hunger verspürt.

Das bedeutet: Selbstständiges Einschlafen muss erst gelernt werden. Voraussetzung dafür ist, dass das Kind sich entspannen kann, sich warm, satt, geschützt, geborgen und frei von Angst fühlt. Ist diese Atmosphäre nicht gegeben, wird der Schlaf verhindert.

Wenn Anni also schlafen soll und das Licht ausgeht, wird ihr evolutionsbiologisches Programm angeworfen. Anni bekommt Angst, und es entsteht Stress. Ihr Nervensystem fährt hoch und erschwert das Einschlafen.

Kinder erleben beim Zubettgehen eine Trennungssituation. Allein dies kann schon Ängste hervorrufen und führt häufig zu Verunsicherung und somit zu Stress bei Kindern. Wenn nun Annis Mutter selbst in Stress gerät, überträgt sich dieser auf ihr Kind.

Kinder sind in den ersten Lebensjahren sehr eng mit ihrer wichtigsten Bezugspersonen verbunden und auf Co-Regulation angewiesen. Da das autonome Nervensystem bei Säuglingen und Kleinkindern noch nicht vollständig ausgebildet ist, können sie sich bei Erregungs- und Stresszuständen noch nicht selbst regulieren und benötigen daher Hilfe und Unterstützung von außen. Ist Annis Mutter also selbst in einem hohen Erregungszustand, ist es für Anni noch schwieriger, zur Ruhe zu kommen. Sie braucht eine beruhigende Atmosphäre, Halt, Sicherheit und das Gefühl, geborgen zu sein.

Das Bedürfnis nach Bindung als gesunder innerer Impuls führt Anni quasi unweigerlich zu ihrer ersten Bindungsperson (zurück), und das ist ihre Mutter. Dieser Impuls ist sinnvoll, denn Ziel ist, dass die erste Bindungsperson den Stress mildert und das kleine Nervensystem wieder herunterfährt und beruhigt. Dies geschieht auf wunderbare Weise durch ein wichtiges Hormon, welches bei Körperkontakt produziert wird: Oxytocin. Bei der Entstehung von sicherer Bindung mit den ersten Bezugspersonen kommt Oxytocin eine besondere Rolle zu, weshalb es auch das Bindungshormon genannt wird. Es wird auch während der Geburt, bei engem Körper- und Hautkontakt zwischen Mutter und Kind, beim Stillen und immer dann, wenn Menschen liebevoll miteinander interagieren, freigesetzt. Die Ausschüttung von Oxytocin ist von besonderer Bedeutung für einige wesentliche neurobiologische und emotionale Entwicklungsprozesse.

So wird die Bindungsbeziehung im Gehirn als wesentliche emotionale Erfahrung dauerhaft gespeichert, und es wird »einprogrammiert«, wer dem Kind in Situationen, in denen es Hilfe braucht, zur Seite steht und wie es sich verhalten muss, damit es die beste Unterstützung erhält. Durch die positive Bindungserfahrung werden Kontakt und Verbindung grundsätzlich positiv besetzt, weshalb Menschen immer wieder nach Bindung streben. Im Gehirn wird das emotionale Wissen verankert, dass

Bindungsbeziehungen grundsätzlich geschätzt werden und bei Stress zur Beruhigung führen, womit eine Basis für die gesunde Stressregulation gelegt und ein Muster für den späteren Umgang mit Stress geschaffen wird. Weiterhin hemmt Oxytocin das Stresssystem des Kindes, beruhigt es und bietet gleichzeitig dem Gehirn eine optimale Lernumgebung für die Erkundung der Welt und den wichtigen Drang nach Selbstwirksamkeit (siehe Seite 130). Über den ein- und mitfühlenden Körperkontakt, der zur Oxytocinausschüttung führt, wird im kindlichen Gehirn die Grundlage dafür gebildet, dass Emotionen vom Kind identifiziert und beschrieben werden können und das Kind langfristig lernt, mit anderen mitzufühlen. Das alles macht Bindung!

Diese Zusammenhänge machen nachvollziehbar, warum Kinder am liebsten bei ihren Eltern im Bett schlafen und auch gerne nachts immer wieder bei uns Unterschlupf suchen. Sie wachen auf, fühlen sich allein, ihr Nervensystem wird von Stresshormonen überschwemmt und lässt ihren Bindungsimpuls aktiv werden. Um entspannen zu können, suchen die Kinder instinktiv nach Körperkontakt, durch den Oxytocin ausgeschüttet und die Stresshormonproduktion der Kinder gehemmt wird. Das Nervensystem kann wieder runterfahren, und der innere Druck mildert sich. Diese emotionale und körperliche Rückversicherung wirkt also wie eine Art Medizin und hilft den Kindern, sich zu beruhigen, wieder Sicherheit zu gewinnen und im Zweifel auch wieder einzuschlafen. Eigentlich ein wunderbarer und sinnvoller Mechanismus.

Zurück zu Anni: Ihr sind die hirnorganischen und emotional ablaufenden Prozesse natürlich nicht bewusst. Deshalb macht es so wenig Sinn, Kinder zu fragen, warum sie immer wieder zu den Eltern ins Bett wollen, denn Anni kann über die Ursachen keine Auskunft geben. Sie spürt nur die Auswirkungen und versucht, ihr Bedürfnis nach Bindung, nach Beruhigung und Körperkontakt zu erfüllen. Da Anni hochkooperativ ist, kann sie – wenn Drohungen und Sanktionen im Raum stehen – ihr Bedürfnis nach Bindung eine Weile durchaus unterdrücken. Wenn sie ihr Bedürfnis dann weiterhin nicht erfüllt bekommt, wird sich der Organismus auf die Dauer eigene, ungesunde Strategien zur Regulation des Nervensystems erarbeiten. Diese frühe Selbstregulation kann aufgrund der Überforderung auf Kosten der seelisch-emotionalen und auch körperlichen Gesundheit gehen und zu verschiedenen Symptomen führen. Von Schlafstörungen über Unruhe am Tag und andere Verhaltensauffälligkeiten bis hin zur Verankerung von emotional schädlichen Glaubenssätzen wie »ich bin hier nicht erwünscht« ist vieles möglich.

Also haben Sie Geduld! Alles braucht seine Zeit. Ein Kind muss erst die immer wiederkehrende Erfahrung machen, dass es nicht alleine ist und die Eltern es nicht alleine lassen. Das gelingt nicht über kognitive Erklärungen wie »Wir sind doch da« oder »Du bist nicht alleine«. Vielmehr muss das Nervensystem diese Tatsache immer wieder psychisch und physisch tatsächlich erfahren und (durch Körper- und Blickkontakt, eine beruhigende Stimme) langfristig verankern. Erst dann wird sich die Erfahrung nachhaltig vertiefen, und das Kind kann eine innere Gewissheit erlangen. Mit der Zeit lernt es dann, jederzeit sicher darauf zurückzugreifen. Doch dauert dieser Prozess oft Jahre.

Was Eltern bei Schlafproblemen konkret tun können:

- Beachten Sie zunächst den individuellen Schlafbedarf Ihres Kindes, denn Kinder sind auch in dieser Beziehung sehr unterschiedlich.
- Seien Sie als vertraute Bindungs- und Bezugsperson für die Beruhigung immer ansprechbar. Das heißt vor allem, viel Körperkontakt geben, Sicherheit und Ruhe ausstrahlen.
- Gehen Sie öfter ins Zimmer und vermitteln Sie über Körperkontakt die Sicherheit, dass Sie da sind.
- Schaffen Sie eine ruhige, reizarme Atmosphäre, also kein wildes Spielen vor dem Zubettgehen, keine aufregenden Ge-

schichten mehr, keine langen Wege mehr (Vorlesen am Bett).
Ruhiges Reden, ruhige Bewegungen, sodass insgesamt Stille
und Beruhigung einkehren können.

- Nehmen Sie sich Zeit zum Verabschieden und finden Sie hier
  Rituale. Schlaf bedeutet auch Loslassen – mit Abschieds-
  schmerz und Trennung voneinander.
- Bleiben Sie in räumlicher Nähe zum Kind, damit es spüren
  kann, dass Sie da sind.
- Lassen Sie Ihr Kind niemals allein, wenn es schreit! Eine
  solche Erfahrung kann die Bindung zu Ihrem Kind negativ
  beeinflussen.

Gerade beim Thema Schlaf, bei dem es um emotionale Nähe und
grundlegende, existenzielle Bedürfnisse der Kinder geht, sind
viele Eltern besonders unsicher. Denn selbst manche Ratgeber
versuchen uns weiszumachen: »Wenn Sie Kinder nicht alleine schlafen lassen, wenn Sie den Bedürfnissen der Kinder hier
›nachgeben‹, verwöhnen Sie Ihre Kinder.« Das ist nicht wahr,
und doch verunsichert es Eltern oft so sehr, dass sie ihre eigene
gute Intuition verlieren. So wird Eltern oft eingeredet, sie würden ihr Kind »verwöhnen«, wenn sie es beruhigen. Das ist ein
Irrtum. Verwöhnen kann man nur jemanden, der selbst für sich
sorgen kann. Unsere Babys und Kleinkinder können das jedoch
noch nicht – weder körperlich noch emotional. Sie sind auf uns
und unsere Feinfühligkeit, den Körperkontakt und unser Bin-
dungsangebot angewiesen. Wenn Kinder ganz klein sind, können sie sich nur über Schreien ausdrücken.

Ältere Kinder wie Anni zeigen ihr Bindungsbedürfnis auch
dadurch, dass sie immer wieder aus den eigenen Betten kommen und Nähe und Kontakt zu uns suchen. Sie schieben Hunger,
Durst oder das Bedürfnis, auf Toilette zu müssen, vor, weil sie
merken, dass die Erwachsenen ablehnend reagieren und eigentlich ihre Ruhe haben wollen. So suchen sie zunächst sachliche
Begründungen, die wir so leicht nicht ablehnen können. Auch

Anni agiert auf diese Weise und sucht so Kontakt und Beruhigung. Erst, als es gar nicht mehr geht und obwohl die Mutter deutlich ablehnend reagiert, macht sie deutlich: Ich will auf deinen Arm! Sie macht das nicht mit der Absicht, ihre Mutter zu ärgern. Sondern ihr innerer Druck nimmt überhand, sie kann den inneren Stress nicht mehr selbst regulieren, ihr kleines Nervensystem braucht dringend Beruhigung durch Wärme, Nähe und Geborgenheit. Sie braucht sozusagen einen Oxytocinschub in Form von Körperkontakt, um den inneren Stress loszuwerden und die Stresshormonausschüttung zu hemmen. Anni kann nicht in Worten ausdrücken, warum sie nicht einschlafen kann, sie kann nur die Signale senden, indem sie Kontakt zu ihrer Mutter sucht. Sie ist auf Hilfe von außen angewiesen, da sie ihre Stressregulation noch nicht alleine steuern kann.

Selbstregulation als Schlüssel zum Lebensglück

Die Selbstregulation ist eine der wichtigsten Funktionen in unserem Leben. Sie entsteht in den ersten drei Lebensjahren. Wie gut wir diese Fähigkeit entwickeln können, hängt von der Qualität von Bindung und Kontakt mit unseren Bezugspersonen ab. Als Selbstregulation bezeichnet man die Fähigkeit:

- sich bei emotionaler Aufruhr selbst zu beruhigen,
- sich zu erholen und zu entspannen,
- die Aufmerksamkeit zu richten und zu halten,
- Impulse zu fühlen, zu kontrollieren und gegebenenfalls zurückzustellen,
- mit Frustrationen umzugehen,
- Absichten zu verwirklichen und Ziele zu verfolgen.

Je besser wir die Fähigkeit zur Selbstregulation entwickelt haben, desto glücklicher sind wir in allen Lebensbereichen, denn von der Stärke der Selbstregulation hängt ab, wie stressresistent wir sind, wie gut wir Impulse regulieren können und wie stark wir auf stressige Reize reagieren. Eine gute Selbstregulation zu haben bedeutet, mit einem Grundgefühl von Selbstbestimmtheit und Autonomie, Zuversicht, Neugier und Freude in die Welt zu gehen.

Um die Fähigkeit zur Selbstregulation gut auszubauen, benötigen Kinder in den ersten drei Jahren einen anderen Menschen, im besten Fall die engste Bezugsperson, die ihnen hilft, Erfahrungen mit sich zu machen und ein inneres Instrument zu entwickeln, welches zunächst durch die Bezugsperson, später dann durch das Kind selbst reguliert werden kann.

Anni ist also zunächst darauf angewiesen, dass ihre Mutter sie bei der Regulation unterstützt und begleitet, also co-reguliert. Ziel bei der Co-Regulation durch die Eltern ist, dass Kinder vielfältige Erfahrungen mit Stresssituationen, Impulsen und Bedürfnissen machen können und die Fähigkeit zur gesunden Selbstregulation erlangen. Dafür braucht es Körperkontakt und einen feinfühligen und liebevollen Umgang und Kontakt.

Strafen und Konsequenzen stören die Entwicklung einer sicheren Bindung, denn sie machen Angst und verhindern eine vertrauensvolle Beziehung. Somit ist das Bindungsband also nicht von Liebe und Vertrauen, sondern von Angst geprägt. Ein Bindungsband, das aus Unsicherheit und Angst gestrickt und gewoben wird, erzeugt Stress. Stress ist auf die Dauer für ein kleines Nervensystem Gift.

Wenn wir also die Geduld verlieren, drohen, strafen und sanktionieren und Kinder Eltern erleben, die in Stresssituationen keine Co-Regulation im oben beschriebenen Sinne anbieten, werden Kinder irgendwann aufgeben. Wir erinnern uns: Kinder sind Teamworker und hochkooperative Wesen und tun uns viele Gefallen. Die hohe Kooperationsfähigkeit von Kindern erklärt auch, warum es zu Beginn mit Anni im eigenen Bett »geklappt« hat. Denn auch in dieser Form kooperieren Kinder. Sie merken, wie wichtig es den Eltern ist, dass sie jetzt Ruhe geben, und bemühen sich dann in ihrem Rahmen darum, diesem Wunsch nachzukommen. Sie lernen dann jedoch:

➡ Mein Gefühl stimmt nicht.
➡ Ich muss mein Gefühl übergehen und ignorieren.
➡ Mein Gefühl hat keinen Platz.
➡ Meine Impulse/Gefühle sind nicht wichtig.

So wird beim Säugling und Kleinkind die unersetzliche Sicherheit, so geliebt zu werden, wie man ist – mit allen Stärken und vermeintlichen Schwächen – zerstört. Und auch das Urvertrauen zu den Eltern wird gestört. Das Vertrauen, das Kinder mitbringen und das sie mit Bindungserwartung auf ihre Eltern zugehen lässt, wird stark erschüttert und kommt ihnen irgendwann ganz abhanden. Ein Kind mit einer unsicheren Bindung zu einer Bezugsperson wird grundsätzlich weniger Selbstbewusstsein und Selbstvertrauen entwickeln als Kinder, die eine sichere Bindung haben.

Deshalb ist es so wichtig, dass dieses Vertrauen nicht durch Strafen aufs Spiel gesetzt wird. Ja, Kinder brauchen Nähe und sie brauchen ihre Eltern als verlässliche erste Bindungs- und Bezugspersonen, um psychisch und physisch gesund aufwachsen zu können. So können wir neue Wege gehen und Handlungsalternativen finden, die eine sichere Bindung vertiefen.

> Strafen haben trennende Wirkung und schaffen emotionale Distanz. Dabei brauchen Kinder jedoch eine innige Verbindung. Sie benötigen intensive emotionale Nähe und verlässliche Bindungspersonen, die ihnen bei der Stressbewältigung helfen, sie co-regulieren und sie beruhigen. Deshalb sind Strafen schädlich für die gesamte Entwicklung von Kindern. Sie verhindern Nähe, Vertrauen und Geborgenheit. Langfristig wird der für ein gesundes Aufwachsen notwendige, sichere Bindungsprozess zwischen Eltern und Kindern durch Strafen nachhaltig gestört.

Wie Strafen die emotionale Entwicklung von Kindern beeinträchtigen

Ich treffe immer wieder Eltern, die denken, dass ihre Kinder Konsequenzen und Strafen brauchen, dass es ohne nicht geht und sie in ihrer elterlichen Verantwortung verpflichtet sind, das Verhalten ihrer Kinder zu sanktionieren.

Dabei sind Strafen Maßnahmen, die zur längst überholten Schwarzen Pädagogik gehören. Geprägt wurde der Begriff »Schwarze Pädagogik« von der Soziologin und Pädagogin Katharina Rutschky (1941–2010). Er ist ein Sammelbegriff für Erziehungsmethoden, die auf Gewalt, Einschüchterung und Strafe beruhen. Auch die Psychologin Alice Miller hat sich wie Rutschky kritisch mit der Schwarzen Pädagogik und deren Folgen auseinandergesetzt.

Gehorsam macht krank

Das immer noch berühmteste Buch über die angebliche Notwendigkeit von Gehorsam ist Heinrich Hoffmanns erstmals 1845 erschienener *Struwwelpeter*, in dem der Arzt und Autor die Grundsätze der von Kritikern sogenannten Schwarzen Pädagogik in Bildern und Versen anschaulich macht. Noch heute sind, bewusst oder unbewusst, diese Vorstellungen mal mehr, mal weniger in uns verhaftet: die Idee vom »bösen« Kind, das schlecht auf die Welt kommt und sich nur dann zum Guten entwickelt, wenn es sich fürchten muss oder wenn Zwang auf es ausgeübt wird. Damit einher geht unsere Angst: Wenn wir diesen Zwang nicht ausüben, wenn wir gar die Kontrolle verlieren, wird das Kind unsere Zuneigung missbrauchen. Auch vor negativen Gefühlsäußerungen, Ärger, Weinen, Konflikten und insbesondere vor Trotzreaktionen des Kindes haben wir Angst und sehen sie mitunter sogar als bewussten aggressiven Akt der Auflehnung.

Doch kindliche Reaktionen sind, wie wir mittlerweile wissen und oben am Beispiel von Tom und Anni gesehen haben, immer wichtige Signale. Signale für und Hinweise auf seelisch-emotionale Vorgänge im Inneren der Kinder. Sie haben also stets einen Sinn und brauchen Erwachsene mit einem feinen Sensorium, die fähig sind, Kinder in ihrem Verhalten »richtig« zu lesen. Versucht man also nicht gewollte kindliche Reaktionen durch Strafen, Sanktionen und Konsequenzen zu unterdrücken, übergehen wir die eigentlichen emotionalen Bedürfnisse der Kinder und behindern sie so in ihrer natürlichen und gesunden Entwicklung. Auch wird durch die Unterdrückung Ärger, Wut und sogar der Wunsch nach »Rache« produziert. Häufig entladen sich diese Gefühle dann an Geschwistern oder anderen Kindern. Oder sie stauen sich auf und äußern sich erst im Erwachsenenleben in Symptomen, die – werden sie nicht ernst genommen – zu Erkrankungen wie Depressionen, Angststörungen, Burn-out und Beziehungsstörungen führen können.

Deshalb ist es so wichtig, dass wir Kinder in ihrer emotionalen Entwicklung unterstützen und ihnen auch dabei helfen, ihre sogenannten negativen Gefühle kennenzulernen. Ein »unerwünschtes« Verhalten sollte nicht mit Strafen belegt und unterdrückt werden. Nur mit unserer Hilfe können Kinder ihre emotionalen Bedürfnisse kennenlernen und üben, ihre Gefühle zu regulieren.

Was sind eigentlich Gefühle und wie entstehen sie?

Alle Menschen, und insbesondere die kleinen, brauchen viel Kontakt, viel Berührung und eine feinfühlige Kommunikation. Das heißt, Kinder brauchen eine Bezugs- und Bindungsperson, die sich wirklich auf sie einstimmt, einfühlt und mit dem ganzen Körper, der Mimik, den Augen, der Stimmlage und mit ihrem ganzen Sein kommuniziert. Eine solche umfassende Kommunikation kommt beim Kind an, kann es beruhigen und auch erregen, es erfreuen. Auch wenn Kinder keine Säuglinge mehr sind, sondern zu Kleinkindern und Schulkindern werden, ist diese Form der achtsamen Kommunikation enorm wichtig.

Wir wissen bereits, dass Kinder durch die Entwicklung ihres Gehirns zunächst mehr im Gefühl als in der Kognition zu Hause sind. So brauchen wir weiterhin genau diese Art der feinfühlig eingestimmten Kommunikation, damit sich eine ganz wesentliche emotionale Fähigkeit weiterentwickeln kann: die Empathie. Wir stören die Herausbildung von Empathie, Einfühlung und Mitgefühl, und Kinder verlieren die Sensibilität für sich selbst und für andere, wenn wir durch Strafen und Konsequenzen die eigentlichen emotionalen Bedürfnisse unterdrücken. Wenn wir aber mit Kindern anders umgehen, ihre emotionalen Bedürfnisse befriedigen und Gefühle ernst nehmen, können wir psychischen Belastungen vorbeugen.

Die Bedeutung von Gefühlen ist enorm, denn Emotionen wirken sich auf unser gesamtes Leben aus, indem sie unser Handeln motivieren, unseren Gefühlsausdruck steuern, die soziale Kommunikation regulieren und unser Denken beeinflussen.

Ein Gefühl setzt sich aus mehreren unterschiedlichen Aspekten zusammen:

- dem subjektiv empfundenen Gefühl,
- dem Anlass, der es auslöst,
- der eigenen Bewertung des Erlebten,
- der körperlichen Reaktion.

Eine Emotion ist beispielsweise Ärger. Wenn wir Ärger empfinden, fühlen wir uns nicht gut (subjektiv empfundenes Gefühl), weil etwas vielleicht nicht so läuft, wie wir es uns vorstellen, zum Beispiel das Auto springt nicht an (Anlass), was uns verärgert (Bewertung des Erlebten). Dies zeigt sich dann in einer körperlichen Reaktion: Wir hauen aufs Lenkrad, der Puls schlägt schneller, der Blutdruck steigt an.

Gefühle haben eine große Bedeutung für uns. Sie wirken sich auf das gesamte Leben aus und sind der Motor unseres Denkens und Handelns. Die emotionale Entwicklung ist eng mit der kognitiven, sozialen und sprachlichen Entwicklung des Kindes gekoppelt. Deshalb ist es wesentlich, die emotionale Entwicklung eines Kindes von Geburt an zu berücksichtigen und das Kind in diesen Entwicklungsschritten achtsam zu unterstützen.

Sowohl die Entwicklungsforschung wie auch Praxiserfahrungen aus der Therapie bestätigen, wie wesentlich es für uns Menschen ist, einen Zugang zu unseren Gefühlen entwickeln zu können. Dabei geht es nicht nur um die positiven Gefühle wie Freude, Begeisterung und die Fähigkeit, Glück zu empfinden. Es geht darum, die ganze Bandbreite und eine vielfältige Palette von Gefühlen kennenzulernen. Wir brauchen also auch Erfahrungen mit den sogenannten negativen Gefühlen: Trauer, Enttäuschung, Schmerz, Wut, Aggression. Es ist wichtig, dass wir sie erfahren, dass wir sie verbalisieren und ausdrücken können.

Es gilt letztlich, alle Emotionen im Laufe der Zeit kennenzulernen, Erfahrungen im Umgang mit ihnen zu sammeln und sie in uns zu integrieren. Dieser Prozess beansprucht 16 bis 17 Jahre, dauert also bis zur Pubertät (manchmal sogar noch länger), und gehört zur normalen seelisch-emotionalen Entwicklung von Kindern dazu.

Um den Umgang mit Gefühlen zu lernen, sind fünf Schritte in der emotionalen Entwicklung von Kindern wesentlich:

1. Gefühle wahrnehmen
2. Gefühle erkennen
3. Gefühle benennen
4. Gefühle regulieren (und kontrollieren)
5. Gefühle selbst beeinflussen

Ziel der emotionalen Entwicklung ist es, die eigene »emotionale Landkarte« kennenzulernen, sich auf ihr orientieren zu können und sich mit jeder neuen Situation besser mit den eigenen Gefühlen auszukennen. Nur wenn das gelingt, können die eigenen Gefühle dann auch reguliert werden und es wird ein guter und konstruktiver Umgang mit ihnen möglich.

Eltern fällt es manchmal schwer, die emotionalen Bedürfnisse von Kindern im Kontext ihrer Entwicklung zu interpretieren und konstruktive Konfliktlösungen zu finden. So erreichen mich oft Schilderungen, in denen viel Unsicherheit, Verzweiflung und der Wunsch, das Kind besser zu verstehen, deutlich werden.

Wenn alle Bemühungen um einen Kompromiss scheitern

So langsam bin ich mir als Mama doch unsicher. Auch wenn es sich angedeutet hat, dass es schwieriger wird, hatte ich doch bis vor Kurzem noch alles im Griff. Jetzt bockt mein Kind aber immer mehr und hat auch Wutanfälle. Valentin wird jetzt drei Jahre alt und ist, glaube ich, ein sehr wildes Kind. Das macht mir alles etwas Angst. Angst, nicht richtig zu reagieren und dann ein »unerzogenes« Kind zu bekommen, eines, das aggressiv wird und schlägt. Ich möchte nicht, dass er später mal mit dem Gesetz in Konflikt gerät. Gestern auf dem Spielplatz habe ich lange angekündigt, dass wir gleich gehen, und trotzdem wollte er einfach nicht. Ich habe alles probiert und habe mich wirklich bemüht, einen Kompromiss zu finden. Aber egal, was ich vorgeschlagen habe, er wurde immer wütender und richtig laut. Ich sagte, dass er aufhören soll und dass ich auf sein Geschrei keine Lust habe. Das hat aber gar nichts gebracht. Er hat nur noch lauter geschrien und sich schließlich auf den Boden geschmissen. Bis zum Parkplatz war das Geschrei zu hören, er hatte einen ganz roten Kopf und hat so gewütet, dass ich ihn kaum an der Hand halten konnte. Ich bin dann auch laut geworden und war richtig wütend. Wir müssen eben irgendwann nach Hause! Er muss das doch einsehen! Warum kann er das nicht verstehen? Ich weiß einfach nicht, wie ich reagieren soll.

Oft ist es so, dass ein Verhalten des Kindes bei uns Erwachsenen Ärger, Wut oder auch Schmerz auslöst. Natürlich können wir versuchen, das Verhalten an sich zu unterbinden. Es ist jedoch nur Ausdruck eines unerfüllten emotionalen Bedürfnisses des Kindes. Selbst wenn sich das Verhalten (zum Beispiel durch Angst machende Maßnahmen) verändert, wird ein anderes an dessen Stelle treten. Denn das Verhalten von Kindern hat wie gesagt immer einen Grund – oft verstehen wir diesen nicht, weil wir nur das Verhalten bewerten und die dahinterliegenden Gefühle und Bedürfnisse weniger berücksichtigen oder gar nicht sehen. Doch es lohnt sich, zu lernen, das hinter dem Verhalten stehende emotionale Bedürfnis zu verstehen.

Wie könnte also die Mutter von Valentin mit ihrem Sohn umgehen? Im Moment macht er folgende Erfahrungen:

➡ Mein Zustand fühlt sich nicht gut an.
➡ Wenn ich so fühle, bin ich unerwünscht.
➡ Wenn ich so fühle, bin ich alleine damit.

Das sind keine guten Erfahrungen, denn Valentin wird beginnen, sich schuldig und schlecht zu fühlen, und versuchen, diesen Zustand zu vermeiden. Er wird so keinen guten Zugang zu seinen Gefühlen und emotionalen Bedürfnissen erlangen. Wie schon ausgeführt, ist es jedoch wesentlich für Kinder, ihre »emotionale Landkarte« kennenzulernen. Wichtig ist also jetzt für die Mutter, Valentins Gefühle nicht zu verdrängen, sondern ihnen Raum zu geben und konstruktiv mit ihnen umzugehen. Hierbei ist entscheidend, seinen Ärger zu erkennen und ihn auch so zu benennen. Ebenfalls entscheidend ist, das Kind mit diesem Gefühl nicht alleine zu lassen, sondern es mit ihm auszuhalten und ihn nicht für sein Gefühl zu verurteilen. So macht Valentin die wichtige Erfahrung:

➡ Ich bin ärgerlich, und es ist okay. Ich bin nicht alleine damit, und jemand hilft mir, diesen Zustand zu überwinden.

Ganz konkret könnte ihn seine Mutter mit diesen Worten begleiten: »Ich kann sehen, dass du dich ärgerst, ... dass du enttäuscht bist, ... du verzweifelt bist, ... du bist traurig, ... das merke ich.« Damit spricht sie das Gefühl des Kindes an und spiegelt es. Das Kind bekommt so Informationen darüber, was in ihm vorgeht.

Es erfährt im Kontakt zu seiner Mutter, wie man das Gefühl nennt und wie man es ausdrücken kann. Ziel ist, dass das Kind lernt, sich in seiner Gefühlswelt zurechtzufinden und später Emotionen auch selbst zu benennen, zum Beispiel:

➡ Ich bin enttäuscht.
➡ Ich bin ärgerlich.
➡ Ich bin verzweifelt.
➡ Ich bin traurig.

Es macht so wichtige emotionale Erfahrungen und lernt, dass sein innerer Zustand ein Gefühl ist und einen Namen hat und wie man dies ausdrücken kann. Sobald wir innere Vorgänge in uns benennen und uns und unsere Gefühle artikulieren können, werden die Ohnmacht und das Gefühl von Überflutung weniger, wir können innere Vorgänge besser sortieren und einordnen. Die emotionale Überforderung des Kindes lässt so mit jeder guten Erfahrung und Begleitung in diesem Sinne etwas nach; Gefühle können integriert werden.

Gute emotionale Botschaften an das Kind in dieser Form der Begleitung sind:

➡ Ich sehe dich in deinem Gefühl und nehme es wahr.
➡ Du bist angenommen und anerkannt mit deinem Gefühl.
➡ Ich nehme dich an mit deinem Gefühl und deiner Ohnmacht, deiner Hilflosigkeit.
➡ Du kannst dich auf mich verlassen, du bist damit nicht alleine.

Im Gegensatz zu:

➡ Hör jetzt auf!
➡ Stell dich nicht so an!
➡ Das haben wir doch besprochen!

➡ Wieso führst du dich so auf?
➡ Was soll denn das?
➡ Reiß dich jetzt zusammen!
➡ Ich hab dir doch erklärt, dass wir …

Hier wird ausschließlich das Verhalten des Kindes angesprochen. Das Kind bekommt die Information, dass sein Verhalten nicht in Ordnung ist und als »schlecht« bewertet wird. Da das emotionale Gehirn auf Empfang »geschaltet« ist, erhält das Kind dennoch Botschaften auch auf dieser Ebene:

➡ Ich lehne dich und dein Gefühl (zum Beispiel deine Wut) ab.
➡ Dein Gefühl und du sind in dieser Form unerwünscht.
➡ Ich lasse dich mit deinem Gefühl alleine.

Das sind keine guten Botschaften, und sie können die emotionale Entwicklung des Kindes nicht fördern.

Kinder sind »Entwicklungshilfen« für uns und werfen uns immer wieder auf uns selbst zurück, hinterfragen uns, unsere Gefühle, Haltungen und Werte – nicht weil sie uns ärgern wollen, sondern weil sie Orientierung brauchen und auf der Suche nach Beständigkeit sind. So dürfen wir ohne Strafen agieren und Kinder wie kleine persönliche »Lehrmeister« für uns Erwachsene wahrnehmen. Wenn wir sie so sehen können und nicht ausschließlich auf ihr Verhalten reagieren und sanktionieren, sondern vor allem hinhören, ihr emotionales Bedürfnis ergründen und wirklich auf sie eingehen, dann kann eine ganz neue Qualität in der Beziehung entstehen.

Keine Angst vor »Tyrannenkindern«

Wir sind auf der Suche nach neuen Möglichkeiten, miteinander zu leben. Solche Umbruchphasen gehen immer auch mit Unsicherheit und Katastrophenszenarien einher. Das erklärt, warum heute so viele Debatten über die angebliche »Disziplinlosigkeit« von Kindern und Jugendlichen geführt werden. In solch einer Stimmung ist es nur nachvollziehbar, dass Bücher, die aus medizinisch-psychiatrischer Sicht einen angeblichen »Erziehungsnotstand« ausrufen und Kindern neben der inflationären Diagnose ADHS zugleich noch eine psychische Reifeverzögerung attestieren, auf breites Interesse stoßen. Nachvollziehbar ist ebenfalls, dass die autoritären Traktate, in denen von »kleinen Monstern« die Rede ist, die uns den »letzten Nerv rauben«, die uns »auf der Nase herumtanzen«, die »irrsinnig anstrengend« sind, offene Ohren finden. Nach Michael Winterhoffs Büchern über angeblich tyrannische Kinder und Jugendliche hat auch Martina Leibovici-Mühlberger ein dickes Buch mit dem beunruhigenden Titel *Wenn die Tyrannenkinder erwachsen werden. Warum wir nicht auf die nächste Generation zählen können* veröffentlicht.

Es ist nicht verwunderlich, dass Eltern schon beim Lesen eines solchen Titels zusammenzucken. Diese Diskussionen über Kinder, die nicht »erzogen« sind, und über Eltern, deren Erziehung »aus dem Ruder gelaufen« ist, tragen ihren Teil dazu bei, dass bei vielen Eltern die Unsicherheit verstärkt wird. Zusätzlich angeheizt wird die Stimmung durch Schriften, die ein Loblied auf die »Disziplin« singen und in denen gefordert wird, dass Eltern besser »durchgreifen« sollten. Aus meiner Praxis weiß ich, wie schwer es für Eltern ist, die neuen Wege selbstbewusst zu gehen und nicht auf Altbewährtes zurückzugreifen – auch und gerade wenn Konflikte entstehen.

Dazu kommt, dass Eltern heute beständig mit Untergangsszenarien konfrontiert werden, die durch vermeintlich logische, tatsächlich aber haarsträubende Kausalketten hergeleitet werden. Von einem Kind, das sich protestierend auf den Boden wirft, weil es nicht einsehen will, das seine Mutter ihm den Mund abwischt, ist es – glaubt man manchen Experten – nicht weit bis zu einem jugendlichen Arbeitslosen, der unfähig ist, eine Ausbildung zu beginnen, geschweige denn zu beenden. Nicht selten landen verunsicherte Eltern bei Kinderärzten, Psychiatern und Psychologen; die Kinder müssen sich Tests unterziehen, man stellt ihnen Diagnosen, sie werden therapiert und häufig medikamentiert. Ihre *Symptome* werden behandelt. Sie werden als auffällige, schwierige Kinder eingeordnet, ausschließlich mit ihren Defiziten gesehen, aber nicht mit ihren Nöten verstanden.

So werden sie von einer Institution zur anderen herumgeschoben, ihr Gefühl, dass sie »anders« und »nicht richtig« sind, verstärkt sich, während ihre Eltern neue klinische Vokabeln wie »Aufmerksamkeitsdefizit-/Hyperaktivitätssyndrom«, kurz »ADHS«, lernen. Besorgte, entmutigte oder panische Eltern bevölkern mit ihrem Nachwuchs, der von der Umwelt als »Problemkind« stigmatisiert wird, die Wartezimmer, lösen Rezepte für Ritalin ein und fühlen sich belastet und schuldig.

Die emotionalen Grundbedürfnisse

Alle Menschen, große und kleine, haben Grundbedürfnisse. Um zu überleben, müssen diese zu einem Mindestmaß erfüllt sein. Dabei kann man zwischen körperlichen und emotional-seelischen Bedürfnissen unterscheiden. Zu den körperlichen zählen zum Beispiel Essen, Trinken und Schlafen. Unseren Gefühlen liegen verschiedene emotionale Grundbedürfnisse zugrunde. Wir wissen heute aus der Psychologie und Psychotherapie, wie wichtig es ist, dass Menschen einen guten Zugang zu ihren emotionalen Grundbedürfnissen und deren Erfüllung haben. Als Erwachsene sind wir verantwortlich dafür, unsere Bedürfnisse zu stillen und für ein ausreichendes Gleichgewicht zu sorgen. Je besser der Zugang zu unseren Bedürfnissen ist und umso mehr wir gelernt haben, auf uns selbst zu achten, die Grundbedürfnisse zu erfüllen oder eine Schieflage angemessen auszugleichen, desto glücklicher und gesünder können wir in unserem Leben sein.

Kinder können das noch nicht selbst. Es ist unsere Aufgabe als Eltern, immer wieder nachzuspüren, welche emotionalen Bedürfnisse hinter einem Verhalten liegen, sie zu verstehen und entsprechend darauf zu reagieren.

Die wichtigsten emotionalen Grundbedürfnisse sind:

- Autonomie/Selbstwirksamkeit/Unabhängigkeit
- Verbundenheit
- Sicherheit
- Schutz
- Geborgenheit
- Nähe
- Dazugehörigkeit
- Anerkennung
- das Gefühl, wertvoll für andere zu sein
- das Gefühl, angenommen zu sein, so wie man ist
- Ruhe und Erholung
- Rückzug
- Wertschätzung
- gesehen und beachtet zu werden (auch mit seinen Anliegen und Bedürfnissen)
- sich mitteilen zu können und auch verstanden zu werden (Verständnis)

Der Zugang zu diesen Grundbedürfnissen – Sie ahnen es schon – wird in der Kindheit gelegt. Nämlich dann, wenn wir Eltern Kinder in ihren emotionalen Grundbedürfnissen sehen und erkennen und diese erfüllen können.

Wenn wir aber ihr Verhalten mit Strafen und Konsequenzen anpassen, verlieren Kinder den Zugang zu ihren eigenen seelischen Impulsen und somit auch zu ihren wichtigen emotionalen Grundbedürfnissen.

Die neue Qualität der Beziehung

Emotionale Grundbedürfnisse entwickeln sich nicht erst, wenn wir auf die Welt kommen. Sie werden schon tief in uns angelegt, und zwar im vorgeburtlichen Schutzraum des Uterus unserer leiblichen Mutter. In dieser frühen, der pränatalen Phase unseres Lebens haben wir bereits erste prägende Beziehungserfahrungen gemacht: Die Grunderfahrung der gesamten Schwangerschaft ist es, dass man einerseits sicher, tief und innig (im Uterus und über die Nabelschnur mit der Mutter) verbunden ist, andererseits jedoch jeden Tag wächst und so auch schon im Mutterleib immer autonomer, kompetenter, freier, unabhängiger und eigenständiger wird.

Genau diese Erfahrung ist es, die uns zu einem sozialen und beziehungsfähigen Wesen macht. Zum anderen lässt uns diese Erfahrung mit der Sehnsucht ins Leben gehen, genau diese Qualität der Beziehung wiederzuerlangen: eine enge Verbundenheit bei gleichzeitiger Autonomie als Grundlage für die Qualität unserer Liebe zu den Kindern.

Diese Beziehungsform zu leben bedeutet, dass sich zwei Menschen ganz eng und auf das Tiefste verbunden fühlen, sich gegenseitig vertrauen und voneinander wissen, dass sich der eine auf den anderen verlassen kann. Sie wissen auch voneinander, dass sich der eine für den anderen nicht mehr wünscht, als dass er in der Lage ist, sich als eigenverantwortliche und eigenständige Person zu entfalten, er also unabhängig und autonom sein kann. Liebe ist die einzige Beziehungsform, in der man zugleich frei und auch verbunden sein kann. Voraussetzung dafür, dass

Kinder sich gut entwickeln und ihre Potenziale entfalten können, ist, dass sie sich in ebendiesem Sinne geliebt fühlen, dass sie eine Beziehung erfahren, die von Liebe und Anerkennung geprägt ist und die die existenzielle Botschaft vermittelt: Du bist okay, so wie du bist.

Alle Beziehungen zu Kindern, die diese Aspekte nicht erfüllen, sind die Entwicklung des Kindes hemmende, hinderliche oder auch störende Beziehungen.

Wenn wir Eltern um diese beiden existenziellen Grundbedürfnisse wissen, können wir die Verantwortung dafür übernehmen, diese im Gleichgewicht zu halten und unseren Kindern das Gefühl der Verbundenheit bei gleichzeitiger Autonomie zu vermitteln.

Der Dichter Johann Wolfgang von Goethe drückte dies schon vor mehr als zweihundert Jahren so aus: »Zwei Dinge sollen Kinder von ihren Eltern bekommen: Wurzeln und Flügel.« Und zwar gleichzeitig. Nicht erst das eine (Wurzeln) und dann das andere (Flügel). Die Kunst ist es, Wurzeln zu geben und gleichzeitig Flügel zuzulassen – das macht eine stabile, tragfähige Beziehung aus.

> Wenn Kinder einen strafenden und sanktionierenden Umgang erfahren, werden sie diesen verinnerlichen und weitergeben. Dann werden sie unter Umständen im Erwachsenenalter zu Tyrannen. Wir brauchen jedoch keine Angst vor »Tyrannenkindern« zu haben, wenn wir Bindung und Beziehung im Umgang mit unseren Kindern achten und die Gefühle und emotionalen Grundbedürfnisse berücksichtigen. Vielmehr werden wir Kinder haben, die ihre emotionalen Grundbedürfnisse und Emotionen kennen und sich deshalb gut regulieren und für sich sorgen können – psychisch und physisch.

Strafen verhindern konstruktive Konfliktlösungen

Wir wünschen uns alle ein möglichst harmonisches Familienleben. Wenn Menschen zusammenleben, dann sind Konflikte jedoch gar nicht auszuschließen. Sie gehören dazu, und für mich ist daher nicht die Frage, wie wir Streit und Konflikte vermeiden können, sondern wie wir eine Streitkultur entwickeln und Konflikte miteinander konstruktiv und wertschätzend lösen können.

Konflikte gehören zum Leben dazu

Konflikte sind dann anstrengend, wenn wir versuchen, sie über

➡ Strafen und Konsequenzen,
➡ Belohnung oder andere manipulative Maßnahmen,
➡ Beschämung und Demütigung,
➡ Kritik, Verhöre und Vorwürfe

anzugehen. Denn – und das ist entscheidend – wir lassen so die Ursachen eines Konflikts außer Acht – mit der Folge, dass sich dieser eben nicht löst, sondern verfestigt. Je mehr er sich verfestigt hat, desto schwieriger ist es, ihn zu lösen. Es gilt also, der Ursache auf den Grund zu gehen, den Streit an der Wurzel zu packen, anstatt an der Oberfläche – dem Verhalten der Kinder – anzusetzen.

Wie aber entsteht eigentlich ein Konflikt? Konflikte entstehen, wenn zwei oder mehrere Personen unterschiedliche Bedürfnisse haben. Wir haben gelernt, dass Konflikte etwas Trennendes haben und uns entzweien. Doch wenn wir über die Gefühle und Bedürfnisse sprechen, die hinter dem Konflikt liegen, steigt die Wahrscheinlichkeit, ihn nachhaltig lösen zu können. Ein Konflikt hat dann nichts Trennendes, sondern vielmehr etwas

Verbindendes. Nämlich dann, wenn wir uns über einen gelösten Konflikt neu und intensiver (ver-)binden können, indem wir mehr übereinander erfahren und uns noch besser kennen- und schätzen lernen. So können alle Familienmitglieder – Eltern wie Kinder – am Konflikt wachsen, ihre Persönlichkeit weiterentwickeln und sich miteinander noch tiefer verbinden. Eine gute Erfahrung für alle Beteiligten.

Konflikte entstehen also immer dann, wenn unterschiedliche beziehungsweise gegensätzliche Bedürfnisse auftreten und abgeglichen werden müssen. In der Familie passiert das häufig zwischen Eltern und Kindern, oft aber auch unter Geschwistern.

Die Bedürfnisse aller Beteiligten zu achten bedeutet gleichzeitig, wertschätzend miteinander umzugehen. Als Eltern sind wir hier wichtige Vorbilder: Wenn wir wollen, dass unsere Kinder andere Menschen respektieren und mit ihnen wertschätzend umgehen, dann ist es wichtig, dass wir einen wertschätzenden Umgang mit den Kindern pflegen und sie mit uns die Erfahrung machen, dass man Konflikte konstruktiv lösen kann. Das heißt, ihre Grenzen nicht zu übertreten, sondern diese jederzeit zu wahren und zu achten. Wenn Kinder Wertschätzung erfahren, lernen sie, auch mit anderen Menschen wertschätzend umzugehen.

Konflikte bieten Wachstum

Wenn Eltern zu mir in die Beratung kommen, dann erlebe ich oft, dass sie Konflikte als etwas Negatives wahrnehmen, fast als sei es eine Schande, dass diese Konflikte überhaupt entstehen und sie als Eltern nicht in der Lage sind, sie zu vermeiden. Streit und Auseinandersetzungen mit unseren Kindern machen uns oft hilflos, und wir sind erleichtert, wenn wir den Konflikt dann irgendwie »überstanden« haben. Manchmal sitzen wir ihn auch einfach aus und warten, bis sich alles wieder beruhigt hat – bis zum nächsten Streit. Natürlich sind Konflikte anstrengend und benötigen Kraft und Zeit. Wenn wir uns jedoch darüber bewusst werden, dass Konflikte nichts Verwerfliches sind, sondern diese als Chance begreifen, an der unsere Kinder (und wir) wachsen können, dann erübrigen sich Schamgefühle und Hilflosigkeit, wir können gelassener damit umgehen und Konflikte auch als Chance sehen – um sie dann wertschätzend zu lösen.

Sie können zunächst in einem ersten Schritt Ihre Einstellung zu Konflikten überdenken und gegebenenfalls ändern. Die folgenden Fragen helfen Ihnen dabei:

➡ Was bedeutet ein Konflikt für mich?
➡ Verbinde ich damit etwas Negatives?
➡ Inwiefern beeinflusst meine Einstellung meinen Umgang mit Konflikten?
➡ Wie reagiere ich auf Konflikte?
➡ Kann ich in einem Konflikt auch eine positive Kraft sehen?

Tatsächlich gibt es viele positive Aspekte, wenn wir bereit sind, Konflikte konstruktiv zu bewältigen. Sie

- fördern Selbstbeobachtung und Selbsterkenntnis,
- lassen familiäre Gesamtzusammenhänge erkennen,
- stärken Vertrauen und Zusammenhalt innerhalb der Familie,
- bringen die Bedürfnisse der einzelnen Familienmitglieder ans Licht,
- fördern eine selbstbewusste Persönlichkeit bei allen Beteiligten und
- schulen die Konfliktfähigkeit bei allen Beteiligten.

Dauerkonflikte im Alltag

Lisas Vater ist genervt, sein Tag war lang, er ist hungrig und müde. »Lisa, es gibt gleich Essen, kommst du bitte und räumst dann auch deine Spielsachen aus dem Wohnzimmer?« Er sagt diesen Satz jeden Abend vor dem Essen – und er kennt auch schon die Antwort. »Gleich«, murmelt Lisa (sieben Jahre) und spielt weiter. Lisas Vater wird ungeduldig und laut, und es kommt zum Streit – wie erwartet. Schließlich räumt er selbst die Spielsachen zur Seite. »Lisa, ich werde nachher kein Buch mit dir lesen! Wenn du einfach nicht hörst und ich mich ärgern muss, dann hab ich nachher auch keine Lust, dir einen Gefallen zu tun! Die Geschichte fällt also aus!« Lisa tobt und verweigert sich nun noch mehr: Sie rennt in ihr Zimmer, wirft sich wütend aufs Bett, weint und kommt erst unter gutem Zureden der Mutter wieder hinaus. Schließlich sitzen alle am Abendbrottisch. »Jeden Abend das Gleiche«, schimpft Lisas Vater, »du weißt doch, dass wir um diese Zeit essen. Muss denn das sein? Jedes Mal so ein Theater! Schade, dass jetzt die Geschichte ausfällt!« Lisa schaut stumm und frustriert auf ihren Teller.

»Jetzt wollen wir aber wieder gut sein miteinander«, schaltet sich Lisas Mutter erneut ein. Vater und Tochter schauen sich an. Der Konflikt ist erst einmal überstanden. Jedoch nicht ohne Tränen und Strafen – und auch nur bis zum nächsten Abendessen.

Lisas Vater agiert hier – wie wir Eltern das häufig tun – rein auf der Verhaltensebene. Dass hinter Lisas Verhalten emotionale Grundbedürfnisse stecken (z. B. das Bedürfnis nach liebevoller Zuwendung vonseiten des Vaters), bleibt von ihm unbeachtet. Und auch die Gefühle des Mädchens, die sich aus der Missachtung seines Bedürfnisses ergeben, berücksichtigt ihr Vater nicht. Das heißt, die eigentliche Ursache des Konflikts wird nicht geklärt, und das Kind bleibt mit seinen Bedürfnissen und Gefühlen alleine. Dazu kommt noch, dass der Vater suggeriert, Lisa sei selbst »schuld« an dem Streit. Damit bestraft er sie unbewusst für ihre Empfindungen und Bedürfnisse. Da hilft es auch nicht, wenn Vater und Tochter an der Oberfläche wieder »gut miteinander« sind.

Bleiben wesentliche emotionale Bedürfnisse eines Kindes (etwa das Bedürfnis nach Nähe oder Anerkennung) unbeantwortet, ergibt sich unter Umständen langfristig ein gravierender Mangel auf emotionaler Ebene, und das Bedürfnis verstärkt sich noch. Auseinandersetzungen häufen sich dann oder gewinnen sogar an Intensität. Es ist also wichtig, im Rahmen von Konflikten auch die emotionale Ebene zu berücksichtigen und die Reaktionen der Kinder als Signale zu lesen.

Wie sähe im Fall von Lisa eine wertschätzende Konfliktlösung aus? Statt einfach jeden Tag eine Konsequenz oder Sanktion auf das Verhalten von Lisa folgen zu lassen, könnte Lisas Vater den Dauerkonflikt nach dem Abendessen oder am nächsten Tag nach der Schule ansprechen:

> »Lisa, ich würde gerne mit dir darüber sprechen, dass wir beide immer wieder in Streit geraten, wenn es Essen gibt. Wann können wir uns zusammensetzen?«, fragt der Vater am Wochenende nach dem Mittagessen. Lisa schaut erstaunt auf. »Ich würde dich gerne auf einen Kakao in die Küche einladen und mit dir über unseren Streit sprechen.«
>
> »Oh, das haben wir noch nie gemacht. Ja, ich komme! Jetzt gleich?«, ruft Lisa aus.
>
> Vater: »Ja, gerne.«
>
> Sie setzen sich beide und nippen an ihren warmen Getränken.
>
> »Weißt du, neulich unser Streit vor dem Abendessen mit dem Aufräumen … das hat mich nachdenklich gemacht. Wir streiten uns darüber so oft. Ich freue mich jeden Abend auf dich und die Zeit mit dir, und dann, wenn es ans Aufräumen geht, streiten wir uns. Das tut mir leid, und ich möchte das nicht mehr.«

Lisa: »Ja, stimmt! Ich finde das auch blöd.«

Vater (lächelt): »Gut. Mir ist wichtig, dass wir beide eine gute Zeit haben. Dafür brauchen wir einige Verabredungen, an die wir uns beide halten können, und mir ist wichtig, dass das Wohnzimmer vor dem Abendessen aufgeräumt und ordentlich ist. Also, wollen wir mal überlegen, wie es anders gehen kann?«

Lisa nickt.

Vater: »Es ärgert mich, wenn wir da so in Streit geraten, und ich möchte gerne wissen, warum das so ist und es dir so schwerfällt, dann im Wohnzimmer deine Sachen wegzuräumen?«

Lisa: »Eine Frage, Papa: Warum willst du unbedingt, dass ich dann das Wohnzimmer aufräume? Und warum muss ich immer dann aufräumen, wenn du es willst? Ich will dir zeigen, was ich gemacht habe und womit ich gespielt habe. Ich soll aber immer gleich aufräumen, aufräumen, aufräumen. Und außerdem: Du räumst doch auch nicht gleich immer alles auf. In deinem Arbeitszimmer liegen so viele Papiere rum.«

Lisas Vater ist erst einmal sprachlos: »Ähm, also, da hast du recht. Na ja … die Ordnung im Wohnzimmer ist mir wichtig. Ich mag es, wenn ich abends in die Wohnung komme und alles an seinem Platz ist. Ich glaube, ich bin einfach ein ordentlicher Mensch. Und deshalb möchte ich, dass alles andere auch aufgeräumt ist.«

Lisa: »Das versteh ich   aber ich will dir zeigen, was ich gemacht habe. Und überhaupt: Du bist nie da, dann kann ich dir ja nie was zeigen. Und außerdem ist es doch gar nicht so unordentlich! Ich spiele da doch nur. Und ich glaube, ich bin auch ordentlich, aber irgendwie anders. Stimmt's, Papa, ich weiß immer, wo alles ist, und neulich hab ich dir sogar den Autoschlüssel gesucht.«

Vater (lächelt): »Ja, das stimmt. Weißt du, es ist so … das Wohnzimmer ist ein besonderer Ort für uns als Familie. Vielleicht können wir dort gemeinsam versuchen, eine gewisse Ordnung zu halten? Ich will diesen Streit nicht mit dir.«

Lisa: »Ach soo, ja, das will ich auch nicht. Da hab ich eine

Idee, Papa: Wenn du nach Hause kommst, dann zeig ich dir, was ich gespielt habe, und wir spielen einfach noch eine Weile zusammen, und erst dann räume ich es weg, okay? Du bist den ganzen Tag weg … da kann ich doch abends mit dir spielen?«

Der Vater schaut Lisa aufmerksam an: »… Ähm, ja, also … das heißt, du vermisst mich und bist dann enttäuscht, wenn du gleich aufräumen sollst?« Er lächelt und schaut seine Tochter liebevoll an. »Weißt du was, Lisa? Ich vermisse dich auch. Ich habe manchmal zu wenig Zeit, das macht mich auch traurig und ärgerlich. Deshalb finde ich deine Idee richtig gut. Ich werde allerdings nicht vor dem Abendbrot mit dir spielen können. Wenn ich nach Hause komme, bin ich oft müde, habe Hunger, und dann werde ich ungeduldig.

Lisa schaut ihn aufmerksam an: »Ja, das merke ich. Dann muss immer alles sofort gehen und du schnauzt richtig rum. Ich kann doch nicht immer sofort aufräumen!«

Vater: »Das stimmt. Es tut mir leid. Vielleicht können wir eine Spielzeit für uns beide finden? Und ich versuche am Abend, wenn ich heimkomme, nicht zu meckern, okay?«

Lisa schaut ihn aufmerksam an: »Ja, das finde ich gut. Und dann machen wir jetzt gleich unsere Spielzeit?«

Vater: »Ja, das können wir machen. Und wir versuchen, uns am Abend nicht mehr zu streiten, ja?«

Lisa schlingt ihre Arme um den Hals ihres Vaters: »Das wäre schön, Papa«, seufzt sie.

Der Vater nimmt Lisa fest in den Arm: »Ja, das finde ich auch.«

Im Küchen-Kakao-Gespräch der beiden kommt also heraus, dass Lisa gern mit ihrem Papa spielen würde, wenn er nach Hause kommt, dass ihr Vater das auch gerne möchte, aber oft die Zeit dafür fehlt. Sie sprechen darüber, dass Lisa enttäuscht darüber ist und gern mehr Zeit mit Papa hätte, und sie finden heraus: Papa ebenfalls. Und sie stellen fest, dass sie beide diesen Streit nicht wollen. Sie sprechen auch darüber, dass der Vater am

Abend müde und deshalb manchmal ungeduldig ist. Sie merken, wie gut es tut, sich zu sagen, was man denkt und fühlt, und nehmen sich fest in den Arm. Sie beschließen, dass sie Zeiten für gemeinsames Spielen finden wollen und dass der Vater am Abend versuchen wird, geduldiger zu bleiben.

Natürlich heißt das nun nicht, dass der Konflikt nie mehr auftreten wird. Doch durch die Form der Klärung, die der Vater herbeigeführt hat, haben die beiden eine gute und intensive Beziehungserfahrung miteinander gemacht, sodass sie jetzt tiefer miteinander verbunden sind. Es ging auch nicht mehr nur um das Verhalten der beiden (nicht aufräumen und motzen), sondern um das dahinterliegende Gefühl (Trauer und Schmerz, weil Papa nicht da ist) und die Bedürfnisse der beiden (wir vermissen uns). Auch haben sie so die nächste Aufräumsituation gemeinsam vorbereitet, damit es nicht mehr zum Streit kommen muss. Und Lisa hat erfahren, dass sie für ihren Vater wichtig ist. So wichtig und wertvoll, dass er sich Zeit nimmt und mit ihr darüber spricht, wie sie es beide anders machen können. Die Atmosphäre eines solchen Gesprächs ist warm und nah, beide sind offen füreinander und führen einen wertschätzenden Dialog. Es ist ein wunderbarer Wachstums- und Beziehungsmoment für beide.

Geschwisterstreit

Hannah ist sieben, ihr kleiner Bruder Paul vier Jahre alt. Sie spielen in ihrem Kinderzimmer. Plötzlich ist das Geschrei groß. Die Mutter kommt hinzu, geht zu dem Vierjährigen, der heftig schluchzt, nimmt ihn in den Arm und fragt ihre ältere Tochter: »Was hast du gemacht, Hannah?«

Hannah: »Paul hat meine Stifte weggenommen.«

Mutter: »Und was hast du gemacht?«

Hannah: »Ich habe ihm gesagt, dass er mich in Ruhe malen

lassen soll, aber er hat einfach nicht aufgehört und mich dann auch noch gehauen.«

Mutter: »Und dann?«

Hannah: »Hab ich ihm sein Pferd weggenommen und ihn geschubst.«

Mutter: »Paul ist kleiner als du! Wir wollen uns doch nicht wehtun!«

Hannah (leise mit gesenktem Kopf): »Ja.«

Die Mutter nimmt Hannah das Pferd ab und sagt: »Das war nicht in Ordnung, Hannah, du weißt das!«

Hannah muss sich nun fünf Minuten lang ruhig auf einen Stuhl in ihrem Zimmer setzen. Die Mutter beachtet sie derweil kaum, sie beschäftigt sich mit Paul. Hannah schaut traurig und wütend in ihre Richtung. Nach der »Auszeit« darf sie den Stuhl verlassen. Ihre Mutter lobt ihr Verhalten, und sie darf wieder mitspielen.

Gerade wenn es darum geht, Konflikte zu lösen, ist es wichtig, die Gefühle eines Menschen (ob groß oder klein) zu beachten, ernst zu nehmen und zu verstehen. Das ist aus meiner Sicht das Wesentliche im Umgang miteinander und der Kern einer guten Eltern-Kind-Beziehung. Und es gilt natürlich auch, wenn Geschwister sich streiten. Für uns Erwachsene ist das eine besondere Herausforderung, denn alle Kinder benötigen ja Wertschätzung und Unterstützung.

In der Situation zwischen Hannah, Paul und ihrer Mutter findet die emotionale Ebene keine Berücksichtigung. Die Gefühle der beiden Geschwister werden nicht thematisiert, und der eigentliche Konflikt bleibt ungeklärt. Vielleicht kennt der eine oder andere von Ihnen die sogenannte Auszeit als Maßnahme, wie sie in der Anfangsphase meiner öffentlichen Arbeit mit Familien angewandt wurde. Sie geht zurück auf ein bis heute in Fachkreisen anerkanntes Erziehungsprogramm (»Triple-P«), das stark auf Verhaltensanpassung setzt: Ein »Problemverhalten« soll durch bestimmte Maßnahmen sehr schnell durch ein erwünschtes ersetzt werden. Auch in pädagogischen Ratgebern wird die »Auszeit« immer wieder ganz konkret empfohlen, zum Beispiel von Annette Kast-Zahn in ihrem Buch *Jedes Kind kann Regeln lernen*: »Vielen Kindern hilft der ›Stille Stuhl‹, sich wieder an die Familienregeln zu erinnern. Sie wollen lieber nach kurzer Zeit weiterspielen, statt eine Auszeit in einem anderen Zimmer zu riskieren. Deshalb ist der ›Stille Stuhl‹ eine sanfte und trotzdem effektive Konsequenz.«

Für mich hat diese Methode pädagogisch und entwicklungspsychologisch gesehen ausschließlich destruktive Aspekte: Das Kind wird nicht nur massiv in seiner Autonomie eingeschränkt, sondern auch gekränkt, abgewertet und gedemütigt. Zwischen den Zeilen kommt außerdem eine fatale Grundbotschaft beim Kind an: Ich will, dass du meine Grenze wahrst, deine persönliche Grenze hat jedoch keine Bedeutung für mich! Wenn wir aber wollen, dass Kinder lernen, mit uns und anderen wertschätzend umzugehen, dann dürfen wir eine Grenzüberschreitung ihrerseits nicht selbst mit einer Grenzüberschreitung beantworten.

Die Mutter von Hannah und Paul hat ausschließlich auf der Verhaltensebene agiert und folgende Fragen geklärt: Wer hat was getan und was gesagt? Wer aber was und warum gefühlt hat und welche emotionalen Bedürfnisse hinter dem Streit der beiden Geschwister liegen, bleibt hier völlig unberücksichtigt. Und sie hat Hannah bestraft, ist also nicht wertschätzend, sondern abwertend mit ihr umgegangen. Hannah erhält von ihrer Mutter folgende Botschaften:

- ➡ Ich bin hier so, wie ich bin, mit meiner Persönlichkeit und meinen Anliegen, nicht erwünscht. Ich bin weniger wert.
- ➡ So, wie ich bin, werde ich nicht geliebt und nicht anerkannt.
- ➡ Meine Gefühle sind nicht wichtig und nicht richtig.
- ➡ Meine Bedürfnisse werden ignoriert.

Der eigentliche Konflikt zwischen Hannah und ihrem Bruder wird so nicht geklärt. Kinder, die aggressiv werden, fühlen sich außerdem ohnehin schon nicht anerkannt, empfinden sich als Störenfriede und Außenseiter. Deshalb wirken diese Botschaften verstärkend auf den Konflikt, und das Verhalten der Kinder kann sich noch verschärfen. Weiterer Ärger ist also vorprogrammiert. Zudem hat es Hannah als das erstgeborene Kind ohnehin nicht leicht. Denn ältere Geschwister fühlen sich durch die Geburt des zweiten Kindes einerseits zurückgesetzt und abgewertet, möchten gleichzeitig aber auch das Geschwisterchen lieben und zur (veränderten) Familie dazugehören.

Kinder brauchen die sichere und konstante Erfahrung, dass Konfliktlösungen ohne Abwertungen, Demütigungen und Grenzüberschreitungen möglich sind. Wenn wir nun wissen, wie wichtig es ist, die hinter einem Konflikt liegenden Bedürfnisse und Gefühle zu berücksichtigen, wie könnte die Mutter Hannah und Paul bei der Lösung unterstützen? Schauen wir uns die Situation noch einmal an:

> Die Mutter kommt hinzu, geht zu dem vierjährigen Jüngeren, der heftig schluchzt, nimmt ihn in den Arm und fragt ihre ältere Tochter: »Was habt ihr miteinander, Kinder?«
>
> Hannah: »Paul hat mir meine Stifte weggenommen.«
>
> Mutter (schaut Hannah offen an): »Und das hat dich geärgert?«
>
> Hannah: »Ja, sehr! Ich habe ihm gesagt, dass er mich malen lassen soll, aber er hat nicht aufgehört.«
>
> Mutter: »Und dann?«
>
> Hannah: »Dann hab ich mich noch mehr geärgert und bin richtig wütend geworden!«
>
> Mutter: »Weil er gar nicht auf dich gehört hat?«
>
> Hannah: »Ja, weil er gar nicht auf mich gehört hat. Und dann hat er mich auch noch gehauen, und da habe ich ihm das Pferd von seinem Bauernhof weggenommen und ihn geschubst.« (Hannah senkt ihren Kopf.)

Mutter (wendet sich nun Paul zu, der mittlerweile nicht mehr weint): »Und dann hast du dich geärgert?«

Paul (nickt mit dem Kopf): »Ja, ich wollte, dass Hannah mit mir und dem Bauernhof spielt und nicht immer nur langweilige Bilder malt.«

»Hauen und Schubsen ist für mich keine gute Lösung. Aber ich kann verstehen, dass ihr euch beide geärgert habt«, sagt die Mutter und schaut ihre beiden Kinder dabei an. »Und jetzt?«, fragt sie. Es entsteht eine kurze Pause. »Jetzt liegt Ärger in der Luft«, stellt sie fest. Die beiden schauen sich an. »Ich will mit dir spielen!«, ruft Paul. Hannah sieht ihren kleinen Bruder an. »Na, dann mal ich jetzt noch mein Bild zu Ende und dann spielen wir zusammen mit dem Bauernhof, ja Paul?« – »Ja«, sagt Paul und strahlt. Die Mutter verlässt das Kinderzimmer.

Hannah und Paul machen hier wichtige soziale und emotionale Erfahrungen. Sie sind in Streit geraten und werden von ihrer Mutter bei der Konfliktlösung begleitet. Die Begleitung besteht nicht darin, das Verhalten zu bewerten, zu sanktionieren und ein Kind zu demütigen, kleinzumachen oder abzuwerten. Auch nicht darin, den Kindern eine Lösung vorzuschlagen. Die Mutter benennt die Gefühle (Ärger und Wut) der beiden und gibt so den dahinterliegenden Bedürfnissen Raum: Bei Hannah ist es das Bedürfnis nach Autonomie – sie will alleine und selbstständig malen; bei Paul ist es das Bedürfnis nach Nähe und Zugehörigkeit – er will mit seiner Schwester spielen. Beide Kinder haben sich in dieser Variante der Geschichte mit ihrem jeweiligen Anliegen von der Mutter gehört gefühlt. Und das Wesentliche dabei: In dieser Situation haben die beiden für sich dann selbst eine gute Lösung finden können.

Wir können im Umgang mit unseren Kindern ohne Strafen auskommen. Wichtig ist vor allem, dass wir Grenzüberschreitungen durch Kinder nicht selbst mit einer Grenzüberschreitung durch uns beantworten, dass wir sie nicht kränken. Nur so

können Kinder gute Beziehungserfahrungen machen, und nur
so kann aus einem abwertenden Umgang miteinander Wertschätzung füreinander erwachsen.

Wie Kinder Grenzen erfahren

Wie können wir Grenzen setzen, ohne die Integrität der Kinder,
also ihre Grenze, zu verletzen? Wenn ich heute mit Eltern über
diese Frage spreche, so erlebe ich oft Verunsicherung. Eltern
schwanken zwischen dem Wunsch, ihre Liebe in Form von Für-
sorglichkeit auszudrücken, und der Frage, wie weit sie ihre eigenen Bedürfnisse gegenüber den Bedürfnissen des Kindes hinten
anstellen dürfen und sollen. Aus diesem Zwiespalt entsteht immer wieder im Alltag die Frage: Wie und wann genau setze ich
eine Grenze?

Dabei geht es aus meiner Sicht jedoch gar nicht um die Frage:
»Wie und wann können wir Kindern Grenzen setzen?« Denn es
geht nicht darum, dass wir Kinder »eingrenzen«, dass wir Wän-
de aus elterlichen Verboten bauen oder Zäune aus Maßregelun-
gen flechten. Vielmehr ist es wichtig, dass wir Erwachsene uns
unserer eigenen Grenzen bewusst werden. Das ist wichtig, damit
wir selbst wissen, was wir wollen, und damit wir das dann auch
vertreten können.

Kinder erleben Grenzen nämlich am besten dadurch, dass Eltern sich selbst positionieren. So erfahren sie: Der andere hat da
eine Grenze. Und weiter: Auch ich habe also Grenzen und darf
diese deutlich machen.

Die Frage muss also umgekehrt lauten: Wie können Eltern
mit ihren eigenen Grenzen sichtbar werden, damit Kinder auch
ihre eigenen Grenzen erfahren und kennenlernen? So paradox
es klingt: Grenzen können nur wahrnehmbar werden, wenn
wir dicht an sie herankommen oder sie gar übertreten. Um also
Grenzen erfahren zu können, müssen wir hin und wieder Grenz-

überschreitungen erleben und zulassen. Menschen und ihre persönlichen Grenzen werden für andere auch durch das Äußern ihrer Gedanken und das Zeigen von Emotionen sichtbar.

Deshalb ist für Kinder wichtig, dass Eltern sich positionieren. Ein »Nein« als Zeichen für eine Grenze kann dabei durchaus liebevoll sein.

Voraussetzung hierfür ist es, »Nein« sagen zu können und den daraus resultierenden Konflikt nicht zu scheuen. Das fällt vielen Erwachsenen oft schwer, und viele Missverständnisse in Familien entstehen, weil Eltern, wenn sie »Ja« sagen, eigentlich »Nein« meinen. Oft stellen wir Eltern rhetorische Fragen wie zum Beispiel: »Wollen wir jetzt mal Abendbrot essen?«, oder: »Gehen wir dann jetzt Zähneputzen?«

Hier ist der Konflikt vorprogrammiert, denn Kinder kennen diese Form von rhetorischen Fragen nicht. Kinder sind hartnäckig und hinterfragen uns und unsere Positionen (anders als Erwachsene) immer wieder, und sie wollen ein »Ja« oder ein »Nein«. Nicht weil sie uns ärgern, sondern weil sie wissen wollen, was wir denken, und weil sie sich rückversichern, ob das, was wir denken, auch immer noch gilt.

Warum fällt uns ein »Nein« manchmal so schwer? Eine Antwort ist: Wir haben persönliche Erinnerungen aus der Kindheit und verbinden ein »Nein« mit elterlicher Unfreundlichkeit. Dennoch: Ein »Nein« zu umgehen, weil man vermeiden möchte, sich schlecht zu fühlen, führt allenfalls für einen kurzen Moment zu einer konfliktfreien, oberflächlichen Lösung. Langfristig wird die Auseinandersetzung jedoch nicht zu vermeiden sein.

Es ist nicht so, dass Kinder uns bei einem »Nein« ernsthaft weniger lieben, auch wenn manch ein Kind seinem Ärger dann lauthals Luft macht: »Du bist doof, Mama! Ich hab dich gar nicht mehr lieb, Papa!« Dies drückt eher den (aus Sicht der Kinder berechtigten) Ärger aus und zeigt, dass die Kinder sich (noch) nicht differenziert artikulieren können. Statt: »Ich ärgere mich, dass

ich jetzt kein Eis bekomme«, sagen sie dann: »Du bist doof!«
Auch wenn wir es oft nicht gut aushalten können: Für die Beziehung zu unseren Kindern sind diese Momente äußerst wichtig.
Denn es ist der Qualität der Beziehung zuträglich, wenn wir uns
im Kontakt mit den Kindern authentisch mit unseren Grenzen
zeigen, wenn wir aus unserer bisherigen Rolle als Mutter oder
Vater ein Stück heraustreten und uns als Persönlichkeit zeigen
können. Und: Ein »Nein« muss nicht böse und voller Wut und
Ärger ausgesprochen werden, sondern kann durchaus auch in
liebevollem und fürsorglichem Ton vermittelt werden. So können wir es schaffen, wertschätzend unsere Grenzen zu zeigen,
ohne die Integrität, die persönliche Grenze des anderen, zu verletzen.

Weiterhin ist es wesentlich, dass wir die Grenze der Kinder
bei der eigenen Positionierung nicht absichtlich übertreten und
verletzen, sondern wertschätzend bleiben. Ein »Nein« zu anderen – auch zu kleinen Menschen – ist okay, wenn es dem eigenen
Bedürfnis entspricht: »Ich kann jetzt kein Buch mehr vorlesen,
ich brauche jetzt Mama-Zeit und eine Pause, damit ich morgen
wieder fröhlich für dich da sein kann.«

Sich wertschätzend positionieren

Bei der Frage, wie wir uns wertschätzend positionieren können,
ist weniger oft mehr. Häufig verleihen wir unserer Positionierung Nachdruck, indem wir kritisieren, abwerten und maßregeln. Kinder verstehen jedoch sehr schnell, ob wir etwas gut
oder weniger gut finden. Wir merken ihnen das nicht immer sofort an ihrem Verhalten und ihrer Reaktion an. Denn sie geben
uns keine entsprechende Rückmeldung und sagen nicht: »Danke, liebe Mama, dass du mir das gesagt hast, ich bin froh, dass
du mich darauf hingewiesen hast.« Im Gegenteil. Manchmal
braucht es über einen längeren Zeitraum mehrere Konflikte, bei

denen sich die Erwachsenen immer wieder wertschätzend positionieren und das Verhalten und der Umgang hiermit gleichbleibend nicht grenzüberschreitend, sondern grenzwahrend und achtsam ist, damit die Kinder (wieder) Vertrauen entwickeln. Vertrauen darin, dass ihre Bedürfnisse nicht übergangen und sie geachtet werden.

Kinder brauchen Orientierung und Positionierung durch uns Eltern. Machtkämpfe sind dabei nicht konstruktiv. Die Mutter von Hannah und Paul könnte sich in einem Konflikt auch wertschätzend positionieren, indem sie zum Beispiel sagt: *»Ich sehe, dass du dich ärgerst, Hannah. Gibt es etwas, was ich tun kann, um dich hier zu unterstützen? Ich mag es nicht, wenn ihr euch wehtut.«*

Wie wir uns Kindern gegenüber positionieren, hängt davon ab, wie wir uns grundsätzlich abgrenzen können, unseren Standpunkt klarmachen, unseren persönlichen Raum wahren und anderen auch zeigen: Hier stehe ich. Das ist mein Raum, meine Grenze, hier geht es nicht weiter! Aus meiner Sicht ist das ein Aspekt, der uns das ganze Leben immer wieder in Beziehungen begleiten und mal mehr, mal weniger präsent sein wird.

Kinder dürfen die Erfahrung machen, dass Menschen Grenzen haben und dass es okay ist, »Nein« zu sagen. Das können sie nur von uns lernen – und natürlich auch nur, wenn Grenzen (durch Grenzüberschreitungen) sichtbar werden.

Noch ein kleiner Tipp zur konkreten Kommunikation: Das »Nein« muss dafür nicht tatsächlich ausgesprochen werden und Sie können versuchen, nicht das zu betonen, was Ihr Kind nicht machen darf. Sprechen Sie eher davon, was Ihr Kind stattdessen machen kann. Also statt: »Nein! Wir können nicht hier bleiben«, wäre es besser zu sagen: »Ich möchte jetzt nicht mehr draußen sein. Wir können gemeinsam nach oben gehen und dort ein Buch lesen.«

Also, haben Sie Mut zur Abgrenzung und zu einer klaren, liebevollen Kommunikation! Je klarer Sie sind, desto sichtbarer sind Sie für das Gegenüber und umso mehr profitieren die Kinder von Ihnen als Vorbild. Sie verstehen: Aha! Man *darf* sich also abgrenzen. Man darf sagen, was man denkt und fühlt, man darf sichtbar werden.

Kinder brauchen die sichere, konstante Erfahrung, dass sie in ihrem Anliegen unterstützt und gesehen werden und dass sie mit der Konfliktlösung nicht alleine gelassen werden. Strafen beantworten eine Grenzüberschreitung der Kinder mit einer Grenzüberschreitung vonseiten des Erwachsenen. Dabei gibt es immer eine Möglichkeit, einen Konflikt zu lösen, ohne dass dabei Grenzüberschreitungen stattfinden. Und das ist doch das, was wir unseren Kinder als Erfahrung vermitteln wollen: gute und konstruktive Konfliktlösungen, bei denen alle gehört und geachtet werden und bei denen keine Grenze überschritten wird.

Kapitel 2

Wenn Eltern strafen –
die Gefühlswelt der Erwachsenen

Wenn Erwachsene im Familienalltag die Grenzen von Kindern verletzen, geschieht dies häufig unbewusst. Viele Eltern kennen keine Alternativen, denn sie haben es selbst nicht anders erlebt. Daher möchte ich mich zunächst der Frage zuwenden, aus welcher Motivation heraus Eltern eigentlich strafen. Welche Gefühle bewegen uns, wenn wir Strafen verhängen und Verhalten sanktionieren? Hier ein kleiner Überblick über die Gefühlswelt der Erwachsenen.

Ärger

Wenn Kinder unseren Aufforderungen nicht nachkommen

Die achtjährige Mila soll ihre Schulsachen für den nächsten Tag sortieren und ihre Tasche für die Schule fertig packen. Als ihre Mutter ins Zimmer kommt und sieht, dass Mila immer noch nicht begonnen hat, reagiert sie ärgerlich: »Mila, mach doch einfach mal, was man dir sagt! Wir haben doch eben in der Küche ausgemacht, dass du jetzt endlich deine Schulsachen packen sollst, ist das denn so schwer?« Milas Mutter ärgert sich immer mehr. »Es reicht jetzt wirklich, ich verstehe einfach nicht, warum du immer wieder ignorierst, was wir besprechen. Deine Lehrerin hat mir schon zweimal gesagt, dass deine Schulsachen ein einziges Chaos sind«, sagt sie wütend. Mila schaut erschrocken auf, dann dreht sie den Kopf weg und verschränkt trotzig die Arme vor der Brust. Da nimmt ihre Mutter den Ranzen und kippt kurzerhand den Inhalt auf den Boden. »Schau doch mal, deine Lehrerin hat völlig recht: Deine Schulsachen sind das reinste Chaos. Alle Blätter fliegen lose rum. Wie sollst du denn da vernünftig lernen? Fang jetzt endlich an aufzuräumen!«, ruft sie genervt. Als Mila zögert, reißt ihrer Mutter der Geduldsfaden: »Ich habe wirklich die Nase voll. Die Verabredung mit Sofia kannst du vergessen, du bleibst morgen zu Hause und räumst endlich einmal gründlich deine Schulsachen auf.« Mila beginnt zu weinen. Die Mutter verlässt verärgert das Zimmer.

Was ist passiert? Milas Mutter ist ärgerlich, weil ihre Tochter nicht tut, was sie von ihr verlangt. Aus ihrem Ärger heraus verhängt die Mutter eine Strafe: Sie nimmt Mila weg, was dieser lieb und teuer ist – die Spielzeit mit ihrer Freundin. Dabei folgt sie dem Mechanismus: »Ärgerst du mich, ärgere ich dich.«

Viele Eltern, die ich kennenlerne, haben keine alternativen Möglichkeiten für den Umgang mit Kindern in Konfliktsituationen. Sie glauben, dass Druckmittel sein müssen und dass das Verhängen von Strafen einfach zum Elternsein dazugehört. Sie denken, dass sie ihren Kindern damit etwas Gutes tun und ihnen in dieser Form dazu verhelfen, im Leben besser zu bestehen.

Doch Eltern strafen vor allem, weil sie in ihrer Kindheit selbst Bindungs- und Bezugspersonen erlebt haben, die sie gestraft haben. Als Kinder sind sie so selbst in einer wenig von Nähe, Wärme und Sicherheit geprägten emotionalen Atmosphäre aufgewachsen. Als Eltern wiederholen sie nun in ihren Beziehungen zu den eigenen Kindern unbewusst dieses Selbsterlebte sowie die erfahrenen Beziehungsmechanismen. Dies geschieht – wenn es nicht reflektiert und hinterfragt wird – fast automatisch.

Denn jemand, der selber in der Kindheit in Konfliktsituationen abgewertet, gedemütigt, kleingemacht und gestraft wurde, hat dadurch in seinem Bindungs- und Beziehungssystem einen Reflex eingepflanzt und verankert bekommen. Einen Reflex, der etwas Kämpferisches birgt und sich in Denkweisen wie »wie du mir – so ich dir« oder auch »Auge um Auge, Zahn um Zahn« manifestiert. Diese eingebrannten Beziehungsmechanismen kommen bei Stress und Überforderung zutage, in Form von wenig liebevollem Handeln durch Strafen, Sanktionen und Konsequenzen in der Beziehung zu den eigenen Kindern.

Oft sind wir stark geprägt von selbst Erlebtem, und es fällt uns schwer, in unserem Erziehungsalltag bewusst zu reflektieren, uns Zeit zu nehmen und automatisiert ablaufende Muster zu unterbrechen. Geraten wir in Stress und Überforderung, ist es im Affekt dann gar nicht möglich. So wird klar, dass es unter Umständen ein längerer Prozess sein kann, neue Handlungsmuster in unser Repertoire zu integrieren. Denn gerade wenn wir eine Situation als belastend wahrnehmen, uns überfordert fühlen oder Stress aufkommt, scheinen unsere Wahlmöglichkeiten für Handlungsalternativen im Affekt zusätzlich eingeschränkt zu sein. Warum ist das so?

Unser emotionales Nervensystem greift im Stress auf das zurück, was es selbst einmal erfahren, verinnerlicht und abgespeichert hat. So gibt die Elterngeneration ein Bindungs- und Beziehungsmuster an ihre Kinder weiter, das sie in ihrer Kindheit bereits von ihren Eltern erfahren hat, und nimmt damit (unbewusst) in Kauf, dass auch ihre Kinder später wieder strafen – eben weil sie es selbst nicht anders erlebt haben. Es entsteht so ein Kreislauf, den viele Eltern heute jedoch ganz bewusst unterbrechen wollen.

Ich empfinde den Wunsch der Eltern, die gesamte Familienatmosphäre zu verbessern und neue wertschätzende Wege zu beschreiten, als große Chance und begleite Eltern dabei tagtäglich in meiner Praxis. Aus meiner Erfahrung ist es wesentlich, zu verstehen, welche Dynamik in userm Inneren in Gang kommt und welche Impulse in uns wirken, wenn wir Strafen aus Ärger und im Affekt verhängen. Das ist nicht ganz einfach, denn auch die Gefühlswelt der Erwachsenen ist verletzlich. So sind frühe unerfüllte emotionale Bedürfnisse an bestimmte Handlungsimpulse gekoppelt, die dazu führen, dass Eltern bei aufkommendem Ärger so handeln, wie sie handeln. Sich diese unerfüllten emotionalen Bedürfnisse anzuschauen und einzugestehen, ist nicht einfach. Es ist heikel, sich den tiefer liegenden emotionalen Ursachen, die zu diesem Kreislauf führen, im Einzelnen zuzuwenden, denn sie bergen mitunter frühen Schmerz und Trauer über ungestillte Bedürfnisse. Und doch ist es ein wesentlicher Baustein auf dem Weg, den Kreislauf zu unterbrechen.

Schauen wir uns die emotionale Verflechtung genauer an. Oft erfüllt die Strafe eine bestimmte Funktion. Denn indem wir Kinder strafen, nutzen wir ihre Schwäche aus, um uns selbst für einen Moment besser, größer und machtvoller fühlen zu können. So können wir in diesem Moment unbewusst etwas ausgleichen, was uns als Kind geschehen ist. Was heißt das genau?

Wir haben uns als Kind nicht wahrgenommen gefühlt und in unseren Anliegen nicht gesehen, fühlten uns dadurch ohnmächtig, schwach und gedemütigt. Das emotionale Bedürfnis danach, wertvoll und wichtig für unsere Bezugsperson zu sein, blieb unerfüllt. Und nun wiederholt sich das Gefühl im Konflikt mit unseren Kindern. Weil Mila sich nicht so verhält, wie die Mutter es sich wünscht, fühlt diese sich nicht gehört und nicht ernst genommen. Ihr emotionales Nervensystem erinnert sich an diesen Zustand und signalisiert: Du bist klein und schwach und hilflos. Das ungestillte emotionale Bedürfnis, gehört zu werden und wertvoll zu sein, wird in uns mit einer unglaublichen Wucht geweckt, wie ein alter Schmerz. Dieser katapultiert die Mutter in Sekundenschnelle in den als Kind erlebten seelischen Zustand der Demütigung, der Ohnmacht und der Hilflosigkeit zurück. Das erzeugt Stress und einen unangenehmen Spannungszustand.

Um das emotionale System zu entlasten, passiert dann das: Wir reagieren mit Strafen. Durch das Verhängen der Strafe erleben wir statt Hilflosigkeit Macht. Macht, die wir früher als Kind nicht hatten – damals haben wir uns machtlos gefühlt. Durch das heute mögliche Gefühl von Macht können wir zumindest für einen Moment die Balance in uns wiederherstellen. Wir »rächen« uns quasi nachträglich und unbewusst, um uns für einen Moment besser und entlastet zu fühlen, und richten unser Selbst auf, indem wir einen anderen Schwächeren kleinmachen. So gesehen ist das Verhängen einer Strafe aus Ärger eine Form von innerer (Fehl-)Regulation unserer Gefühle und ein tragischer Ausdruck von unerfüllten emotionalen Bedürfnissen.

Eigentlich führen wir Eltern also beim Strafen einen verzweifelten inneren Kampf mit uns selbst, einen Kampf, der auf Kosten unserer Kinder geht.

Oft erlebe ich Eltern, die spüren, dass etwas nicht stimmt. Es geht ihnen selbst nicht gut, und haben sie sich machtvoll »gerächt« oder waren sie sehr verletzend, kommen schnell Schuldgefühle auf. Diese wiederum beeinflussen die Eltern-Kind-Beziehung, und das Selbstwertgefühl aller Beteiligten wird weiter beeinträchtigt. So wirkt also in vielen Fällen die strafende Maßnahme wie ein Bumerang auf uns zurück. Die daraus resultierende Dauerspannung macht kreative und konstruktive Lösungen kaum noch möglich. Konflikte nehmen daher in Familien nicht ab, sondern eher zu, und oft eskalieren sie sogar.

Wenn Eltern jedoch beginnen, diese Zusammenhänge zu verstehen, wird es in der Beziehung zu den Kindern leichter. Es hilft, wenn Eltern sich bewusst machen, dass sie sich gerade angegriffen und in ihrem Selbstwert verletzt fühlen. Sie müssen der dahinterstehenden Dynamik nicht ausgeliefert bleiben, sie können sie sich vergegenwärtigen und beginnen, die Beziehungsmechanismen zu hinterfragen. Eltern können so merken, dass sie vor allem ihren eigenen aufgestauten Ärger am Kind entladen, indem sie »nachtreten« und eine Sanktion verhängen. Diese Erkenntnis kann der erste Schritt in Richtung Veränderung sein und eine Tür zu einem selbstreflektorischen beziehungsweise die eigenen Erfahrungen verarbeitenden Prozess aufstoßen.

> Wir strafen unsere Kinder aus einem Ärger heraus, den die Kinder lediglich ausgelöst haben, dessen Ursache und Entstehung jedoch zumeist in der eigenen Kindheit und schon lange zurückliegt.

Verantwortungsgefühl und Druck von außen

Wenn wir uns das Beispiel von Mila und ihrer Mutter noch einmal anschauen, können wir sehen, dass noch etwas anderes mitschwingt. Das Handeln von Milas Mutter geschieht offensichtlich aus einem starken Verantwortungsgefühl heraus und ist von der Vorstellung geprägt, dass ihre Tochter etwas »lernen« soll. Sie soll lernen, wie man Ordnung hält. So wird ein merkwürdiger Druck deutlich, unter dem Milas Mutter steht. Sie fühlt sich in ihrer Rolle als Mutter stark verantwortlich und durch das System Schule unter Druck gesetzt. So sehr, dass sie um jeden Preis bestimmte Lernerfahrungen für ihre Tochter herbeiführen will und Strafen und Sanktionen verhängt. Weil Eltern die Vorstellung haben, dass dies zu ihrer Rolle als Eltern dazugehört, ignorieren Mütter und Väter nicht nur die dahinterliegenden Beweggründe und Gefühle von Kindern, sondern häufig auch ihre eigenen. So äußern Eltern oft, dass es ihnen schwerfalle, selbst verhängte Konsequenzen und Strafen »durchzuhalten«. Es gelingt ihnen nur, weil sie denken, es sei richtig und gut für ihre Kinder, da die Umwelt immer wieder zu »konsequentem elterlichem Verhalten« aufruft.

Was können wir tun, um diesem Druck von außen standzuhalten?

Auch hier hilft es, zunächst zu verstehen, wie der Druck auf uns als Eltern zustande kommt. Kinder sind in unserer Gesellschaft zwar sehr in den Fokus gerückt, nur stehen sie nicht wirklich ganzheitlich mit all ihren Bedürfnissen, ihrer Entwicklung, ihren Chancen und ihren Potenzialen im Mittelpunkt. Sie sind in die Mühlen unserer Ansprüche und Vorstellungen geraten und werden vor allem mit ihren Defiziten und ihren Schwächen wahrgenommen. Schnell wird mit »Kanonen auf Spatzen geschossen« – passt ein Kind nicht ins Schema, werden Elterngespräche geführt, es gibt Überweisungen zu Diagnosezentren, und nicht selten landen die verunsicherten Eltern mit dem Kind beim Kinder- und Jugendpsychiater. Dass Eltern hier unter Druck geraten, kann ich gut nachvollziehen.

Doch anstatt die Umgebung für Kinder anzupassen, suchen wir nach immer neuen Möglichkeiten, die Kinder an eine immer schneller werdende, digitalisierte und beziehungsarme Welt anzupassen. Nur kurz ein paar Zahlen zur Orientierung: Die Zahl der ADHS-Diagnosen ist in den letzten Jahrzehnten explosionsartig angestiegen, allein zwischen 1989 und 2001 um 400 Prozent. Es wurden immer mehr Medikamente verschrieben: 1993 waren es in Deutschland noch 34 Kilogramm Metylphenidat (der Wirkstoff von Ritalin und anderen Medikamenten zur Behandlung von ADHS), 2010 waren es bereits 1,19 Tonnen – also die 35-fache Menge. Hinzu kommt, dass sich die individuellen Dosierungen erhöht haben. Auch einer neueren Untersuchung der Barmer Krankenkasse zufolge stieg die Zahl der Kinder und Jugendlichen, bei denen ADHS festgestellt wird, zwischen 2011 und 2014 deutlich, und zwar um 11,6 Prozent.

Die Kinder hätten sich verändert, höre ich immer wieder. Ist das der Grund, weshalb die Zahlen für verhaltensauffällig geltende Kinder steigen? Ich denke nicht. Das Problem ist aus meiner Sicht vielmehr, dass wir vor allem *über* Kinder sprechen anstatt *mit* ihnen, wir beobachten, testen, bewerten und ordnen sie ein. Es geht um quantitativ und qualitativ messbare Zielerreichung. So hat sich Bildung in Richtung Überprüfbarkeit optimiert, ohne die Vielfältigkeit der jungen Menschen im Blick zu haben und die individuelle Entwicklung eines jeden Kindes zu berücksichtigen. Zu schnell fallen Kinder so aus den vorgegebenen Rastern heraus und entsprechen dann nicht mehr der vorgegebenen Norm. Eltern sind verunsichert, beunruhigt und besorgt:

Kinder nicht unter Druck setzen

Hallo Frau Saalfrank,

mein Sohn ist fast zwei Jahre alt, und wir waren heute bei der U-Untersuchung. Es war schrecklich! Er sollte mit Bausteinen einen Turm bauen, was er natürlich nicht gemacht hat (obwohl er es kann), und er sollte zeigen, wo seine Nase ist, was er leider auch nicht gemacht hat. Ich bin total unter Druck geraten, konnte meinen Sohn in seiner Verweigerung verstehen und wollte trotzdem, dass er den Test besteht. Ich würde so gern gelassen bleiben und Lucas in seiner Entwicklung nicht unter Druck setzen, aber ich bin einfach total verunsichert. Es gab noch einige andere Bereiche, wo mein Sohn nicht entsprechend der Kurven und Tabellen entwickelt war. Ich fühle mich richtig schlecht. Der Arzt hat überhaupt nichts Positives gesagt. Ich habe irgendwie das Gefühl, als Mutter zu versagen. Sollte ich strenger sein und mehr mit ihm üben? Alle Kinder können mehr als meins. Ja, ich sehe auch, dass mein Sohn langsamer ist als andere Kinder, aber ist das ein Grund, gar nichts Positives über ihn zu sagen?

Immer wieder erhalte ich solche Zuschriften. Die Erschütterung der jungen Mutter wird sehr spürbar, und so geht es vielen Eltern. Ich kann gut nachvollziehen, dass Eltern leicht zu beunruhigen sind und sich schnell von anderen Meinungen und Haltungen verunsichern lassen. Eltern lieben ihre Kinder und sind deshalb emotional leicht zu treffen. Meine erste Aufgabe sehe ich deshalb darin, Eltern in ihrer Rolle zu bestärken und für ihre eigenen Fähigkeiten als Mutter oder Vater zu sensibilisieren. Wenn Eltern ihren eigenen Fähigkeiten vertrauen, an sich glauben und gestärkt sind, dann können sie viel besser für ihr Kind da sein, an es glauben, ihm ebenfalls Vertrauen entgegenbringen und es bestärken. Daher ist es wichtig, dass Eltern sich ein Umfeld suchen, welches sie bestärkt. Damit wir nicht unter Druck und aus einem »verkehrten« Verantwortungsgefühl heraus Strafen verhängen oder sanktionieren.

Kontrolle ist gut? Vertrauen ist besser

Eltern wollen, dass ihre Kinder ein starkes Selbstwertgefühl und großes Selbstvertrauen erlangen. Das gelingt aber nicht, wenn wir sie ständig kontrollieren – was im Alltag häufig passiert, gerade wenn der Druck durch Schule und Kita zunimmt. So geschieht es, dass Eltern im Alltag strafen, weil sie Angst haben, die Kontrolle über ihr Kind zu verlieren, und denken, sie können es so »im Griff« behalten. Ich kann das nachvollziehen, und doch: Um Vertrauen in sich selbst und seine Fähigkeiten zu entwickeln, ist Kontrolle durch die Eltern nicht konstruktiv. Kinder brauchen langfristig die Erfahrung, dass Eltern ihnen vertrauen und dass sie ihnen vertrauen können. Mehr in die Entwicklung der Kinder zu vertrauen, in das, was sie mitbringen und was von Natur aus in ihnen angelegt ist, ist in unserer heutigen Leistungsgesellschaft eine große Herausforderung für uns Eltern. Schließlich soll aus unserem Kind »etwas werden«. Auch deshalb lassen wir uns im Familienalltag immer wieder dazu verleiten, lieber zu kontrollieren und auch zu sanktionieren, anstatt auf die Fähigkeiten der Kinder zu vertrauen und sie so in ihrem Selbstwert zu bestärken und wachsen zu lassen.

Kinder können den Wert ihres eigenen Selbst nur im Kontakt mit ihren Eltern und nur dann erleben, wenn sie von ihnen immer wieder die Botschaft empfangen: »Du bist einzigartig und (mir) als Mensch wichtig und wertvoll.« Kurz: »Du bist okay, so wie du bist.« Erfahren Kinder dieses Gefühl nicht oder nicht konstant, wird die Entwicklung des Selbstwertgefühls beeinträchtigt. Wenn Menschen einen schwachen Selbstwert entwickelt haben, geben sie schnell auf, trauen sich nichts zu, sie machen sich selbst klein und schlecht. Sie denken dann von sich:

➡ Ich bin ein Versager.
➡ In allem bin ich schlecht.
➡ Mir gelingt nichts!
➡ Alle anderen sind besser als ich.
➡ Ich bin nichts, ich kann nichts.

Solche negativen Glaubenssätze verankern sich im Lauf der kindlichen Entwicklung tief, wenn sich der Selbstwert nicht ausbilden kann. Die emotionale Botschaft an Kinder, dass sie so, wie sie sind, richtig sind und akzeptiert werden, ist also essenziell bedeutsam und Samen und Nahrung zugleich. So kann diese Botschaft im Selbst unserer Kinder aufgehen und der Selbstwert wachsen.

Lassen Sie sich also nicht verunsichern! Eltern dürfen ihre Kinder in dem, was sie sind, bestärken. Sie dürfen ihre Kinder wertschätzend begleiten und voller Zuversicht auf sie und ihre Entwicklung schauen. Milas Mutter beispielsweise könnte mit ihrer Tochter gemeinsam überlegen, wie ein sinnvolles Ordnungssystem aussehen kann. Sie könnte ihre Tochter fragen:

➡ Was fällt dir so schwer daran, die Blätter gleich in den Ordner zu heften?
➡ Brauchst du Hilfe und/oder Unterstützung?
➡ Gibt es etwas, was ich tun kann, was dir helfen könnte?

Kinder haben oft selbst gute Ideen. Wenn wir sie fragen und miteinbeziehen, besteht die Chance, dass wir diese Gedanken hören und gemeinsam besprechen können. Wenn wir unter Druck einfach nur wollen, dass die Kinder das machen, was wir ihnen sagen, gehen diese Impulse unter und vielleicht sogar für immer verloren.

Was auch hilfreich sein kann, ist ein Schulterschluss mit ähnlich denkenden Eltern. Suchen Sie Gruppen (vor Ort oder auch im Internet), in denen sich Eltern über Erziehungsfragen austauschen. Empfehlen kann ich folgende bindungs- und beziehungsorientierte Seiten mit angeschlossenen Facebook-Gruppen:

➡ Attachment Parenting Deutschland
➡ Einfach Eltern
➡ Unerzogen
➡ Die Familienwerkstatt KinderBesserVerstehen nach Katia Saalfrank. Bindungs- und beziehungsorientierte Begleitung durch den Alltag mit Kindern

Zu allen genannten Organisationen gibt es im Netz weiterführende Informationen und auf Facebook die Möglichkeit, sich an einer vielfältigen Diskussion zu beteiligen, eigene Fragen zu diskutieren und sich auszutauschen. Hier sind die sozialen Plattformen ein wahrer Segen. Trauen Sie sich und suchen Sie Kontakt und Verbindung, Bestärkung und Rückendeckung, und bleiben Sie mit Ihren Gedanken nicht alleine.

Wir strafen unsere Kinder häufig aus dem Druck heraus, als Eltern verantwortlich handeln zu wollen. Auch verstärkt sich der Druck durch die Gesellschaft. Eltern werden so häufig zum »verlängerten Arm« von Schule und Kita. Verantwortliches Handeln heißt in der Gefühlswelt der Eltern hier: konsequent sein – um jeden Preis. Dabei kränken wir unsere Kinder und verspielen ihr Vertrauen, wenn wir auf Konflikte mit Strafen reagieren. Versuchen Sie stattdessen, Ihrem eigenen Gefühl zu vertrauen. So stärken wir auch das Vertrauen und den Selbstwert unserer Kinder.

Hilflosigkeit

Das Gefühl, vom Kind nicht ernst genommen zu werden

Theo (vier Jahre) hat seine Autos im Wohnzimmer verteilt und ist ganz in sein Spiel vertieft. Er weiß, dass er nicht auf den Sesseln herumspringen darf. Einige Zeit spielt Theo mit den Autos auf dem Boden, dann lässt er sie die Lehne hochfahren. Er schwingt sich selbst hinauf und hüpft schließlich wild – seine Autos in der Hand – von einem Sessel zum anderen. Seine Mutter kommt ins Wohnzimmer und bittet ihn zunächst freundlich, dass er das nicht tun soll. Als Theo immer weiterspringt, versucht sie zwar, weiterhin ruhig zu bleiben, wird dann aber doch laut: »Theo, es reicht jetzt!«, ruft sie hilflos und lässt die Schultern hängen. »Theo bitte«, fleht sie ihn an, »was soll ich denn noch machen?« Unentschlossen steht sie vor ihrem Sohn: »Dann musst du eben in dein Zimmer gehen!« Hilflos hebt sie die Arme. Theo hingegen scheint voller Energie, sein Gesicht ist rot von der Toberei, und er schreit laut. Er fällt hin, steht wieder auf, lacht, schreit wieder und hüpft wild weiter. Theos Mutter nimmt alle Kraft zusammen und schreit: »Hast du nicht gehört, Theo! Ich meine es ernst! Geh jetzt vom Sessel runter!« Theo scheint seine Mutter zu ignorieren. »Willst du mich ärgern? Das lass ich mir von dir nicht bieten!« Sie rennt hinter Theo her, der jetzt vom Sessel gesprungen ist, schnappt ihn dann unsanft am Arm und bringt ihn aus dem Wohnzimmer. »Ab jetzt in dein Zimmer!«, ruft sie empört, »Du kannst wiederkommen, wenn du dich beruhigt hast!«

Was geschieht hier? Theos Mutter wiederholt sich, weil sie das Gefühl hat, ihr Sohn hört nicht zu und nimmt sie nicht ernst. Sie fühlt sich in ihrer Rolle als Mutter infrage gestellt. Dadurch, dass Theo einfach weiterspringt, das Gesagte seiner Mutter ignoriert und nicht das tut, was sie von ihm verlangt, entsteht zunächst ein Gefühl von Hilflosigkeit bei Theos Mutter, das dann zu Frustration führt. Aus diesen Gefühlen heraus wird sie zunächst immer lauter, packt ihren Sohn schließlich am Arm und bringt ihn zur Strafe in sein Zimmer.

Wir erinnern uns: Konflikte entstehen, wenn gegensätzliche Bedürfnisse vorhanden sind. Das ist normal und lässt sich nicht vermeiden. Die Mutter hat hier das Bedürfnis nach Ruhe und Ordnung, während ihr Sohn das starke Bedürfnis nach Bewegung hat. Sehr unterschiedliche Bedürfnisse prallen also aufeinander. Wie kann es passieren, dass Eltern in solchen Situationen ihrer Hilflosigkeit ausgeliefert sind?

Hier gibt es nicht eine Antwort, sondern unterschiedliche Aspekte: Einer davon ist, dass Eltern heute auf der Suche nach neuen Möglichkeiten sind und auf dieser Suche in Konfliktsituationen auch Hilflosigkeit erleben. Sie wollen es anders machen, sind unsicher und unentschlossen und geraten in die Defensive. Wir wollen eine gute Beziehung zu unseren Kindern, wollen uns nicht unbeliebt machen und haben noch keine anderen Handlungsmöglichkeiten.

Doch Verunsicherung ist grundsätzlich nichts Schlechtes. Sie gehört sogar unbedingt zum Elternsein dazu. Solche Empfindungen machen es überhaupt erst möglich, dass wir uns auf unsere Kinder einstellen, dass wir dynamisch und beweglich bleiben. Wie hätte Theos Mutter in der Situation agieren können? Hier gibt es verschiedene Möglichkeiten:

➡ **Räume zur Autonomie geben:** »Theo, komm bitte vom Sessel runter.« (Sie streckt ihre Hände aus) »Darf ich dir helfen oder magst du selbst herunterkommen?« (Zwei Optionen geben)
Sie wartet ein wenig und steht entschlossen vor dem Sessel. Theo schaut sie an, dann nimmt er die ausgestreckten Hände an und lässt sich vom Sessel helfen.

➡ **Kontakt anbieten und einen Übergang in die nächste Situation schaffen:** »Theo, lass mich mal auf den Sessel, ich möchte dir das Buch hier vorlesen. Magst du auf meinen Schoß?«
Theo lässt sich mit dem Po auf den Sessel fallen und wippt noch ein wenig, als sein Mutter sich neben ihn setzt und auf den Schoß hebt, während sie schon das Buch aufgeschlagen hat.

➡ **Beziehung herstellen und lösungsoffen Kontakt aufnehmen:** »Theo, du bist ja ein Tober heute. Das ist mir viel zu viel gerade, ich bin so erschöpft. Was machen wir denn da?«
Theo hüpft noch eine Weile weiter. Seine Mutter streckt ihre Arme aus, und Theo springt ihr entgegen. Sie lassen sich gemeinsam auf das Sofa plumpsen: »Bist du müde Mama?«, fragt Theo. »Ja«, sagt seine Mutter. »Arme Mama«, sagt Theo, springt auf, rennt in sein Zimmer und kommt mit seinem Kuschelkissen wieder zurück: »Hier Mama!«, sagt er und gibt ihr sein Kissen.

Wem diese Möglichkeiten idealisiert oder zu einfach vorkommen, dem sei gesagt: Probieren Sie es aus! Es kommt vor allem auf Ihre Entschlossenheit an. Vertrauen Sie auf sich und verharren Sie nicht in Ihrer Hilflosigkeit. Kinder sind Teamworker. Sie wollen mit uns kooperieren, und bieten wir ihnen diese Chance mit offener, klarer Haltung, nehmen sie diese in der Regel dankbar an. Diese oben genannten Möglichkeiten können auch miteinander kombiniert werden. Eltern dürfen experimentieren und schauen, welche Form von Kontakt in diesem Moment ankommt und was das Kind annehmen kann. In Verbindung kommen und Kontakt herstellen, das sind die Schlüssel zu Beziehung. Und Kinder sind immer auf der Suche nach Kontakt und Zuwendung. Wenn wir es schaffen, diesen wertschätzend und klar herzustellen, können viele Eskalationen vermieden werden. Das heißt nicht zwangsläufig, dass Theo sofort mit dem Springen aufhört. Er spürt jedoch deutlich, was die Haltung und der Wunsch seiner Mutter sind, und er wird dankbar die eine oder andere Möglichkeit annehmen, wenn er die Wahl hat und selbst entscheiden kann. Geben Sie ein wenig Zeit und nennen Sie die eine oder andere Alternative, zum Beispiel: Magst du in meinen Arm springen oder soll ich dich runterheben? Wichtig ist, dass Eltern in eine Führungsrolle kommen und für ihre Kinder mit dem, was sie wollen, sichtbar und wahrnehmbar sind und sich nicht weiterhin hilflos fühlen. Wenn Eltern die Führung verlieren und Kinder dann führungslos sind, haben sie keine andere Chance, als selbst die Führung zu übernehmen. So kommen sie in eine Überforderungssituation, die letztlich zur Eskalation führen kann.

Der amerikanische Psychologe Martin E. P. Seligman hat den Begriff »erlernte Hilflosigkeit« geprägt. Damit beschreibt er die Situation, in der eine Person von vornherein erwartet, bestimmte Zustände oder Sachverhalte *nicht* verändern zu können. Man ist dann davon überzeugt, keine Kontrolle über die Situation ausüben und sie nicht selbstwirksam beeinflussen zu können. Dadurch kann man nur eingeschränkt agieren, ist in seinen Handlungsmöglichkeiten eingeengt und nicht in der Lage, einen Zustand, den man als unangenehm erlebt, aus eigener Kraft abzustellen. Diese erlebte Hilflosigkeit führt dann häufig zu Passivität. Seligman führt diese Form der Hilflosigkeit auf frühere Erfahrungen von Ohnmacht und tatsächlicher Hilflosigkeit zurück.

Im Gespräch mit Theos Mutter erfuhr ich, dass sie sich als Kind häufig in ihren Bedürfnissen übergangen und nicht gesehen gefühlt hatte. In vielen Situationen war sie mit ihren Wünschen bei ihren Eltern abgeprallt. Als wir im Gespräch diesen »Link« in ihre Vergangenheit fanden, wurde Theos Mutter sehr traurig. Sie empfand tiefen Schmerz und konnte die Hilflosigkeit spüren, die ihre Kindheit geprägt hatte. Sie konnte reflektieren, dass Theo ihre »alten« Gefühle ausgelöst und sie sich genau wie früher als kleines Mädchen gefühlt hatte: hilflos und ohnmächtig. Aus diesen Gefühlen heraus war sie nicht in der Lage, »erwachsene« Entscheidungen zu treffen. Ihr eigenes »inneres kleines Mädchen« wurde in diesem Augenblick sichtbar, es war verletzlich, verunsichert, hilflos und voller Sehnsucht danach, gehört und mit seinem Anliegen ernst genommen zu werden.

So wurde ihr bewusst, was sie als kleines Mädchen gebraucht hätte und dass es schwer auszuhalten war, dies alles nicht bekommen zu haben. Mit diesem Wissen konnte sie erkennen, was für ihren Sohn heute wichtig ist und dass sie die Verantwortung für ihn trägt. Dass sie erwachsen, autonom und handlungsfähig ist und nicht mehr das kleine, hilflose Mädchen. Häufig ist es so, dass sich zwei psychische Anteile (das Kind in uns und der heutige Erwachsene) vermischen, wenn wir in Beziehung mit anderen treten – insbesondere mit unseren eigenen Kindern.

Um diese beiden Anteile in uns deutlicher zu machen und unsere Position als Erwachsene zu stärken, kann es hilfreich sein, stärker mit uns selbst und unserem inneren Kind in Verbindung zu treten. Die folgende Übung lehnt sich an das *Arbeitsbuch zur Aussöhnung mit dem inneren Kind* von Erika J. Chopich und Margaret Paul an. Es handelt sich um eine Visualisierungsübung, um einen ersten Kontakt zum eigenen inneren Kind herzustellen.

Übung: Das innere Kind

Gut ist, wenn man sich bequem auf einen Stuhl setzt und die Augen schließt. Die Übung kann man auch zu Hause selbst machen und still vor sich hin lesen. Man kann auch jemanden bitten, den Text langsam vorzulesen, oder eine Audiodatei nutzen.

Nimm einige tiefe, entspannende Atemzüge. Lass beim Ausatmen alle Anspannung los. Achte darauf, in welchem Körperteil die Verspannung am stärksten ist – Beine, Brustkorb, Schultern, Stirn?

Atme in diesen Körperteil bewusst hinein, und lass ihn dann einfach los. Lass auch die Schultern fallen, entspann deinen Kiefer. Dein Körper wird nun völlig vom Stuhl getragen, gestatte deinem Körper, sich ganz zu entspannen.

Kehre nun in Gedanken zurück in die Vergangenheit, zu einem besonders schönen Kindheitserlebnis, zu einer Zeit und darin zu einem Moment, wo du dich wunderbar und gut gefühlt hast. Vielleicht erinnerst du dich an ein bestimmtes Ereignis, wie du beispielsweise ein Eis gegessen oder auf einer Wiese im Freien gewesen bist, einen Spielmoment oder einen Augenblick, wo du von einem Elternteil getröstet wurdest und du dich ganz sicher und zufrieden gefühlt hast. Sieh dich selbst als Kind genau in diesem Moment. Lass alle guten Gefühle noch einmal in dir aufsteigen. Genieße es und schau dem kleinen Kind zu, das sich so gut fühlt.

Schau nun, wie du als Erwachsener, der du jetzt bist, den Raum betrittst. Stell dich dem Kind (dem kleinen Mädchen/dem kleinen Jungen) vor. Sieh dich selbst als Kind (als Mädchen/als Junge), wie du staunend auf dich als Erwachsener blickst. Setz dich neben dein eigenes Kind und werde zu dem liebevollsten Erwachsenen, den du dir vorstellen kannst – nimm Kontakt zu deinem Kind auf, schau es liebevoll und freundlich an. Wenn du magst, nimm es in den Arm, streichele ihm über den Kopf, nimm seine Hand und teile die guten Gefühle, die gerade da sind.

Lass dein Kind wissen, dass du dich freust. Und dass du immer für es da sein wirst. Ja, es gab Zeiten, da war das Kind alleine, hilflos und angstvoll. Diese Zeiten sind jedoch jetzt vorbei. Lass dein Kind wissen, dass du jetzt da bist und für es sorgen wirst, dass ihm das nie mehr passieren wird. Dass du da sein wirst und es ab jetzt immer beschützen und behüten wirst. Streichele deinem Kind noch einmal über den Kopf und nimm es fest in den Arm, mit all seinen Gefühlen, seiner Lebendigkeit, seiner Leidenschaft, seiner Intelligenz, seiner Frische, seiner Güte, vielleicht auch mit seinem Schmerz, seiner Angst, seiner Wut und seiner Freude, die du im Moment (mit-)empfindest – spür dein Kind in dir und genieße diesen Moment, indem du für es da bist und es im Arm hältst. Nimm dir die Zeit, die du brauchst.

Nun nimm einige Atemzüge und kehre in die Gegenwart zurück. Bring dein inneres Kind und alle Gefühle mit – sie sind okay und gehören zu dir. Und genieße die Verbundenheit mit deinem inneren Kind. Wenn du magst, kannst du zu einem von dir bestimmten Zeitpunkt die Augen wieder öffnen und dich langsam orientieren. Schau dich im Raum um und komm in deiner eigenen Geschwindigkeit wieder ins Hier und Jetzt. Nimm dir deine Zeit.

Versuche in den nächsten Tagen, ab und zu an diese Übung zurückzudenken. Spür nach und schau, ob sich in der Verbindung zu dir selbst, zu deinem Partner oder zu deinem Kind etwas verändert hat.

Während der Visualisierung war es berührend, zu sehen, wie Theos Mutter eine andere Haltung (innere und auch äußere Körperhaltung) annehmen und für ihr eigenes inneres Kind da sein konnte. Sie konnte sich selbst positiv begegnen und erzählte, dass sie diese unterschiedlichen Anteile in sich deutlicher spüren und nun besser wahrnehmen könne. So wurde für sie in den nächsten Konfliktsituationen mit Theo stärker und schneller fühlbar, dass es nicht um den Konflikt mit ihrem Sohn, sondern vielmehr um eine frühe Beziehungserfahrung in ihrer Kindheit ging, die durch die Auseinandersetzung mit Theo geweckt worden war.

Erwachsene tragen viele solcher frühen Beziehungsmomente in sich, und das Wunderbare am Elternsein ist, dass wir durch unsere Kinder die Chance haben, an diese frühen Verletzungen heranzukommen und uns ihnen zu stellen. So haben wir die Chance, durch unsere Kinder auf uns selbst zu schauen, den Blick nach innen zu richten und zu wachsen. Dann können wir unseren Kindern in Momenten, in denen sie in ihrer Entwicklung selbst haltlos und unsicher sind, Halt und Sicherheit geben, Verantwortung übernehmen und sie führen.

Wir strafen unsere Kinder, wenn wir uns nicht gehört fühlen und in unserer Rolle als Eltern infrage gestellt und verunsichert werden. Dann werden alte Glaubenssätze wach: Wir dürfen uns das Ruder nicht aus der Hand nehmen lassen. Wir müssen doch immer wissen, wo es langgeht! Schnell geht es dann zurück ins alte Muster, und Strafe wird wieder ein probates Mittel im Umgang mit Kindern. Es ist also gar nicht so einfach, auf seinem Weg zu bleiben, sich nicht verunsichern zu lassen und nicht zurückzufallen in scheinbar besser funktionierende Erziehungsmethoden.

Angst und Sorge

Wenn Kinder hauen

»Jetzt reicht es wirklich, Jonas! Du sollst doch nicht hauen«, ruft der Vater des Fünfjährigen aus. Er nimmt ihn unsanft am Arm und läuft schnell mit ihm durch den Sandkasten zur Bank an den Rand des Spielplatzes. Jonas' Vater ist aufgebracht und rüttelt ihn ungeduldig am Arm. »Was machst du denn da? Du kannst doch nicht einfach hauen! Das ist nicht in Ordnung!«, empört er sich und setzt ihn mit einem Ruck auf die Bank. »Ich habe dir schon tausendmal gesagt, dass das nicht geht! So, mein Freund, jetzt bleibst du hier sitzen und überlegst dir mal, was du gemacht hast!«

Aus was für einem Gefühl heraus handelt der Vater von Jonas? Drei Aspekte kommen hier zum Tragen:

1. die bildlichen Kausalketten vom »gewalttätigen Kind«, die Eltern sofort im Kopf haben, wenn Kinder sich körperlich abgrenzen,
2. die Angst, die aus diesen (falschen) Bildern erwächst und durch weitere druck- und angstauslösende Thesen der Gesellschaft befeuert wird,
3. eigene frühe Erfahrungen in der Kindheit, die uns hemmen, empathisch mit unseren Kindern zu sein.

Schauen wir uns die drei Aspekte einmal an genauer an.

Falsche Kausalketten

Der Vater scheint erschrocken und aufgebracht. Viele Eltern haben die Vorstellung, dass Aggressivität unweigerlich zu Gewalt führt und dass Verhaltensweisen wie die von Jonas dazu führen, dass aus ihm ein verhaltensauffälliger, aggressiver Jugendlicher wird. Die Kausalkette so zu knüpfen, beruht auf einem Fehlschluss. Denn nicht das aggressive Verhalten in der Kindheit ist ursächlich für die spätere Gewalttätigkeit von Jugendlichen. Vielmehr, das zeigen zahlreiche Untersuchungen, haben gewalttätige Jugendliche fast ausnahmslos in ihren Familien psychische oder physische Gewalterfahrungen gemacht und waren häufig selbst Opfer von Aggression. Gerade wenn Kinder aggressives Verhalten wie bei Jonas zeigen, fällt es uns schwer, verantwortungsvoll mit der Situation umzugehen. Wir reagieren aus Angst dann oft hilflos und übertreten auch die Grenze der Kinder.

Angst machende Thesen

Wie schon beschrieben werden Eltern immer wieder mit Angst machenden Thesen konfrontiert. Glaubt man Autoren wie Winterhoff oder Leibovici-Mühlberger, die immer wieder aufs Neue die Debatte um Disziplin und »Tyrannenkinder« destruktiv anheizen und schüren, kann einem angst und bange werden. Das Ergebnis ist, dass Eltern sorgenvoll und angsterfüllt zu herkömmlichen Maßnahmen greifen und damit Kinder kleinmachen, sie demütigen und die Grenzen der Kinder selbst überschreiten.

Ist das nicht paradox? Wir wollen, dass Kinder lernen, andere Menschen zu respektieren, und überschreiten dabei selbst ihre eigenen Grenzen. Dabei ist es doch so: Kinder lernen Respekt vor anderen Menschen, wenn ihre eigenen Bindungs- und Bezugspersonen respektvoll mit ihnen umgehen und sie in einer dauerhaft wertschätzenden Atmosphäre aufwachsen und leben können, in der ihre eigenen Grenzen gewahrt und geachtet werden. Und zwar bedingungslos – auch und gerade, wenn Konflikte entstehen.

Aggressionen

Wenn Kinder wütend sind, zeigen sie oft auch aggressives Verhalten. Sie treten, hauen, beißen, kratzen, schreien laut und können sich oft nur schwer beruhigen. Eltern reagieren dann häufig erschrocken und hilflos und wollen die Aggression »in den Griff« bekommen. Das hat damit zu tun, dass sie oft Bilder aus der Erwachsenenwelt assoziieren: mediale Bilder von Überfällen und Schlägereien, Krieg und Terror. Doch Terror und Gewalt haben mit den Aggression, die wir bei Kindern sehen, nichts zu tun. Kindliche Aggressionen sind wichtige Reaktionen auf Angst, Wut und Schmerz.

Wir Menschen tragen vor allem zwei grundlegende emotionale Grundbedürfnisse in uns. Das Bedürfnis nach Zugehörigkeit und Verbundenheit und das Bedürfnis nach Autonomie und Selbstwirksamkeit – in diesem Spannungsfeld bewegen wir uns täglich. Wenn nur eines dieser Grundbedürfnisse nicht oder nur teilweise erfüllt wird, dann entsteht Angst, Schmerz und Wut. Kindern stehen (noch) keine Verarbeitungsmöglichkeiten für diese Gefühle zur Verfügung, und sie fallen deshalb in eine Art »Notfallprogramm« zurück, das sich dann in ungefilterter Aggression zeigt.

Kinder senden mit aggressivem Verhalten diese Botschaften:

➡ Mit mir und/oder in meiner Umgebung stimmt etwas nicht.
➡ Ich weiß nicht, was es ist, und zudem habe ich keine Worte dafür.
➡ Ich bitte dich: Schau mich an, wende dich mir zu, frage mich, was mich so wütend macht, erforsche mit mir gemeinsam die Ursachen und hilf mir.

Die rigorose Ablehnung des aggressiven Verhaltens durch uns Erwachsene ist für das Kind nicht hilfreich, denn es birgt keine neuen konstruktiven und alternativen Bewältigungsstrategien für das Kind. Aggressionen in der oben beschriebenen Form sind also der Ausdruck einer emotionalen Botschaft *Es geht mir nicht gut!* und somit das Ergebnis davon, dass Kinder aufgrund fehlender Handlungsalternativen keine anderen Möglichkeiten sehen, auf einen emotionalen Mangel hinzuweisen.

Wenn wir das Verhalten verbieten, bestrafen oder bewerten, werden folgende Botschaften gesendet: *Du bist so, wie du bist, nicht okay! Wütend zu sein, ist nicht in Ordnung.*

Hier wird das unerwünschte Verhalten einfach unterdrückt, anstatt dass wir Kindern andere, konstruktive Strategien vorleben und so langfristig neue Handlungsalternativen an die Hand geben.

Um diese zu erlangen, ist es für Eltern zunächst wichtig, ein Verständnis für diesen Zustand zu entwickeln, das Gefühl Wut als solches anzuerkennen und das dahinterliegende Bedürfnis zu ergründen.

Warum aber fällt es uns Eltern so schwer, empathisch auf unsere Kinder zu reagieren?

Eigene frühe Erfahrungen

Während unseres Aufwachsens haben sich im Bereich des emotionalen Gehirns prägnante Situationen mit Gefühlen verknüpft. Diese Momente können auch mit bestimmten bewertenden »Erziehungssätzen«, die voller Vorwürfe und Schuldzuweisungen sind, verbunden sein und haben sich tief in unser Unterbewusstsein gegraben. Sätze wie zum Beispiel:

➡ Nie machst du, was man dir sagt!
➡ Immer musst du Ärger machen!
➡ Was denkst du dir eigentlich dabei?
➡ Du kannst doch nicht einfach …!
➡ Ich hab dir schon tausendmal gesagt …

Das sind zwar abgedroschene Phrasen, sie können jedoch über eine lange Zeit in unserem emotionalen System wirken und dann in bestimmten Situationen nach oben »gespült« werden. Jonas' Vater ist vom Verhalten seines Sohnes so eingenommen, erschreckt und empört, dass seine emotionalen Anteile überhandnehmen und zeitweise den Zugriff auf die kognitiven Teile des Gehirns einschränken. Unser Gehirn greift in Schrecksituationen ganz unbewusst auf das zurück, was sich vor Jahren tief in die emotionalen Netzwerke eingebrannt hat, nämlich genau die Sätze, die wir von unseren Eltern gehört haben. So kann es dann dazu kommen, dass wir unsere Kinder mit den gleichen Vorwürfen überhäufen, die wir aus unserer Kindheit kennen, und plötzlich so klingen wie unsere eigenen Eltern. Wenn wir uns diese emotionale Kette klarmachen, können wir bewusster reagieren.

Jonas' Vater könnte sich seinem Sohn nochmals auf andere Weise zuwenden und seine Liebe zu ihm auch in liebevolles Handeln übersetzen. Er könnte ihn fragen:

➡ Was ist mit dir los?
➡ Was macht dich so wütend?
➡ Was brauchst du von mir?
➡ Gibt es etwas, was ich tun kann?

Er könnte seinen Sohn ernst nehmen und verstehen, dass sein aggressives Verhalten Ausdruck eines emotionalen Bedürfnisses ist. Er könnte sich in ihn einfühlen und nicht sein Verhalten bewerten, sondern das dahinterliegende Bedürfnis sehen, zum Beispiel seine Angst, dass ihm etwas weggenommen oder ihm unrecht getan wird. Er könnte die Signale entsprechend lesen und Jonas in einem wertschätzenden Kontakt vermitteln, wie er mit seiner Frustration umgehen kann.

Denn dass das Verhalten nicht erwünscht ist, haben Kinder sehr schnell gelernt – gerade wenn mit Sanktionen gearbeitet wird. Das bedeutet aber nicht, dass sie es abstellen können – im Gegenteil. Erst brauchen sie neue Möglichkeiten, mit Ärger, Wut und Enttäuschung umzugehen, möglichst Alternativen, bei denen Konflikte angesprochen werden können und die Grenze des anderen nicht überschritten wird.

Zusammenfassend kann man sagen, dass Grenzüberschreitungserfahrungen von Erwachsenen in Konfliktsituationen destruktiv wirken. Unterstützung mit zielführenden Konfliktlösestrategien ist jedoch konstruktiv und eine gute Erfahrung für Kinder. So könnte der Vater von Jonas etwas Verbindendes für beide Kinder herstellen, indem er sie unterstützt, in einen Dialog zu kommen, den sie gerade ohne Hilfe nicht führen können:

Wenn Kinder hauen, Teil 2

Der Vater von Jonas steht von der Bank auf und geht auf die Streithähne zu.

Vater: »Hey, was hat euch denn gerade so geärgert, dass ihr in Streit geraten seid?«

Jonas: »Ich war zuerst auf der Rutsche.«

Anderes Kind: »Aber ich wollte auch mal rutschen und du warst viel zu langsam.«

Vater zum anderen Kind: »Das heißt, du hast dich geärgert, weil es so lange gedauert hat?«

Anderes Kind: »Ja!«

Jonas: »Aber du darfst mich nicht einfach schubsen, das will ich nicht.«

Das Kind schaut betreten: »Und du kannst mich auch nicht einfach hauen. Außerdem musst du dann schneller rutschen. Andere wollen auch mal.«

Vater: »Du wolltest also rutschen, und Jonas wollte sich mehr Zeit lassen. Jonas will nicht geschubst werden, und du willst nicht gehauen werden.«

Beide Kinder schauen sich an und nicken.

Vater: »Ich kann euch beide verstehen: Ich will auch nicht gehauen oder geschubst werden. Was machen wir denn jetzt?«

Jonas zum anderen Kind: »Du darfst zuerst rutschen, weil du schneller bist, okay?«

Anderes Kind nickt und lächelt: »Ja.«

Die Kinder laufen gemeinsam die Treppe hinauf, der Vater schaut ihnen nach – im Moment wird er nicht gebraucht. Er setzt sich wieder auf die Bank und vertieft sich in seine Zeitung.

Beide Jungs haben sich mit ihrem Anliegen nicht genügend gehört und gesehen gefühlt, sodass sie ärgerlich geworden sind und diese Rangelei entstanden ist. Der Vater bewertet das Verhalten der Kinder nicht. Im Gegenteil. Er gibt ihnen Raum für die Gefühle, die beide dann benennen können. Nachdem die

Jungs sich darüber ausgetauscht haben, können sie selbst Vorschläge für eine Lösung machen. Haben Kinder keine eigenen Vorschläge, können Erwachsene fragen, ob sie selbst einen Vorschlag machen dürfen. So können Kinder langfristig mit Unterstützung von Erwachsenen konstruktive Konfliktlösestrategien entwickeln.

> Wir strafen unsere Kinder aus einer unbestimmten Angst heraus. Wir wollen keine »Tyrannenkinder« und uns nicht nachsagen lassen, wir hätten unsere Kinder nicht »im Griff«. So werden wir mit vermeintlich logischen, tatsächlich aber haarsträubenden Kausalketten in Angst versetzt. Diese Angst bringt uns dazu, verbal aggressiv zu werden und die Grenzen unserer Kinder selbst zu überschreiten.

Überforderung und Stress

Eine Mutter von drei Kindern berichtet

Meine mittlere Tochter Lena (drei Jahre) ist seit einiger Zeit so anhänglich, dass ich an meine Grenzen komme und keine Kraft mehr habe. Sie will bei jeder Gelegenheit auf meinen Arm: Sie will die Treppe hochgetragen werden, sie möchte, dass ich sie an- und ausziehe, dass ich sie füttere, ihr ständig bei allem helfe und an ihrer Seite bin. Ich habe aber nur zwei Hände und auch noch Paul (ein Jahr), der das alles noch nicht kann und den ich wirklich versorgen muss. Ich reagiere oft sehr ungeduldig, weil ich in Stress gerate und wir auch nicht den ganzen Tag Zeit haben. Meine ältere Tochter Emma geht schon in die Schule, und ich bin den ganzen Tag mit den Kindern beschäftigt. Natürlich versuche ich, Lena erst alles ruhig zu erklären. Aber wenn sie nicht reagiert, was eigentlich fast immer der Fall ist, werde ich laut und »erpresse« sie immer öfter mit Wenn-dann-Sätzen. Ich weiß, dass das nicht gut ist, und mir tut es auch hinterher immer sehr leid – ich kann nur oft nicht anders und falle in diesen Stresssituationen immer schnell in alte Muster, die ich eigentlich ablegen möchte.

Annika kommt im Alltag an ihre psychischen und physischen Grenzen und hat keine Kraft mehr. Dieser Zustand ist den meisten Eltern sicher vertraut. Sie gerät in eine absolute Überforderungssituation und erlebt inneren Stress. Nicht weil sie als Mutter unfähig ist (auch wenn sich das für viele Mütter so anfühlt), sondern weil Überforderung zum Muttersein (zu Familie insgesamt) dazugehört. Für drei kleine Kinder zu sorgen, Verantwortung zu haben und die Bedürfnisse aller im Blick zu behalten ist quasi Überforderung mit Ansage. Mir ist es wichtig, das hier zu betonen, weil ich immer wieder Eltern begegne, die einen extrem hohen Anspruch an sich selbst haben, es perfekt machen zu wollen, und sich die Überforderung nicht eingestehen. Umso wichtiger ist es, sich die Situationen, in denen wir in Stress und infolgedessen in Überforderung geraten, genauer anzuschauen. Wir können sie im Nachhinein »entschleunigen« und unter einem imaginären Vergrößerungsglas anschauen, um genau zu analysieren, was konkret in diesem Moment zu Stress geführt hat.

Oft erlebe ich Eltern, die enorm unter Druck stehen und auch im täglichen Familienleben in Stress geraten. Alles soll »funktionieren«, und alles soll »harmonisch« sein. Ja, wir wollen gute Eltern sein! Oft gelingt es, und doch gibt es einfach viele Ereignisse, die alles durcheinanderbringen und Eltern erschöpfen: schlaflose Nächte durch ein Baby oder durch kranke Kinder, der Haushalt, der unerledigt ist, Spannungen in der Partnerschaft, der Spagat zwischen Beruf und Familie, anstrengende Nachbarn, eine nervige Schwiegermutter, eine zu kleine Wohnung, finanzielle Engpässe, wenig Zeit, um eigene Wünsche und Be-dürfnisse in den Vordergrund zu stellen. Deshalb können Sie immer wieder die eigene Organisation und Planung reflektieren und schauen, an welchen Rädern Sie im Alltag selbst drehen können. Oft sind es tatsächlich nur einige »kleine Rädchen«, die zu Entlastung im Alltag führen und unseren objektiven und subjektiven Stress reduzieren können. Das ist auch notwendig, denn Dauerstress schädigt unseren Körper und die Seele mehr, als wir das vielleicht annehmen.

In meiner Praxis bitte ich Eltern immer, einen typischen Ta-gesablauf für unsere Beratungsarbeit zu dokumentieren. Das können Sie auch für sich selbst ausprobieren, um sich einen Überblick zu verschaffen und mögliche Freiräume auszuloten.

Bei Annika haben wir herausgefunden, dass unterschiedliche Aspekte auf verschiedenen Ebenen zu dieser Situation führen:

➡ ihr eigener Anspruch, alles perfekt machen zu wollen,
➡ ihre körperliche Grundkonstellation (tiefe Erschöpfung und Müdigkeit, weil sie Paul stillt und wenig Schlafphasen am Stück hat),
➡ die alleinige Verantwortung am Tag, weil ihr Partner gerade eine intensive Arbeitsphase hat,
➡ der Geschwisterkonflikt von Lena (drei Jahre), der Lena in eine emotionale Krise stürzt und dazu führt, dass sie im Mo-ment stark auf der Suche nach Verbundenheit ist, was sich durch die extreme Anhänglichkeit an ihre Mutter zeigt.

Geschwisterkonflikt

Wenn weitere Kinder in eine Familie geboren werden, verändert dies die gesamte Konstellation, und alle Familienmitglieder müssen sich neu sortieren. Gerade ältere Geschwister erleben auf der emotionalen Ebene eine extreme Erschütterung, die nicht nur wenige Wochen oder Monate, sondern prozesshaft über Jahre andauern und mal mehr oder weniger spürbar für Eltern werden kann. So empfinden Geschwisterkinder immer wieder schmerzhafte Verlustgefühle. Während sich alle Familienmitglieder, Freunde und Bekannte über das neue Baby freuen und dieses schnell in die Familie integriert haben, spürt das ältere Kind vor allem den Verlust von exklusiven Beziehungen, insbesondere zu seiner Mutter, aber auch zum Vater. In unserer Erwachsenenwelt wäre das so, wie wenn unser Partner nach Hause kommen und uns eröffnen würde, dass er jemanden Nettes kennengelernt hat und wir ab nächster Woche zu dritt leben und alles teilen würden. Es tritt also auf einmal jemand in unser Leben, der emotional und körperlich genauso oder sogar näher an unserem Partner sein darf als wir. Bisher gab es jedoch die Verabredung, dass unsere Beziehung zu unserem Partner exklusiv ist. Diese Verabredung ist nun einseitig aufgehoben. Als Erwachsene könnten wir uns dafür oder auch dagegen entscheiden. Wir könnten die Beziehung zu unserem Partner beenden und sagen: So habe ich mir das nicht vorgestellt. Ein Kind kann das nicht – und will es auch nicht. Es liebt seine Eltern und ist dieser Entwicklung quasi ausgeliefert. Das Verlustgefühl ist jedoch da, und die Trauer ist stark und schmerzhaft. Und noch etwas: Kein anderer fühlt diesen Verlust – so ist das Kind mit seinem Gefühl ganz alleine und stürzt in ein Gefühlschaos; es fragt sich: Wie wertvoll bin ich eigentlich für meine Eltern? Auf der Suche nach der Antwort können viele ältere Kinder (wie Lena) sehr anhänglich werden, sie fordern Zuwendung und Kontakt. So gesehen ist es nicht verwunderlich, dass Lena sich die Treppe hochtragen, sich anziehen und füttern lassen möchte und auch sonst immer wieder die Nähe ihrer Mutter sucht.

Allein diese Erkenntnis konnte bei Annika schon zu etwas Entlastung führen. Außerdem haben wir den Tagesablauf ein wenig umgestellt: Annika hat beispielsweise beschlossen, das Zähneputzen mit den Kindern vorzuziehen und direkt nach dem

Abendessen ins Bad zu gehen. Auch haben wir eine Form von Ruhepause am Mittag für alle eingeführt:

➡ *Vorher*: Paul macht nach dem Essen Mittagsschlaf, Lena spielt mit Annika und Emma.
Paul kann zwar schlafen, und die Kinder haben Annika exklusiv für sich – jedoch kann Annika keine Pause machen und gerät so viel schneller an ihre Grenzen.
➡ *Nachher*: Paul macht nach dem Essen Mittagsschlaf, Lena und Emma halten mit Annika eine Mittagsruhe.

Annika schreibt mir hierzu Folgendes:

Liebe Katia,
unsere Arbeit trägt Früchte, und wir haben versucht, einiges umzusetzen. Wir haben jetzt alle einen neuen Rhythmus gefunden, und auch, wenn es etwas gedauert hat und ich skeptisch war, gelingt uns die Mittagspause jetzt ganz gut. Emma setzt sich schon mal an den Tisch und beginnt mit den Hausaufgaben oder spielt in ihrem Zimmer. Mit Lena hat es etwas gedauert, und wir haben, wie besprochen, ein wenig experimentiert. So habe ich herausgefunden, dass Lena sich für eine halbe Stunde mit einem Buch oder auch mit ihren Spielsachen gut beschäftigen kann, wenn ich ihr vorher noch ein Buch vorlese und wir ein wenig kuscheln. Die Zuwendung scheint enorm wichtig für sie zu sein. Wenn ich ihr dann aber sage, dass ich jetzt eine Pause brauche, mich dafür auf das Sofa lege und um ein bisschen Ruhe bitte, klappt das erstaunlicherweise immer besser. Überhaupt ist die Pause nun für alle eine »heilige Zeit«. Danach sehen wir uns wieder, und der Nachmittag beginnt.

Auch ist es für Annika interessant und hilfreich gewesen, zu schauen, wie sie als Kind gelernt hat, mit Stress umzugehen. Eltern können sich mit diesem Phänomen auch selbst beschäftigen, indem sie folgende Fragen für sich reflektieren und somit einen bewussteren Zugang zu oft unbewusst ablaufenden inneren Kettenreaktionen bekommen:

➡ Was genau stresst mich im Alltag?
➡ Woran merke ich, dass ich in Stress gerate?
➡ Was passiert dann im Körper?
➡ Wie sorge ich für Entspannung im Alltag?

Was dauerhafter Stress für uns bedeutet

Grundsätzlich ist Stress ein Zustand, in dem unser Körper alles dafür tut, schnell einsatzbereit zu sein. Es ist also ein »Hab acht«-Zustand. Wir reagieren auch körperlich: Die Atmung beschleunigt sich, der Blutdruck steigt, die Muskelspannung wächst, und unsere Gedanken werden rasend schnell. Meist empfinden wir das als unangenehm, je nachdem, wie wir die Situation und den Umstand bewerten, der stressauslösend ist. Gerade wenn wir müde und erschöpft sind, empfinden wir Stress eher als eine Belastung, fühlen uns schneller überfordert und geraten schnell an unsere Grenzen.

Wird der Stress zum Dauerzustand, befindet man sich in ständiger Alarmbereitschaft. In diesem Zustand werden neben dem Stresshormon Adrenalin auch Cortisol und Wachstumshormone ausgeschüttet, um die Stoffwechselvorgänge zu stabilisieren. Wenn wir uns genauer anschauen, was diese Hormone konkret bewirken, können wir die langfristigen Folgen für den Körper besser abschätzen.

Die Ausschüttung von Adrenalin führt zu einer gesteigerten Herztätigkeit, einem höheren Blutdruck, Steigerung des Muskeltonus, Freisetzung von Glukose und einem erhöhten Stoffwechsel. Andere Vorgänge hingegen, die einer raschen Flucht hinderlich wären, werden gehemmt. Dazu zählen die Verdauung sowie der Sexualtrieb. Durch den erhöhten Muskeltonus kommt es zu partiellen Verspannungen im Nacken und Rücken sowie daraus resultierendem Spannungskopfschmerz, der sich auch chronifizieren kann. Langfristig kann dauerhafter Stress durch den gesteigerten Blutdruck zu einer Schwächung des Herzmuskels sowie zur Schädigung der Blutgefäße und Organe führen. Cortisol ist vielen Menschen in Form von Hydrocortison bekannt, wie es oft in entzündungshemmenden Cremes enthalten ist. Wird Cortisol langfristig aufgrund von Stress vermehrt ausgeschüttet, werden im Körper Entzündungen gehemmt. Dies mag auf den ersten Blick ein positiver Effekt sein, letztendlich wird aber die Antikörperproduktion gehemmt, sodass der Körper sich nicht mehr ausreichend gegen Krankheitserreger wehren kann. Man ist häufiger krank.

Diese Vorgänge können dazu führen, dass wir unter Stress nicht mehr einfühlsam und liebevoll agieren können. Oft können sich unsere Freunde gar nicht vorstellen, dass wir bei Stress »ausrasten«, »durchdrehen« und unter Druck geraten. Sie kennen uns häufig so gar nicht – unsere Kinder und Partner schon.

Interessant dabei ist, dass wir dazu neigen, unsere Beziehungspartner sich genauso fühlen zu lassen, wie wir uns selbst früher als Kind gefühlt haben – besonders bei Stress. Wenn Sie sich nicht sicher sind und nicht genau wissen, wie Ihre Beziehung und Bindung mit Ihren früheren Bezugspersonen war, dann wagen Sie doch ein Experiment und fragen Sie einfach mal Ihren Partner, wie er sich fühlt, wenn Sie miteinander Stress haben. Sie können relativ sicher sein, dass das Gefühl, das Ihr Partner beschreibt, genau das Gefühl ist, das Sie als Kind hatten, wenn Ihre Eltern oder Bezugspersonen in Stress geraten sind.

Es ist also nachvollziehbar, dass Annika aus unserem Beispiel schnell in eine Dauerüberforderung gerät und in diesem Zustand auf nur wenige Handlungsmöglichkeiten zurückgreifen kann. Aus dieser Überforderung heraus sucht sie Möglichkeiten, den Konflikt möglichst schnell zu beenden, und fällt in alte Mechanismen und Muster zurück.

Achtsam und gelassener durch den Alltag

Es lohnt sich also in mehrfacher Hinsicht, Entspannung in den Alltag einzubauen und dem Körper somit Erholung und Regeneration zu gönnen. Je entspannter Sie sind, desto gesünder sind Sie auch langfristig.

Im Gegensatz zum Stress bewirken Entspannungsübungen eine Aktivierung des Parasympathikus, des Ruhenervs und somit der Gegenspieler des Sympathikus. Atmung und Herzfrequenz verlangsamen sich, die Gefäße sind erweitert, der Blutdruck sinkt. Im Gehirn lassen die messbaren Strömungen nach. Wer regelmäßig Entspannungsübungen macht, fühlt sich gelassener und zufrieden.

Je öfter man Entspannung in seinen Alltag integriert, desto leichter fällt es, auch in Stresssituationen entspannter zu bleiben. Finden Sie heraus, was Ihnen zur Entspannung verhilft. Es können Sport, Yoga, Meditation, Tiefenentspannung durch Hypnose oder auch kleinere Übungen sein, die im Alltag nicht viel Zeit beanspruchen. Hier einige konkrete Tipps:

Zungenentspannung
Unsere Zunge ist meistens in Bewegung und angespannt. Beim Reden, Schlucken oder Husten sind die Zunge und die umliegenden Muskeln maßgeblich beteiligt. Und auch wenn nur die Gedanken kreisen, liegt die Zunge nicht auf dem Zungengrund, sondern ist in irgendeiner Form angespannt.

Achten Sie daher bewusst darauf, Ihre Zunge zu entspannen. Dabei soll sie vollkommen gelöst auf dem Zungengrund aufliegen. Je länger Sie sich auf die Entspannung Ihrer Zunge konzentrieren, desto entspannter ist auch Ihr Geist. Sie können diese

Übung überall durchführen, ohne dass es jemandem auffällt. An der Bushaltestelle, an der Kasse im Supermarkt oder im Büro.

Entspannung durch Atmung
Legen oder setzen Sie sich hin und konzentrieren Sie sich auf Ihren Körper. Spüren Sie Ihre Fußsohlen auf dem Boden und die Schwere Ihres Körpers. Atmen Sie bewusst ein und lassen Sie gedanklich den Atem vom Kopf bis zu den Zehenspitzen durch Ihren Körper fließen. Eine Erweiterung kann sein, beim Einatmen »lass« und beim Ausatmen »los« zu denken.

Entspannung durch Powernapping in der Mitte des Tages
Der Powernap sorgt für eine kurzzeitige, aber sehr effektive Beruhigung des gesamten Organismus. Schon nach 20 Minuten fühlen wir uns wieder frisch und aktiver. Aus Meditationstechniken und dem Autogenen Training sind kurze und wirkungsvolle Erholungsphasen und ihr Einfluss auf Organe und Blutdruck bereits bekannt. Beim Powernapping greifen beide Techniken ineinander, und wir nutzen unsere mentale Kraft, um bewusst in eine kurze Schlafphase zu kommen.

Am besten ist für den Beginn das Sofa (nicht das Bett!) geeignet. Stellen Sie einen Wecker auf etwa 15 bis 20 Minuten. (Spätestens sollte er nach 30 Minuten klingeln, denn dann beginnt die Tiefschlafphase, und in dieser Zeit ist es besonders schwer, wieder aufzuwachen und aktiv zu werden.) Wenn Sie den Turboschlaf regelmäßig »üben«, werden Sie herausfinden, wie viel Zeit Sie brauchen, um Ihre innere Balance wiederherzustellen.

Ich selbst baue das Powernapping (fast) jeden Tag in meine Mittagspause ein und habe für mich eine Zeit von genau 19 Minuten herausgefunden. Nach meinem 19-Minuten-Schlaf bin ich entspannt, gelassen und wieder leistungsfähig und gehe völlig erfrischt in die zweite Tageshälfte.

Wenn wir an eigene Grenzen kommen, selbst wenig Kraft haben und überfordert sind, geraten wir schnell in einen strafenden und drohenden Umgang mit unseren Kindern. Unsere Liebe zu den Kindern können wir dann häufig nicht mehr in einen liebevollen Umgang miteinander übersetzen. Umso wichtiger, dass wir hier bewusst mit unserer Kraft umgehen. Bestimmte Übungen und Techniken können Entspannung in unser Leben bringen und uns durch stressige Zeiten helfen.

Wut und Rage

Es gibt immer wieder Momente im Leben mit unseren Kindern, in denen Wut eine große Rolle spielt. Immer wieder ist die Wut der Eltern auch ein Thema in Familienberatungsstunden. Eltern werden wütend und von ihrer Wut in bestimmten Situationen so heftig überrollt, dass sie vor sich selbst erschrocken sind. Eine Mutter schrieb mir anonym:

Hochemotional im Familienstreit: Wut und Rage von Eltern

Meine Schwierigkeit besteht darin, dass ich im Streit mit meinem Sohn (fünf Jahre), zum Beispiel bei einem starken Wutausbruch von ihm, selbst richtig in Rage gerate. Ich kann in dieser Situation meine Wut nur schlecht oder gar nicht mehr kontrollieren. Ich werde dann sehr laut, bin total abwertend und sage Dinge, die ich nicht sagen möchte. Ich schimpfe schrecklich, bin rücksichtslos und wüte richtig herum. Manchmal fühle ich mich regelrecht wie eine Dampfwalze, die alles in ihrer Wut niederwalzt. Ich bin in solchen Momenten so extrem wütend, dass ich gar nicht mehr bei mir bin. Zwar schlage ich mein Kind nicht, bin aber kurz davor und schicke es zur Strafe in sein Zimmer. Mir geht es danach sehr schlecht, und ich schäme mich schrecklich. Ich fühle mich meiner Wut hilflos ausgeliefert. Dabei will ich meinen Sohn gar nicht so anschreien, und ich will ihn auch nicht bestrafen. Woher kommt denn nur diese rasende Wut in mir? Und wie bekomme ich sie in den Griff?

Ich möchte mich an dieser Stelle gern für die vielen Zuschriften, die ich zum Thema Wut von Eltern bekomme, bedanken. Auch für die Offenheit, den eigenen Wutanfall anzusprechen und sich der Wut zu stellen. Es ist ein Thema, das viele Eltern betrifft, und gleichzeitig eines *der* großen Tabus unter Eltern. Die Scham darüber, dass man in Rage gerät, ist so stark, dass Wutanfälle oft hinter geschlossenen Türen stattfinden. Dabei gibt es gute Gründe, sich diesem Gefühl zu stellen und darüber zu sprechen, wie wir unsere Wut gut regulieren können. Viele Eltern kommen, weil ihnen wichtig ist:

- die Grenzen ihrer Kinder zu wahren und Konflikte ohne Grenzüberschreitungen ihrerseits zu klären,
- ihre Kinder nicht zu kränken,
- Vorbilder zu sein und ihren Kindern konstruktive Möglichkeiten vorzuleben, mit dem starken Gefühl von Wut umzugehen,
- ihre Kinder bei ihrer emotionalen Entwicklung (Wut, Ärger, Trauer, Schmerz) gut begleiten zu können.

Hierfür ist Voraussetzung, dass Eltern selbst über eine gute Regulationsmöglichkeit ihrer eigenen Gefühle verfügen. Wenn wir eine gute emotionale Regulation nicht schon mitbringen, können wir sie auch in unserer Rolle als Eltern nachträglich entwickeln. Um auf die Frage der Briefschreiberin eingehen und Hinweise für den Umgang und die Regulation mit übermäßiger Wut geben zu können, möchte ich zunächst einiges Grundlegendes über das Gefühl Wut schreiben.

Wut gehört als Emotion zu unserer Gefühlspalette dazu und gilt neben Freude, Furcht, Ekel, Verachtung und Traurigkeit als eine der Grundemotionen. Wut ist eine sehr heftige und impulsive Emotion und in erster Linie eine Form von Energie. Psychologen sprechen – in Abgrenzung zu Zorn und Ärger – von einem »höheren Erregungsniveau« und stärkerer Intensität: »Von Zorn spricht man dann, wenn die Angelegenheit, die uns ärgert, nicht primär auf unser Ich bezogen ist, sondern auf etwas Übergreifendes ... Der Zorn ist etwas distanzierter als die Wut«, schreibt die Schweizer Psychologin Verena Kast.

Als Wut erleben wir intensiven, heftig gesteigerten Ärger. Das wird häufig auch in der Sprache deutlich, die wir nutzen, wenn wir über Wut sprechen. Wir »verlieren die Fassung«, »fahren vor Wut aus der Haut«, »gehen in die Luft«, »explodieren«, »uns platzt der Kragen«, »wir verlieren die Beherrschung«. Jemand, der derart wütend ist, hat keinen Überblick mehr und handelt ohne Überlegung. Wie kommt es aber zu dieser starken Emotion?

In unseren Sprachbildern verbinden wir die Farbe Rot mit dem Gefühl der Wut. Auch gibt es zahlreiche Metaphern, die mit Feuer oder Blut verbunden sind, und wir sprechen von Wut als einer inneren Feuersbrunst, die uns erfasst. Wenn wir uns diese starken Sprachbilder anschauen, wird deutlich, dass Wut jede Menge Energie in sich birgt.

Wut hat einen Sinn

Wut ist grundsätzlich ein sinnvolles und auch ein wichtiges Gefühl, denn es ist für das Überleben der Menschen als soziale Wesen notwendig. Wut ist nicht pathologisch und muss deshalb auch nicht überwunden oder unterdrückt werden. Im Gegenteil – wir benötigen Wut als Möglichkeit zur Veränderung. Wir brauchen Wut und die damit verbundene Energie, denn Wut ist eine natürliche (Anpassungs-)Reaktion auf Bedrohungen, die starke und mächtige Gefühle und Handlungsimpulse auslöst. Ein gewisses Maß an Wut ist wie gesagt überlebenswichtig.

Wut ist die Energie, die im Zweifel unser Leben schützt, denn sie hilft uns zu erkennen, wann persönliche Grenzen überschritten werden. Dass wir uns abgrenzen, unsere Integrität schützen, ist absolut notwendig für die Erhaltung und Entfaltung unserer eigenen Identität. Der Gebrauch von Wut zur Abgrenzung kann wertschätzend und dabei durchaus auch grenzwahrend sein, auch wenn dabei ziemlich viel Energie im Spiel ist. Das klingt vielleicht erst einmal etwas widersprüchlich. Doch Wut muss nicht immer eine zerstörerische Tendenz haben.

Neulich habe ich an der Kasse am Supermarkt eine Situation beobachtet:

> Die Schlange an der Kasse ist lang und alle stehen eng hintereinander. Eine junge Frau fühlt sich durch den Einkaufswagen des Mannes hinter ihr bedrängt. Sie versucht mehrfach, sich Platz zu verschaffen, indem sie den Wagen zurückschiebt. Als dies nicht gelingt und der Mann den Wagen immer wieder dicht an sie schiebt, fährt sie wütend herum und richtet sich an den Mann: »Bitte halten Sie Abstand, das ist mir zu nah. Ich fühle mich bedrängt«, stößt sie hervor. Der Mann schaut erstaunt und entschuldigt sich jedoch gleich.

Durch die Wut und die damit verbundene Energie der jungen Frau ist beim Gegenüber sofort die Botschaft angekommen: Hier ist wirklich die Grenze! Es geht also nicht darum, dass Wut an sich »schlecht« ist, sondern darum, sie so regulieren zu können, dass sie ihren Sinn erfüllt und wir uns mit ihrer Hilfe klar abgrenzen können, ohne gleich alles »niederwalzen« und »verbrannte Erde« hinterlassen zu müssen.

Schon Aristoteles hat gesagt: »Jeder kann wütend werden, das ist einfach. Aber wütend auf den Richtigen zu sein, im richtigen Maß, zur richtigen Zeit, zum richtigen Zweck und auf die richtige Art, das ist schwer.«

Der Wutanfall der Eltern

So besteht ein großer Unterschied, ob man sich gegenüber einem anderen einfach nur abgrenzt oder ob man von Wut so übermannt, überrollt und vereinnahmt wird, dass man »blind vor Wut« wird, außer sich gerät und sich nicht mehr »im Griff« hat. Solche Arten von Wutanfällen deuten darauf hin, dass der Erwachsene Schwierigkeiten hat, seine Wut angemessen zu regulieren und ihr entsprechend Ausdruck zu verleihen. Die Betreffenden schämen sich für die unbändige, oft zerstörerische Energie, die sie in sich wahrnehmen und fühlen. Deshalb haben wir, wie die Mutter oben, oft Angst vor diesem Zustand und erleben ihn als bedrohlich.

Wie aber kommt es dazu, dass wir als Erwachsene Schwierigkeiten haben, unsere Wut adäquat zu regulieren?

Erst einmal ist es wesentlich, zu verstehen, dass die Kinder zwar unsere Wut auslösen, jedoch nicht die Ursache für die starken Wutanfälle sind. Denn es handelt sich um aufgestaute Wut, die aus meiner Erfahrung in (fast) allen Fällen in unserer eigenen Lebensgeschichte begründet liegt und mit den Kindern und ihrem Verhalten in der Situation, in der der Wutanfall auftritt, meist nichts zu tun hat. Es kann unterschiedliche Aspekte geben, die dazu führen:

1. Frühe Verletzungen der Seele
Menschen, die in ihrer eigenen Entwicklung als Babys und/oder Kleinkinder in ihren frühen Beziehungen selbst wenig Wärme, wenig Zuwendung und kaum Anerkennung ihrer emotiona-

len Bedürfnisse erfahren haben, sondern viel Ablehnung und Abwertung, tragen eine enorme Wut in sich, die im Erwachsenenalter dann oft ungefiltert ausbricht. Man spricht bei solch frühen Bindungs- und Beziehungserfahrungen auch von Entwicklungstraumata. Die Wut, die in solchen (Beziehungs-)Konstellationen entsteht, ist sehr nachvollziehbar, denn ein Trauma ist etwas Überwältigendes. Etwas wird uns zu viel und muss eigentlich abgewehrt werden. Ein Baby oder Kleinkind ist klein, hilflos und ohnmächtig allem ausgeliefert. Der Impuls, sich zur Wehr zu setzen, ist zwar da, er kann aber nicht ausgeführt werden. Und so verharrt der Körper des Kindes in diesem Zustand; der Impuls, sich zu wehren, zurückzuschlagen oder wenigstens wegzurennen, wird machtvoll unterdrückt. Die Energie, die der Körper für das eigene Überleben bereitgestellt hat, steckt aber weiterhin in unserem Nervensystem. Der Körper sitzt sozusagen auf dieser (gespeicherten) Energie wie auf einem Vulkan. Eine unglaubliche Energie, die nicht ausagiert werden konnte, sondern quasi »schockgefroren« und als »Energiepaket« im Körper eingefroren wird. Frühe emotionale Vernachlässigung, das Gefühl, nicht willkommen zu sein, oder körperliche und psychische Gewalt lösen viel Wut in einem Säugling oder Kleinkind aus. In der körperorientierten Psychotherapie und auch in anderen Therapieformen wird heute davon ausgegangen, dass diese Vorgänge nicht selten körperliche und seelische Symptome verursachen und die aufgestaute Energie sich so ihren Weg sucht. Der Körper sucht nach Wegen, um auf irgendeine Art und Weise eine Balance herzustellen, sich zu regulieren und diese Energie in sich zu halten, damit diese eingespeicherte und eingefrorene Energie im Nervensystem nicht zum Ausbruch kommt.

Oft sind diese frühen Verletzungen verdrängt oder vergessen, da sie auf die Dauer zu schmerzhaft sind – unsere Seele hat hier oft eine Art Schutzmechanismus entwickelt. Wenn Sie jedoch das Gefühl haben, von diesem Aspekt betroffen zu sein, können Sie sich Unterstützung in Form von Beratung und/oder therapeutischer Hilfe holen. Bleiben Sie damit nicht alleine! Es ist nie zu spät für eine Aufarbeitung, und meine Erfahrung ist, dass häufig sehr schnell auch Veränderungen im Alltag sichtbar werden.

2. Wenn Gefühle keinen Raum haben dürfen

Häufig berichten Eltern, dass sie selbst in ihrer Kindheit nicht wütend sein durften. Ihre Gefühle hatten keinen Raum. So wurden Eltern als Kinder entweder nicht gefragt, was sie denken und fühlen, oder es wurde ihnen beigebracht, gerade die starken, sogenannten negativen Gefühle wie Wut und Trauer zu unterdrücken und zurückzuhalten. Das wiederum hat dazu geführt, dass sie die Verbindung zu ihren eigenen Gefühlen, vor allem Wut, nicht (mehr) gut herstellen können und das Gefühl für diese Emotion verlieren.

Eine Folge von zurückgehaltenen und unterdrückten Wutgefühlen ist, dass Menschen daran gehindert werden, klar und deutlich auszusprechen, was sie brauchen, wünschen und denken. Erwachsene, die als Kind ihre Wut unterdrücken und zurückhalten mussten, waren quasi dazu gezwungen, Strategien zu entwickeln, um Wut zu vermeiden. Wenn wir Kinder haben, ist es schwierig, Wut zu vermeiden, denn sie stellt einen unverzichtbaren Teil unserer menschlichen Natur dar, den die Kinder in ihrer Entwicklung ausleben und mit dem sie ihre Eltern zwangsläufig konfrontieren. Die unterdrückten Gefühle lösen sich über die Zeit jedoch nicht einfach auf, sondern stauen sich im Nervensystem an. Die Emotion schlummert wie oben beschrieben als »eingefrorene Wut« in uns, und wird, zum Beispiel bei starken emotionalen Ausbrüchen unserer eigenen Kinder, reaktiviert und droht dann, für andere in der Situation oft unverhältnismäßig stark, zum Ausbruch zu kommen.

So scheint es der Mutter in der anonymen Zuschrift zu gehen. Ihr Sohn hat starke Wutgefühle, die er äußert. Diese berühren ihren wunden Punkt, treffen die aufgestaute Wut und lösen eine

Kettenreaktion aus. Die Mutter wird so mit heftigen, jahrelang verdrängten und zurückgehaltenen Emotionen konfrontiert. Emotionen, die sie nicht fühlen und für die sie deshalb auch keine Worte entwickeln durfte. Die Ursache für ihre starken Gefühle liegt jedoch nicht in der Situation mit ihrem Kind, sondern in ihrer eigenen Geschichte begründet.

Aus der Neurobiologie weiß man, dass Aggressionsverschiebungen möglich sind. Aggressive Impulse lassen sich nicht nur von einem Objekt der Aggression auf das andere übertragen, sondern auch von einem aktuellen Moment auf einen späteren Zeitpunkt verschieben. Das heißt, die Energie, die durch schmerzliche Erfahrungen (zum Beispiel in der Kindheit der Eltern) entsteht, wird nicht in diesem Moment ausagiert, sondern im Aggressionsgedächtnis des Gehirns abgespeichert und zu einem späteren Zeitpunkt, oft erst im Erwachsenenalter, wieder wach.

Die eigene Wut kennenlernen

Es ist gar nicht so leicht, Eltern konkrete Hinweise für den Umgang mit ihrer Wut und Rage zu geben, denn die Situationen, in denen Eltern wütend werden, sind vielfältig. Aus meiner Sicht sind einige persönliche (Entwicklungs-)Prozesse notwendig, die eher langfristig wirken und etwas Zeit brauchen. Auch Zeit und Geduld mit sich selbst. Wesentlich aus meiner Sicht ist, dass Eltern die Mechanismen und Dynamiken, die hinter ihren Gefühlen und damit verbundenen Handlungen liegen, verstehen und so Verknüpfungen herstellen können. Das ist der erste Schritt. Nicht nur, um umzudenken, sondern vor allem, um *umfühlen* zu können.

Ein weiterer wichtiger Baustein ist, sich auf den Weg zu machen, das Gefühl und auch die eigene Wut besser kennenzulernen.

In meiner Praxis reflektieren wir dazu verschiedene Fragen:

➡ Was macht dich wütend – worüber kannst du dich richtig ärgern?

➡ Wann hattest du deinen letzten Wutanfall? Beschreibe die Situation/Geschichte für dich genau.

➡ Wie ist es dir in dieser Situation gegangen? Was hast du gefühlt, was genau hat dich wütend gemacht?

➡ Wie reagierst du, wenn du wütend bist – woran merken andere, dass du wütend bist und wie hast du in dieser Situation reagiert?

➡ Was hättest du dir von deiner Umwelt gewünscht? (Verständnis? Unterstützung? Rückzug?)

Diese Fragen zu reflektieren kann helfen, einen besseren Zugang zu Bedürfnissen zu finden, emotionale Vorgänge zu formulieren und so einen bewussteren Zugang zur Emotion Wut zu entwickeln.

Es gibt auch einige Tipps, die Eltern in der Situation konkret umsetzen und auch langfristig berücksichtigen können:

1. Beziehungspause – Unterbrechung der Situation
Wenn so viel Wut da ist, dass wir über die oben beschriebene Grenze gehen, uns verlieren und voller Rage sind, dann kann es in diesem Moment sinnvoll sein, komplett aus der Situation herauszugehen, sie zu unterbrechen und eine kurze Beziehungspause einzulegen, um im Kontakt und der Beziehung zum anderen (insbesondere zum Kind) nicht grenzüberschreitend oder verletzend zu werden. Das heißt konkret: ganz bewusst die Situation unterbrechen und durchatmen (ich gehe kurz ins Bad, ich bin gleich wieder da; bis zehn zählen und sich so regulieren). Es ist im Übrigen auch viel besser, selbst die Situation zu verlassen, als das Kind zur Strafe in sein Zimmer zu schicken.

2. Bewusstmachung und Verlangsamung der emotionalen Kettenreaktion

In meiner Arbeit mit Eltern wird immer wieder deutlich, dass es wichtig ist, den richtigen Zeitpunkt für eine Unterbrechung der Situation zu finden. Oft haben wir das Gefühl, dass wir diese emotionale Kettenreaktion gar nicht stoppen können. Ich kann das Gefühl nachvollziehen, und doch weiß ich aus Erfahrung, dass es möglich ist. Oft ist es so, dass diese innere Reiz-Reaktions-kette sehr schnell und unbewusst in unserem Inneren abläuft. Die Frage ist: Wie können wir diese Prozesse verlangsamen, uns selbst stärker im Moment verankern, um so eine bewusste Unterbrechung der emotionalen Kettenreaktion herbeizuführen? Das kann gelingen, indem wir durch bewusste Verzögerung einen zeitlichen Raum zwischen den Abläufen schaffen und so die automatisch und unbewusst ablaufende Reaktionskette zwischen dem Auslöser (Reiz von außen) und der Bewertung des Erlebten (Reaktion) unterbrechen. So entsteht die Möglichkeit, weitere Handlungsstränge zu beeinflussen. Wir lernen, automatisch ablaufende und unbewusste Prozesse zu entschleunigen und ins Bewusstsein zu holen, und erhalten gleichzeitig dadurch eine Wahlmöglichkeit für weitere Reaktionen.

3. Installieren eines wohlwollenden und freundlichen inneren Beobachters

Wir können diesen Platz schaffen, indem wir zusätzlich einen freundlichen und wohlwollenden inneren Beobachter in uns installieren. Dieser Beobachter weist uns auf Zustände hin (Wie geht es dir gerade? Aha, ich ärgere mich. Worüber denn?) und begleitet uns gedanklich in allen Situationen. Er beobachtet und gibt uns Hinweise, wertet aber nicht. Um diese Form von Eigenbeobachtung deutlicher umsetzen und spüren zu können, braucht es etwas Zeit und Übung. Das erste Ziel beim inneren Beobachten ist: eine Art »schwebende Aufmerksamkeit« für sich und seine inneren Abläufe zu erlangen und so eine größere

Bewusstheit für sich zu entwickeln. Außerdem kann man mit Distanz innere Abläufe besser wahrnehmen, anschauen und beobachten, statt reflexhaft zu bewerten, um dann bewusster und klarer reagieren zu können.

4. Langfristig denken

Langfristig ist es wichtig, einen grundsätzlichen inneren Prozess zuzulassen und aufzuhören, uns selbst ständig »niederzumachen« und das, was wir fühlen, abzuwerten. Dafür kann dies eine gute Übung sein:

Versuche, eine Woche lang nichts Schlechtes über dich zu denken! Keine Kritik, kein Nörgeln. Stattdessen schreibst du jeden Tag auf, was du an diesem Tag an dir und deinem Verhalten mochtest. Sei freundlich zu dir und mit dir. Beobachte, was dein neues Verhalten mit dir macht und was es verändert.

Wir dürfen uns erst einmal selbst ganz wertfrei zuschauen. Welches Gefühl kommt, und wie ist es, wenn wir uns mit diesem Gefühl nicht identifizieren, es nicht annehmen und zu unserem eigenen machen, nicht in die »emotionale Rutsche« einsteigen, sondern die Wut »nur« anschauen und vorbeiziehen lassen?

5. Energieabbau durch körperliche Aktivität

Es kann als ergänzende Maßnahme auch sinnvoll sein, die Energie, die sich im Körper aufgestaut hat, durch regelmäßige körperliche Aktivität abzubauen. So kann eine langfristige und in den Alltag eingebundene körperliche Aktivität (Laufen, Workout oder andere Sportarten, die Energien freisetzen) helfen, einen guten Ausgleich herzustellen.

Was sich verändern kann

Die Übungen sind mehrdimensional angelegt, das heißt, es werden drei unterschiedliche Ebenen angesprochen:

1. die kognitive – ich kann Zusammenhänge nachvollziehen, kann Verknüpfungen herstellen und beginne, meine eigenen Handlungs- und Denkmuster zu verstehen,
2. die emotionale – ich fühle in mich hinein, beobachte mein Gefühl, wie es kommt und geht, ich lerne mein Gefühl besser kennen,
3. die Handlungsebene – ich verlangsame und unterbreche ganz bewusst Handlungen, die sonst schnell und automatisiert ablaufen.

Die oben genannten Punkte brauchen in der praktischen Umsetzung Zeit, Übung und auch Geduld mit sich selbst. Man kann die innere Beobachtung und das bewusste Unterbrechen gut zusammen mit einem erwachsenen Gegenüber üben – ohne dass derjenige das merkt. Nutzen Sie dafür einen Kontakt, der nicht so emotional aufgeladen ist wie der zu Ihrem Partner oder Ihrem Kind (zum Beispiel Ihren Chef), um es auszuprobieren. Zum Beispiel wenn ein anderer Sie »kritisiert« oder Sie sich kritisiert fühlen. Anstatt dann sofort zu reagieren, umgehend etwas zu antworten oder vielleicht sogar gereizt zu sein, können Sie erst einmal nur beobachten, was in Ihnen vorgeht. Vielleicht können Sie Schritt für Schritt emotionale Regungen in sich wahrnehmen? So etwas wie: »Aha, jetzt bin ich gereizt, das ärgert mich!« Dann können Sie weiter nachspüren: »Was ärgert mich eigentlich gerade genau?« Sie können beobachten, welcher Impuls in Ihnen hochkommt, und können auch überlegen, wie Sie gerne reagieren würden. Beobachten Sie also zunächst nur, was in Ihnen vorgeht: welche Gefühle, eventuell Ärger und Frustration, Sie empfinden. Und beobachten Sie dies auf mehreren Ebenen. Nehmen Sie auch die körperlichen Reaktionen zunehmend wahr: Schlägt das Herz schneller, wird der Bauch fest? Wird die Atmung flach oder verkrampfen sich die Schultern, beginnt der Rücken zu schmerzen?

Wenn Sie lernen, diese Signale zu spüren, wird das Bewusstsein reifen. Sie werden lernen, bewusster und neu zu entscheiden, welchen Handlungsimpulsen Sie tatsächlich folgen möchten, welche Sie lieber an sich vorbeiziehen lassen und wie Sie vor allem selbstbestimmt anders reagieren können. Sie sind dem Gefühl nicht mehr ausgeliefert. Es entstehen neue Handlungsoptionen und eine neue Wahlmöglichkeit an Reaktionen auf den Reiz. Und genau das ist das Ziel.

Innere Signale setzen

Für dieses Innehalten können wir uns ein Signal suchen. Zum Beispiel sagen wir uns selbst: »Weiteratmen!« Dann folgen wir unserem Gedanken und atmen tief in den Bauch. Ein anderes Signal kann sein, die Hand auf das Herz zu legen und das Schlagen des Herzens ganz bewusst wahrzunehmen. Wir können auch beide Hände auf die Oberschenkel legen, uns selbst spüren und in Gedanken unseren Atem über die Beine in den Boden schicken. Wenn wir diese Reaktionen einüben, haben wir die Möglichkeit, unsere Wut langfristig besser zu regulieren und reflexartige und impulsive Grenzüberschreitungen zu vermeiden.

Mut zur Veränderung

Ich weiß, es scheint nicht einfach, seinen Umgang mit Wut zu verändern und andere Handlungsalternativen zu entwickeln, und ja, manchmal geht es nicht ohne eine prozessbegleitende Unterstützung von außen. Es kann also sein – je nachdem, wie tief bestimmte Muster verankert sind –, dass eine Beratung oder auch eine Therapie notwendig wird, um die individuell entstandenen Bindungs- und Beziehungsmuster besser zu verstehen und durch eine neue konstruktive und professionelle Beziehungserfahrung (durch einen Berater/Therapeuten) aufzuarbeiten. Bitte scheuen Sie sich nicht, sich in diesem Fall an entsprechende Fachleute zu wenden. Ich möchte Sie ausdrücklich bestärken, denn sich an Berater zu wenden, ist kein Eingeständnis einer vermeintlichen Schwäche, sondern eine Stärke und eine besondere Fähigkeit. Die Fähigkeit nämlich, sich Hilfe zu suchen und Unterstützung anzunehmen, wenn wir sie brauchen. Wenn Eltern selbst in ihrer Kindheit (entwicklungs- oder auch andere) traumatische Erfahrungen gemacht haben, dürfen sie zuversichtlich sein. Gerade die Anlagen im Entwicklungspotenzial des menschlichen Gehirns, die frühe Ablehnung, Demütigung und Abwertung so verheerend werden lassen können, bieten gleichzeitig gute Chancen, die bei der Bewältigung der Muster genutzt werden können. Hierbei kann die Wut unserer Kinder eine wichtig Rolle spielen, denn sie führt uns Eltern nicht selten an eigene »eingefrorene« aggressive Anteile, denen wir sonst in dieser Form vielleicht gar nicht (mehr) begegnen beziehungsweise sie schlicht vermeiden würden. Von einem Partner beispielsweise, mit dem es immer wieder zu Konflikten kommt, können wir uns trennen – von unserem Kind nicht. So können unsere Kinder ein Anlass sein, dass wir uns auf den Weg machen. Wir können die Kinder und ihre Wut als Chance für unsere eigene Persönlichkeitsentwicklung begreifen und für die Möglichkeit, uns selbst ein Stück »heiler« zu machen.

Eine aus meiner Sicht wichtige und gute Botschaft aus der Neurobiologie soll Sie bestärken und Ihnen Mut machen. So sagt der Hirnforscher Gerald Hüther: »Das menschliche Gehirn ist plastischer, in seiner inneren Struktur veränderbarer als bisher angenommen. Zeitlebens können die zu früheren Zeitpunkten entstandenen neuronalen Netzwerke und synaptischen Verschaltungsmuster durch neue Nutzungsmuster umgeformt und überformt werden.«

Wir strafen unsere Kinder aus einer (gespeicherten) Wut heraus, weil wir durch die emotionale Entwicklung der Kinder und die daraus resultierenden starken Gefühle an schmerzliche Situationen in unserer eigenen Kindheit erinnert werden. Eigene – oft lange verdrängte – Gefühle werden in unserem Aggressionsgedächtnis wachgerufen und tauchen im Kontakt mit unseren Kindern wieder auf. Damit müssen wir uns nicht abfinden, sondern dürfen uns auf den Weg machen und können lernen, anders damit umzugehen.

Scham

Wenn Kinder in der Autonomiephase sind, gehören Wutanfälle mit dazu. Wenn diese dann noch in der Öffentlichkeit stattfinden, kann das für uns Eltern zur doppelten Herausforderung werden. Nicht selten schämen wir uns in Grund und Boden, wenn etwas nicht so läuft, wie es soll, und unsere Kinder uns an Grenzen bringen.

Wutanfälle in der Autonomiephase

Liebe Katia,
so langsam bin ich wirklich völlig verzweifelt. Ich hatte jetzt eine Situation mit Ole (zweieinhalb Jahre) in der Öffentlichkeit, die alles bisher Gewesene getoppt hat.

Ole

Es war unser langer Tag und wir sind nach der Kita und dem Kinderturnen noch auf den Spielplatz gegangen. Eigentlich war ich schon zu müde, aber Ole wollte unbedingt. Es gibt dort einen sehr breiten Bürgersteig mit kurzem Rasenstück vor der Straße. Ole hat mich hinter sich hergezogen und wollte in Richtung Straße laufen. Ich habe mich dann hingestellt und gesagt: »Nein Ole, auf die Straße können wir nicht laufen«, und bin stehen geblieben. Er hat sich losgerissen und ist von einer Sekunde zur anderen völlig außer sich geraten. Er hat geschrien wie am Spieß, hat sich auf den Boden geschmissen und um sich geschlagen. Normalerweise ist es so, dass er erst nur ein bisschen protestiert, und wenn ich ihn dann nicht erreiche, kommt es zum Wutausbruch! Aber diese Station fehlte hier völlig. Um uns herum waren viele Leute, und alle haben mich angestarrt! Ich hatte das Gefühl, völlig fehl am Platz zu sein, und das Verhalten von Ole war mir als Mutter total peinlich. An Ole kam ich aber gar nicht ran, durfte ihn nicht mal anfassen. Er tobte und wütete, und das mitten auf dem Rasenstück. Ich habe mich richtig geschämt und wollte nur noch nach Hause und mich verkriechen. Irgendwann ist mir dann der Kragen geplatzt, und unter all den neugierigen Blicken habe ich Ole am Arm hinter mir hergezogen, ihn, immer noch schreiend, ins Auto gesetzt und bin nach Hause gefahren. Auch dort hat er weiter rumgeschrien. Dann hab ich auch geschrien und ihn erst mal in sein Zimmer gebracht. Ich war fix und fertig und auch richtig sauer. Ich meine, es muss doch möglich sein, auch mal Nein zu sagen, ohne dass er gleich so völlig ausrastet! Vor allem wenn es um Dinge geht, die keine Diskussion zulassen, wie auf die Straße zu rennen!

Ich frage mich auch, ob das normal ist, oder ist das bei Ole besonders stark ausgeprägt?! Im Moment habe ich das Gefühl, dass ich eigentlich alles falsch mache, und ich fühle mich als komplette Versagerin. Ich habe schon regelrecht Angst, ihn morgens selbst zum Auto laufen zu lassen, weil das eigentlich immer eine ewige Anstrengung bedeutet, ihn dann ins Auto zu setzen. Hört das auch mal wieder auf?!

Ganz liebe Grüße
Britta

Britta betont mehrfach selbst, dass sie sich für ihr Verhalten und das ihres Sohnes schämt, und sie ist selbst der Meinung, dass sie überreagiert. Sie fühlt sich von Ole in der Öffentlichkeit bloßgestellt und als »schlechte« Mutter entlarvt. Ich selbst kann mich noch gut an die Blicke und Kommentare Umstehender erinnern, als ich mit meinen vier Kleinkindern unterwegs war und aufgrund diverser kindlicher Wutanfälle in der Öffentlichkeit in extremen Stress geraten bin.

Entstehung und Wirkungsweise von Scham

Scham ist ein schmerzhaftes Gefühl, über das nicht viel gesprochen wird. Es ist eng an körperlich-vegetative Reaktionen wie den Blick senken oder auch Erröten gekoppelt. Scham kann enormen Einfluss darauf haben, wie jemand die Welt, sich selbst und andere wahrnimmt. Das Gefühl birgt konstruktive und destruktive Aspekte in sich und hat somit zwei verschiedene Wirkungsweisen.

Zunächst hat Scham eine sehr gesunde Funktion, sie schützt gewissermaßen unsere persönlichen Grenzen und reguliert unser Selbstwertgefühl in Kontakt und Beziehungen zu anderen. Viele Bereiche unseres sozialen Verhaltens werden über Scham geregelt.

In der emotionalen Entwicklung entsteht das Gefühl von Scham zeitgleich mit der Autonomie – spätestens zu Beginn des zweiten Lebensjahres, wenn Kinder körperlich autonomer werden und mit dem Krabbeln oder auch Laufen beginnen. Scham entwickelt sich wesentlich in der Interaktion zwischen Kind und Bindungs- und Bezugsperson und hier über eine nonverbale Kommunikation, die vor allem über Blickkontakt, Tonfall der Äußerungen und Körpergesten läuft. Eltern beginnen in dieser Zeit häufig, diese Art der Kommunikation (zum Beispiel strenger Blick, erhobener Zeigefinger, lang gezogenes »neeeeeeein«) als eine Art Beziehungs-»Regler« einzusetzen, um Kinder zum Beispiel daran zu hindern, irgendetwas zu tun, was sie nicht sollten. Eben lagen sie noch hilflos auf dem Rücken herum, und plötzlich werden sie autonom, beginnen, sich zu drehen, und krabbeln los, werden mobil und entfernen sich von ihren Eltern. Kinder entdecken die Autonomie und die Selbstwirksamkeit. Sie gehen auf neugierige Entdeckungsreise, fassen alles an, stecken ihre Finger in Steckdosen, bedienen Lichtschalter, erforschen die Blumenerde der Zimmerpflanzen, ziehen sich an der Stehlampe hoch, räumen alles aus und haben einen unglaublichen Forscherdrang und Freude an der neu gewonnenen Selbstwirksamkeit.

Wenn aber Eltern in einem bestimmten Ton »Hör auf!« oder »Lass das!« kommunizieren, stellen die meisten Kinder ihre Aktivität sofort ein. Dieser Beziehungsregler hat biologisch gesehen eine wesentliche (Überlebens-)Funktion, zum Beispiel wenn die Eltern ihr Kind vor einer Gefahr warnen. Dafür scheint die Natur diesen inneren Reflex in Form eines Kollapses in uns eingeprägt zu haben. Aus diesem »Kollaps«, diesem inneren Reflex, entsteht später Scham. Denn das Kind, das zum Beispiel gerade eine Steckdose entdeckt hat und diese erkundet, erwartet tief in sich einen freudigen, unterstützenden Blick seiner Eltern als Anerkennung für diese großartige Leistung. Doch die Augenbrauen der Mutter sind zusammengezogen, die Stirn liegt in Falten, und die Stimme ist fest. Die Verwirrung darüber irritiert das Kind und bringt es innerlich in einen Mini-Kollaps. Dieser hindert es dann aber auch daran, Sachen zu tun, die nicht gut für es sind. Wenn sich das Gefühl Scham entwickelt, ist also der Blick der liebsten Bindungs- und Beziehungspersonen entscheidend, denn der kleine Mensch verinnerlicht die Qualität dieser Beziehungsatmosphäre.

Versäumen Eltern nun langfristig in dieser Entwicklung, das innere Gleichgewicht des Kindes wiederherzustellen, indem sie das Kind (wieder) liebevoll anschauen und die emotionalen Bedürfnisse nach Geborgenheit und Zugehörigkeit erfüllen, dann verbleibt es gewissermaßen in diesem inneren Kollaps. Es kann passieren, dass Kinder dann nicht mehr freudig und neugierig ihr Umfeld zu entdecken wagen. Eltern können also auf entsprechende Signale achten und auf sie reagieren, indem sie einen entsprechenden Ausgleich herstellen.

Wenn das Kind jedoch in seinen frühen Bedürfnissen von seinen Bezugspersonen Zurückweisung erfährt, Grenzüberschreitungen stattfinden oder es demütigende und beschämende Sätze zu hören bekommt, dann entsteht eine andere Wirkungsweise, die nicht mehr konstruktiv ist: die ungesunde Scham, die vor allem mit Schmerz und Angst verbunden ist und die gesamte Entwicklung des Selbstwertgefühls beeinträchtigt. Die ungesunde Scham vermittelt das Gefühl, dass sie nichts richtig machen, nichts wiedergutmachen oder korrigieren können. Das Einzige, was bleibt, ist, sich zurückzuziehen und unsichtbar zu werden.

So kann weder ein gesunder Selbstwert wachsen noch ein positives Selbstbild entstehen. Die Menschen werden unsicher und sind stets auf eine Rückmeldung von außen angewiesen. Ich erlebe das häufig, vor allem bei Müttern. Und wenn wir dann im Gespräch auf die Frage kommen, ob sie die genannten Aspekte (Zurückweisung, Missachtung, Abwertung) aus ihrer Herkunftsfamilie kennen, dann können oft Zusammenhänge hergestellt werden.

So ist bei Britta gar nicht so sehr der Druck von außen entscheidend, sondern vielmehr die Frage, wie sie mit dem Druck umgeht. Je selbstbewusster und klarer sie sein kann, desto besser kann sie in diesen Situationen mit ihrem kleinen Sohn umgehen und für ihn da sein. Ihre Scham jedoch und ihr eigener innerer Druck, unbedingt alles »gut« und »richtig« machen zu wollen, aus Angst, sonst Ablehnung und Zurückweisung zu erfahren, sind ihr im Wege. Sich diese Wirkungsweise klarzumachen, sich Menschen zu suchen, die einen bestärken, kann dazu führen, dass wir langfristig weniger schnell in Stress geraten und in späteren Situationen zunehmend (selbst-)bewusster agieren können.

Folgendes habe ich Britta geantwortet:

Wutanfälle in der Autonomiephase, Teil 2

Liebe Britta,

das ist der klassische Wutanfall, so wie er im Buche steht (in meinem übrigens. Hast du das? *Was unsere Kinder brauchen – 7 Werte für eine gelingende Eltern-Kind-Beziehung*). Ich beschreibe dir mal, was konkret in den Kindern vorgeht:

Das Kind (Ole ist genau in dieser Phase) ist in seiner Zielplanung in dieser Zeit (noch) sehr starr im Gehirn (er ist so beschaffen, er kann nicht anders). Wir können uns das an einem typischen Beispiel etwas verdeutlichen: Das Kind will ein Eis – oder eben wie bei dir: Es will auf die Straße. Es hat also etwas im Sinn und will genau das umsetzen (Straße, Straße, Straße!) – und zwar jetzt, weil es starr und sehr klar auf dieses Ziel ausgerichtet ist. Wird es dann in seiner Tätigkeit gestört, wird quasi von ihm verlangt, dass es umplanen muss (du stellst dich in den Weg). Damit steht eine nicht vorhersehbare Veränderung auf dem Plan (oh, Mama steht da im Weg!) oder das Kind wird bei der Ausführung gar unterbrochen. Auch Ole ist auf diese entwicklungsbedingte innere Starrheit zurückgeworfen und braucht sofort neue Handlungsalternativen (die er aber noch nicht hat).

Es passiert jedoch noch mehr: Ole wird nun nämlich plötzlich von Ärger und Wut gepackt und von diesen für ihn in dieser Wucht unbekannten Gefühlen übermannt. Insgesamt gerät er in einen merkwürdigen Zustand, er fällt in eine innere Starre und ist handlungsunfähig. Es kommt zu einem »emotionalen Kurzschluss«, einer Art »inneren Systemzusammenbruchs«. Das Kind sieht »rot« und weiß weder ein noch aus. Man kann das durchaus mit einem Nervenzusammenbruch vergleichen.

Das ist die Phase des Wutanfalls, in der wir Eltern kaum eine Chance haben, an unser Kind heranzukommen. Genau das hast du erlebt! Ole gerät in eine tiefe innere Not. Diese Not äußert sich bei Kindern meistens durch lautes Weinen und Schreien – wie bei Ole. In dieser Situation ist das Kind wie gefangen und hilflos allem ausgeliefert. Das Kind wirkt außerdem jetzt wie von der Außenwelt abgeschirmt. Fast, als wäre es auf einem anderen Planeten. Und: Es ist jetzt nicht mehr in der Lage, die Situation zu überblicken oder zu kontrollieren. Es kann sich in dem Moment nicht aus eigener Kraft daraus befreien.

Und jetzt kommt noch etwas Zweites dazu. Denn als ob das nicht schon genug wäre, entsteht ein völliges Gefühlschaos aus

Hilflosigkeit,

Ärger,

Wut

und Unverständnis.

Das Kind wird von diesen unbekannten Gefühlen regelrecht überfallen, und zwischen seinem Ärger und Unverständnis bleibt ihm nur eins: die Verweigerung, das Sich-auf-den-Boden-Schmeißen, das Toben, das Schreien.

Wichtig ist nun: Das Kind muss seine Gefühle kennenlernen dürfen. Und damit das passieren kann, ist es wichtig, dass Eltern in dieser Zeit mitfühlen, die Gefühle benennen und spiegeln und auch insgesamt viel mit dem Kind sprechen. Vor allem über das, was in ihm vorgeht, also über Gefühle: Oh, ich sehe, dass du wütend bist, du ärgerst dich, das tut mir leid!

Natürlich reagiert Ole nicht darauf, indem er sagt: Ahaaaaa, danke Mama! Jetzt verstehe ich also: Das Gefühl, das ich habe, ist Ärger! Nein, er hört dich aber trotzdem, und das Ziel ist nicht, dass er sich so schnell wie möglich beruhigt. Sondern dass er mit seiner Wut nicht alleine ist. Du kannst es ihm also nicht recht machen.

Ob das außergewöhnlich und Ole »nicht normal« ist?

Wie gesagt: Es ist der klassische Wutanfall in der Autonomiephase! Das ist nicht außergewöhnlich, auch wenn es sich so für dich anfühlt. Sein Gefühl ist ganz, ganz stark, und ich weiß, dass es für dich unangenehm ist, seine Wut auszuhalten. Kinder bringen uns an Gefühle, die wir nicht so gerne spüren, weil wir selbst Unangenehmes damit verbinden. Deshalb ist es oft doppelt schwer.

Die Blicke der Umstehenden?

Lass mal die anderen Leute raus – das macht so viel zusätzlichen Druck. Du bist keine »schlechte Mutter« (was ist das überhaupt?), nur weil die anderen Menschen dich anschauen und sehen, dass dein Kind Gefühle zeigt. Mach dich und dein Gefühl nicht von der Zustimmung Außenstehender abhängig. Ich kann deine Scham nachempfinden, und trotzdem: Stell dich an die Seite von Ole. Lass dich nicht verunsichern, nur weil du vor fremden Leuten besser dastehen willst. Ole braucht dich, und du darfst selbstbewusst für ihn da sein.

Du sagst: »Ich meine, es muss doch möglich sein, auch mal Nein zu sagen, ohne dass er gleich so ausrastet!«

Leider ist das im Moment nicht möglich. Es ist wichtig, dass du das »Nein« und deine klare Positionierung, wenn nicht anders machbar, nicht scheust beziehungsweise auch nicht dauernd auf dem Nein beharrst. Er hat es schon verstanden, und er darf auch traurig und wütend sein, dass sein Plan jetzt nicht aufgeht – also hör bitte auch auf, von ihm Verständnis zu erwarten. Du hast ihn frustriert, das war nicht zu vermeiden, und er darf nun auch sein Gefühl leben. Also sei selbstbewusst. So ist das eben. Er kann nicht auf die Straße, weil du das für zu gefährlich hältst, und er zeigt seine Enttäuschung in dieser Form – er kann nicht anders, und es steht ihm auch zu.

Was kannst du tun? Es gibt eigentlich nur zwei Möglichkeiten:

1. Ausharren in der Situation und abwarten
   oder
2. Das Kind nehmen und die Situation verlassen

Meine Lösung war eigentlich immer die zweite. Ich fand das Ausharren in dieser Situation (gerade in der Öffentlichkeit) einfach nicht hilfreich für mich und bin mutig auf meinen

Sohn zugegangen. Ich habe die obigen Sätze gesagt: Ja, ich sehe, du ärgerst dich! Das kann ich verstehen! Zack, hochnehmen … weitergehen … woandershin … Bewegung reinbringen! Weiterreden! Laufen, laufen, laufen … Köpfchen streicheln, wahrnehmen, dass er nicht will … wieder das Gefühl spiegeln, den Ärger benennen … den Frust verstehen, in Kontakt bleiben! Es geht nicht darum, dass das Kind aufhört zu toben. Es geht darum, dass wir das Toben mit ihnen »durchstehen« und sie auch in ihrer Wut aushalten.

Diese Form, mit Kindern zu kommunizieren, ist für ihre emotionale Entwicklung sehr hilfreich, denn: Wenn der emotionale Inhalt gespiegelt und mit der Situation zusammengebracht wird, dann können die emotionalen und physiologischen Prozesse zusammen stattfinden. Wenn dies nun im ständigen vertrauensvollen Miteinander geschieht und durch einen Halt gebenden, guten Körperkontakt auch Oxytocin ausgeschüttet wird, dann macht das Kind nicht nur auf der Beziehungsebene gute Erfahrungen, sondern es werden auch neuronale Verbindungen im Gehirn ge- und verstärkt. Was dann passiert, ist, dass diese vorgefertigten Pfade gefestigt, ausgebaut und mit der Zeit vernetzt werden.

Es ist also davon auszugehen, dass Körperkontakt, feinfühlige Fürsorge und Verbalisierung sowie die Spiegelung der Gefühle im Umgang mit Kindern dazu führen, dass die emotionalen Hirnbereiche konstruktiv angesprochen werden und sich dadurch rasant entwickeln. Das wiederum ermöglicht Kindern im Aufwachsen, langfristig einen guten Zugriff auf ihre eigenen Gefühle zu erlangen, und gibt ihnen die Möglichkeit, ihre eigenen Bedürfnisse auf emotionaler Ebene zu erkennen, zu verbalisieren und auch selbst zu regulieren. Festzuhalten ist also, dass ein vertrauensvoller, wertschätzender und liebevoller Umgang und das Benennen der entsprechenden Gefühle die emotionalen Bereiche im Gehirn konkret ansprechen, zu einem besseren Emotionsverständnis und einer besseren Regulation von Emotionen führen.

Er kann zwar nicht sagen: Danke, Mama, für dein Verständnis! Und doch: Er hört dich … und sein Gehirn speichert wesentliche Zustände ab. Du bist die Verbindung zur Welt – er ist in diesem Moment in tiefer Not und in sich gefangen, dass er nicht reagieren kann. Er darf spüren, dass du da bist – auch wenn er dich (scheinbar) ablehnt. Er braucht

dich und deine Stimme,

dich und deine Klarheit,

dich und deine Sicherheit.

Er ist völlig haltlos, und wenn du nur abwartest und selbst unentschlossen bist, dann kannst du ihm den Halt, den er braucht, nicht geben!

Deshalb braucht Ole eine Mutter, die klar und entschlossen ist. Eine Mutter, die vermittelt: Ja, so ist das jetzt! Das ist ärgerlich! Ich verstehe das, und ich halte deinen Frust auch mit aus! Je klarer du bist, desto mehr Halt vermittelst du – je unklarer und unsicherer du wirkst, desto unsichtbarer bist du für ihn und desto weniger spürt er dich. Und hab keine Angst! Mit jeder dieser Erfahrungen kann Oles Gehirn sich sicherer vernetzen und verschalten und ganz wesentliche Zustände in seinem emotionalen Gehirn abspeichern. Er spürt: Aha! So fühlt sich also Wut an, und wenn ich wütend bin, dann muss ich nicht alleine sein. Mama ist da und sie hält mich aus – sie hat keine Angst vor mir, und sie lässt mich nicht im Stich, sie versteht mich und hält mich.

Hört das auch mal wieder auf?! Es dauert ein wenig. Tut mir leid. Je mutiger und klarer du in den Situationen bist, desto besser ist die Erfahrung für ihn, und jede Erfahrung führt ein Stück aus dieser extremen Phase raus!

Ganz liebe Grüße zurück, deine Katia

Wir sind nun tief in die Gefühlswelt der Eltern eingetaucht und haben die Zusammenhänge der emotionalen Entwicklung im Kindesalter und auch mögliche Auswirkungen auf das spätere Handeln hergestellt.

Für unseren Alltag mit den Kindern kann es hilfreich sein, sich zu fragen: Warum habe ich jetzt gerade den Impuls, eine

Konsequenz auszusprechen oder eine Sanktion zu verhängen? Und weiterführend: Welches Gefühl habe ich gerade? Habe ich Angst, die Kontrolle zu verlieren? Stehe ich unter Druck? Wenn ja, wer oder was setzt mich so unter Druck? Oder: Bin ich wütend, weil ich das Gefühl habe, vom anderen (dem Kind) nicht gehört oder nicht ernst genommen zu werden? All diese Fragen können helfen, unsere Reaktionen im Alltag besser zu verstehen, und dazu führen, dass wir bewusster und gelassener handeln.

Wenn Eltern ihre eigene Gefühlswelt besser kennenlernen, grundsätzlich versuchen, Machtkämpfe zu vermeiden, Verständnis zu zeigen, Kindern auch Kompromisse als Handlungsalternativen vorzuschlagen und so Unterstützung anzubieten sowie Räume zur Autonomie für eine eigene Entscheidung zur Verfügung zu stellen, kann aus einem Gegeneinander ein Miteinander werden. Alternativ können wir auch unsere Kinder fragen, ob sie selbst eine Idee haben, und brauchen keinen Kompromiss vorzuschlagen. Hier erhalten wir oft wertvolle Anregungen von Kindern. Also, nur Mut!

Kapitel 3

Strafen, Konsequenzen, Sanktionen – was dieser Umgang mit Kindern macht

Eine Strafe ist die Sanktion eines bestimmten – meist von Erwachsenen nicht erwünschten – Verhaltens. Durch die Strafe soll das Verhalten eines Kindes an ein von Erwachsenen gewolltes Verhalten angepasst werden. Strafen sind also absichtlich herbeigeführte Ereignisse, die zu unangenehmen inneren Zuständen führen, die die Betroffenen im Allgemeinen vermeiden möchten. So entziehen oder verbieten wir Kindern das, was ihnen wichtig ist:

→ Beschränkung der Freizeit (sich mit Freunden treffen),
→ Einschränkung ihrer Medienzeit (z. B. Handyverbot),
→ Einschränkung der gemeinsamen Zeit (die Vorlesezeit),
→ Liebesentzug beziehungsweise -einschränkung (Kuschelzeit).

Oder wir belegen sie mit (Zwangs-)Maßnahmen. Diese Form des Umgangs geschieht im Alltag oft. Jemanden zwingen bedeutet, ihn mit Gewalt zu etwas zu bringen. Hier unterscheiden wir zwischen körperlicher und psychischer Gewalt.

Körperliche Strafen

Ein Schlag auf die Hand

Eine Mutter ist an einem sonnigen Frühlingstag mit ihrer einjährigen Tochter auf dem Weg zum Spielplatz. Die kleine Sarah sitzt im Kinderwagen und schaut interessiert in die Welt. Die Mütze rutscht ihr über die Augen, und sie zieht die störende Kopfbedeckung vom Kopf. Die Mutter wird nicht müde, ihr aus Sorge die Mütze immer wieder schützend über die Ohren zu ziehen. So entwickelt sich ein Hin und Her, und die Unzufriedenheit von Mutter und Tochter steigert sich sekündlich. »Wenn du jetzt nicht aufhörst, dann muss ich dir wehtun! Wer nicht hören will, muss fühlen«, sagt die Mutter schließlich, nimmt die Hand des kleinen Mädchens, schlägt einmal darauf und setzt ihm dann mit Nachdruck die Mütze wieder auf den Kopf.

Grobes Schütteln am Arm

Freunde haben zum gemeinsamen Essen eingeladen. Ein junges Elternpaar sitzt mit seinem zweieinhalbjährigen Sohn Fabian am Tisch des befreundeten Pärchens. Der volle Teller steht vor dem Jungen, und er greift zu. Der Vater knufft ihn unsanft in die Schulter und schüttelt ihn grob am Arm. Die Freunde der Eltern sind erstaunt und fragen verwundert nach, woraufhin der Vater mit Überzeugung in der Stimme begründet: »Wir beginnen immer gemeinsam mit dem Essen. Das weiß er ganz genau. Er muss lernen, dass er nicht alles mit uns machen kann und uns respektvoll begegnen soll.« Die Freunde der Eltern werfen ein, dass Fabian doch erst zweieinhalb Jahre alt sei, der Vater jedoch beharrt auf seiner Meinung.

Die Ohrfeige

Eine Mutter geht mit ihren zwei Kindern (fünf und zwei Jahre) im Park spazieren. Sie nähern sich einer großen mehrspurigen Straße, die am Rande des Parks verläuft. Der fünfjährige Luis läuft im Eiltempo auf die Straße zu, während seine kleine Schwester die Richtung wechselt und zurück auf die Wiese im Park läuft. Die Mutter kann nicht beiden Kindern gleichzeitig hinterherlaufen und ruft dem älteren der beiden zu, er möge stehen bleiben, während sie ihre kleine Tochter »einfängt«. Luis dreht sich zu seiner Mutter um, streckt ihr fröhlich die Zunge heraus und läuft weiter in Richtung Straße. Die Mutter bekommt Angst und schreit ihren Sohn laut an, er soll sofort stehen bleiben. Sie packt ihre kleine Tochter unter den Arm und rennt Luis hinterher. In allerletzter Sekunde erreicht sie ihn und zieht ihn von der Straße runter. Kaum hat sie ihre kleine Tochter abgesetzt, gibt sie ihm eine Ohrfeige, woraufhin er bitterlich zu weinen anfängt.

In allen drei Situationen übernehmen die Erwachsenen keine Verantwortung für ihr Handeln. Im Gegenteil: Sie suggerieren noch, dass das Kind selbst schuld daran sei, dass es geschlagen wird. Für den Vater des kleinen Jungen gehört Gewalt als allgemein akzeptiertes Erziehungsmittel zum Umgang mit Kindern selbstverständlich dazu; die Mutter des kleinen Mädchens setzt ebenfalls eine körperliche Strafe ein, wird jedoch von schlechtem Gewissen geplagt und rechtfertigt ihren Klaps mit dem Satz: »Wer nicht hören will, muss fühlen!« Die Mutter von Luis weiß sich nicht anders zu helfen, sie hat Angst und ist überfordert – und bestraft ihr Kind dafür.

Die Kinder erfahren mit jedem Schlag eine ganz bestimmte Botschaft von ihren Eltern, nämlich die, dass sie so, wie sie sind, »nicht richtig«, nicht gewollt und wertlos sind. »Du bist nicht okay, so wie du bist« ist eine persönliche Demütigung, die zu einer Beschädigung des Selbst führt und die Kinder in ihrer seelischen Entwicklung stark beeinträchtigen kann. Dadurch kann es langfristig zu schweren Entwicklungsstörungen kommen.

Alle drei Kinder drücken ihren Schmerz über lautes Weinen aus. Dies hat zwei Gründe. Zunächst sind sie erschrocken über den unerwarteten Schmerz, den ihnen eine nahe, geliebte Bindungsperson zugefügt hat. Dieser Person vertrauen sie bedingungslos. Umso größer ist der empfundene Schmerz. Die Tränen drücken jedoch auch Schuldgefühle und die Empfindung von Scham angesichts der erfahrenen Entwürdigung aus. Dies spüren Kinder in jedem Alter. Später, wenn Kinder älter oder erwachsen sind, kann dieses Gefühl umschlagen in Verachtung der einst vertrauten und geliebten Bezugsperson. Schwierig wird es auch, wenn Kinder aufgrund der erlebten Reaktion der Umwelt ihre Gefühle irgendwann für sich behalten – also das Weinen unterdrücken – und sie nicht mehr zum Ausdruck bringen, denn dann ist das Vertrauen nachhaltig gestört.

Der berühmte Klaps und warum er schädlich ist

Wird ein Kind geschlagen, so werden seine persönlichen Grenzen massiv verletzt und missachtet, indem ihm körperliche Schmerzen zugefügt werden. Und es ist egal, ob es sich um eine Ohrfeige handelt oder um Schläge mit der bloßen Hand, mit dem Kochlöffel, dem Gürtel oder dem Teppichklopfer. Gewalt ist Gewalt. Daher möchte ich auf alle ihre Formen schauen, auch auf extreme. Ich möchte ein Bewusstsein dafür schaffen, dass Kinder auch heute noch in ihren Familien körperlicher Gewalt ausgesetzt sind. Auch wenn es hinter verschlossenen Türen geschieht, passiert es doch inmitten unserer Gesellschaft, nicht selten vor unseren Augen – wir müssen nur hinsehen. Die Fakten und Zahlen sprechen für sich.

Leider – und das muss man so klar sagen – sind Fortschritte bei der Bekämpfung von Gewalt an Kindern kaum zu erkennen. Die Auswertung der Kriminalitätsstatistik für das Jahr 2015 durch die Deutsche Kinderhilfe ergab, dass 130 Kinder in ihren Familien einem Mord oder Totschlag zum Opfer fielen. 2010 waren es 183 Todesfälle nach häuslicher Gewalt. Die Rede ist hier nicht von Kindern, die Fremden zum Opfer gefallen sind; die Rede ist ausdrücklich von häuslicher Gewalt, von Gewalt in den Familien.

Die Deutsche Kinderhilfe fordert angesichts der insgesamt 1.935 getöteten Kinder in den vergangenen zehn Jahren strukturelle Reformen des Kinder- und Jugendschutzes in Deutschland. Im Schnitt kommen nach Angaben des ehemaligen Vorsitzenden der Kinderschutzorganisation Deutsche Kinderhilfe, Georg Ehrmann, »nach wie vor mehr als drei Kinder pro Woche zu Tode«.

Nicht jedes Kind, das Gewalt erfährt, wird sichtbar verletzt oder stirbt. Das ist jedoch kein Grund, andere Formen der Gewalt zu verharmlosen. Nicht nur Kinder aus sogenannten bildungsfernen Schichten sind gefährdet. Auslöser für Gewalt gegen Kinder sind Stress und Überforderung, und so existiert Gewalt in allen Formen und allen Schichten als ein gesamtgesellschaftliches Phänomen. Eine im Jahr 2012 vom Forsa-Institut im Auftrag der Zeitschrift *Eltern* erstellte Studie offenbart dramatische Zahlen. 40 Prozent der Eltern gaben an, ihre Kinder zu verprügeln (»Hintern versohlen«), weitere 10 Prozent schlagen ihre Kinder ins Gesicht (»Ohrfeige«). Die Hälfte aller Eltern greift also zu körperlicher Gewalt.

Zu berücksichtigen ist bei diesen Angaben, dass Gewalt ein schambesetztes Tabuthema ist. So wurden bei der Datenerhebung nur Eltern berücksichtigt, die bereit waren, über ihr Gewaltverhalten Auskunft zu erteilen. Es ist deshalb von einer hohen Dunkelziffer auszugehen.

Wir wissen zwar, dass es »nicht gut« ist, Kinder zu schlagen, der Wandel hin zu einer gewaltfreien Erziehung ist aber offensichtlich noch nicht in den Köpfen und im Verhalten angekommen. Besonders erschütternd ist es, dass wir in einer Gesellschaft leben, in der wir für Kinder zwar ein gesetzliches Recht auf eine gewaltfreie Erziehung verabschiedet haben, nach wie vor jedoch die Anwendung von körperlicher Gewalt nicht selten zum praktizierten Erziehungsmittel gehört und grobes Anfassen oder ein Klaps oft verharmlost werden.

Das hat auch damit zu tun, dass hier zwei Rechtsprinzipien kollidieren. Zwar verbietet das Bürgerliche Gesetzbuch körperliche Gewalt gegen Kinder. Zugleich jedoch erklärt das Grundgesetz (GG) die Erziehung zur obersten Obliegenheit der Familie, die Kinder also gleichsam zur »Privatsache« der Familie.

Artikel 6 GG

(1) Ehe und Familie stehen unter dem besonderen Schutze der staatlichen Ordnung.

(2) Pflege und Erziehung der Kinder sind das natürliche Recht der Eltern und die zuvörderst ihnen obliegende Pflicht. Über ihre Betätigung wacht die staatliche Gemeinschaft.

(3) Gegen den Willen der Erziehungsberechtigten dürfen Kinder nur aufgrund eines Gesetzes von der Familie getrennt werden, wenn die Erziehungsberechtigten versagen oder wenn die Kinder aus anderen Gründen zu verwahrlosen drohen.

Dieser Artikel garantiert das unantastbare Grundrecht der Familie, die Erziehungsverantwortung für Kinder zu gewährleisten. Hintergrund ist der Schutz vor der staatlichen Allzuständigkeit, wie sie in Deutschland in totalitären Systemen praktiziert wurde, um der Familie einen privaten Schutzraum zuzuerkennen, in dem Kinder sich in einer staatsfernen und von persönlicher Zuwendung durch die Eltern geprägten Kindheit entwickeln können. Und wenn es richtig ist, dass die Familie ein Schutzraum des Privaten ist, so kann die Auslieferung von Kindern an dort praktizierte Gewalt nur durch einen gesamtgesellschaftlichen Paradigmenwechsel unterbunden werden. Das heißt: keinerlei Gewalt gegen Kinder zuzulassen und ihr nicht tatenlos gegenüberzustehen, weder auf der Straße noch wenn dies hinter verschlossenen Türen zu hören ist. Der Staat kann nicht in die Familien hineinregieren, daher ist jeder Einzelne von uns verpflichtet, jederzeit und überall einzuschreiten, wenn Kinder misshandelt werden. Familie ist ein Schutzraum des Privaten, aber physische oder psychische Gewalt gegen Kinder ist keine Privatsache.

Mir begegnen durchaus Eltern, in deren Wertvorstellungen Gewalt nach wie vor verankert ist. Ich treffe auch auf Eltern, die ihre Kinder ab und zu schlagen, denen »die Hand ausrutscht« oder »der Kragen platzt«. Und auch wenn manche hinterher von einem schlechten Gewissen geplagt werden, scheint das Bewusstsein für die Folgen von derartigen erzieherischen Maßnahmen wenig entwickelt zu sein. Zwischen »Nein, das sollte man nicht machen« und »Wieso nicht, ein Klaps hat noch keinem geschadet« gibt es viele verschiedene persönliche Ansichten. Ganz so, als ob es die Privatsache der Eltern sei, ob sie ihr Kind schlagen. Dabei ist die juristische Sachlage klar.

§ 1631, Abs. 2 BGB
Kinder haben ein Recht auf gewaltfreie Erziehung. Körperliche Bestrafungen, seelische Verletzungen und andere entwürdigende Maßnahmen sind unzulässig.

Dieser Paragraph wurde im Jahr 2000 novelliert; vorher hatte es im Gesetzestext weit weniger eindeutig und entschieden geheißen: »Entwürdigende Erziehungsmaßnahmen, insbesondere körperliche und seelische Misshandlungen, sind unzulässig.« Die Stärkung der Kinderechte durch diese – wenn auch recht späte – Novellierung ist begrüßenswert.

Doch die eigentlich notwendige staatliche und gesellschaftliche Kampagne, die hätte folgen müssen, ist bis heute ausgeblieben. Es scheint keine wirkliche Einigung auf einen neuen gesellschaftlichen Konsens zu geben – einer Verhaltensänderung muss immer eine Haltungsänderung vorausgehen. Diese Haltungsänderung hat gesamtgesellschaftlich (noch) nicht stattgefunden.

Schweden – ein gelungenes Beispiel

Schaut man hingegen nach Schweden, dann findet man ein wunderbares Beispiel dafür, wie die Haltung einer ganzen Generation und aller Generationen, die auf sie folgen werden, verändert werden kann.

In Schweden wurde das Gesetz gegen die Züchtigung von Kindern im Jahr 1979 verabschiedet. Natürlich führte diese Tatsache allein nicht dazu, dass Eltern ihre Haltung und ihr Verhalten änderten. Die schwedische Regierung begleitete – auf ausdrücklichen Wunsch der Eltern – das neue Gesetz mit einem ausführlichen »Kinder- und Eltern-Kodex« und startete eine breit angelegte Aufklärungskampagne.

Auf Milchpackungen wurden Slogans gegen die Züchtigung von Kindern gedruckt. Zudem fand jeder Haushalt in seinem Briefkasten eine Broschüre mit dem Titel *Wie erziehe ich mein Kind ohne körperliche Züchtigung?*. Diese Broschüre wurde zu einem Leitfaden einer neuen, »positiven« Elternschaft. Zudem wurde eine Meldepflicht eingeführt: Wer bemerkt, dass Eltern ihr Kind schlagen oder in anderer Weise züchtigen, muss dies anzeigen. Gewalt gegen Kinder, so war die eindeutige Botschaft, die heute für jeden Schweden eine Selbstverständlichkeit ist, ist keine Privatsache.

Was dieser Haltungswandel bewirkt – und wie sich die Schweden darin von anderen Nationen unterscheiden –, zeigt ein Fall, der im Jahr 2011 durch die Presse ging. Ein italienischer Tourist hatte seinem zwölfjährigen Sohn in Schweden auf offener Straße eine Ohrfeige gegeben, als dieser, ohne nach rechts und links zu schauen, die Straße überqueren wollte. Der Vater wurde von

Passanten angezeigt und kam vor Gericht. Drei Tage verbrachte er im Gefängnis und musste zudem ein Bußgeld bezahlen.

Wie schaffen wir den Wandel?

Zurück nach Deutschland: Die Deutsche Kinderhilfe setzt sich seit Jahren für Kinderrechte ein und fordert einen *Nationalen Aktionsplan Kinderschutz*, der auf Kampagnen und eine gezielte Beratung und Unterstützung der Eltern setzt. Sie plädiert für einen gesamtgesellschaftlichen Mentalitätswandel und mahnt, bei Gewalt müsse der Null-Toleranz-Grundsatz gelten. Was kann diesen Mentalitätswandel herbeiführen? Ohne bürgerschaftliches Engagement und eine Kultur des Hinsehens wird dies nicht gelingen. Dazu bedarf es aber auch des politischen Willens.

»Gäbe es vergleichbare verheerende Zahlen über rassistische, homophobe oder antifeministische Gesinnungen in der Gesellschaft, würde es zu Recht einen Aufschrei aller Interessengruppen, Gewerkschaften, Parteien, Verbände bis zu den Kirchen geben. Die tägliche Gewalt gegen Kinder in Deutschland sollte Gleiches hervorrufen«, so Georg Ehrmann, ehemaliger Vorstandsvorsitzender der Deutschen Kinderhilfe.

Keine Frage: Spätestens seit den Siebzigerjahren hat sich in Deutschland einiges in der Art und Weise geändert, wie wir Kinder in unserer Gesellschaft wahrnehmen und mit ihnen umgehen. Wenn wir jedoch die Augen vor den Folgen von Gewalt an Kindern verschließen, haben wir nicht wirklich etwas erreicht.

2005 – fünf Jahre nach der Novellierung des § 1631, Abs. 2 BGB – sorgte ein Berliner Generalstaatsanwalt für Aufruhr, als er öffentlich bekannte: »Einen Klaps lasse ich mir nicht verbieten.« Mit diesem Statement wurde eine neue Diskussion über den Sinn und Unsinn von körperlicher Gewalt, Ohrfeigen und Klapsen angestoßen.

Jeder Klaps schadet! Die Haltung, dass die Erwachsenen ihre Macht über Kinder gewaltvoll ausüben dürfen, zeugt von einer geradezu archaischen, tief verwurzelten, oft selbst erfahrenen und nicht verarbeiteten Verletzung. Gewalt ist Gewalt. Genauso wenig, wie Frauen »ein bisschen schwanger sein« können, gibt es »ein bisschen Gewalt«.

Psychische Strafen

Auch Worte und nonverbales Verhalten können verletzen

Neben den körperlichen Strafen gibt es die psychischen Strafen. Hierzu gehören: ein schlechtes Gewissen machen, psychisch verletzen beziehungsweise kränken, auslachen, anklagen, ironisieren, herabsetzen, drohen, gehässig kritisieren, triumphierend provozieren, Vorwürfe machen, ausschimpfen, ein leidendes Gesicht machen, sich zurückziehen, ignorieren und schweigen, Liebesentzug, Vernachlässigung, Beleidigungen und Sätze wie »Du bist doch nichts wert«, »Du kannst aber auch nichts richtig machen!«, »Nimm dich nicht so wichtig!«, »Du bist zu dumm für die Schule!«, »Aus dir wird nie was!« oder sogenannte »Double Binds«.

Double Binds sind paradoxe Botschaften, bei denen das Gesagte nicht mit der Mimik, Körperhaltung oder Stimmlage übereinstimmt. Das Kind weiß nicht, welchem Teil der Botschaft es glauben soll: dem Inhalt des Gesagten oder dem, was über Mimik, Gestik, Stimme und Körpersprache bei ihm ankommt. Seine Wahrnehmung wird so auf die Probe gestellt, und es lernt, sich selbst und seiner Wahrnehmung nicht mehr zu vertrauen.

Psychische Strafen sind in der Beziehungsatmosphäre (oft auch subtil) spürbar und wirken stark – viel stärker, als wir denken – auf der emotional-seelischen Ebene; sie können Bindungsmuster langfristig beeinflussen.

Oft reagieren Eltern nicht nur auf das »Fehlverhalten« der Kinder mit Vorwürfen und Drohungen, sondern schimpfen und kritisieren sie auch noch wegen der folgenden Tränen. Dies stellt eine weitere Kränkung des Kindes dar. Es empfängt folgende Botschaft: Nicht nur mein Verhalten war verkehrt und hat die Mutter oder den Vater gekränkt, auch mein Gefühl, die aufkommende Trauer, ist falsch und wird negativ bewertet. Wenn Eltern ihre Kinder nach einem Vorfall ignorieren oder in Schweigen verfallen, findet ein Kontaktabbruch zwischen ihnen und ihrem Kind statt. Das Kind bleibt mit seinen Gefühlen allein und verfällt in eine tiefe Einsamkeit. Es erlebt neben starken Gefühlen eine Trennung zu seinen wichtigsten Bezugspersonen. Schmerz, Angst und Wut werden gespeichert. Diese innerpsychischen Vorgänge sind nicht sichtbar, jedoch spürbar. Das Kind lernt: In tiefster Not bin ich einsam und alleine. Ich erfahre keine Verbindung und muss mit meinen Gefühlen allein zurechtkommen. Oft werden Schweigen und Ignoranz von kalten und abschätzigen Blicken begleitet.

> Es bleibt festzuhalten: Strafen sind Gewalt. Ob auf körperlicher oder seelischer Ebene zugefügt, Gewalt bei Kindern verursacht früh Verletzungen und tiefe Kränkungen. Psychische Strafen wirken wie Hämatome auf die Seele, deren Heilung oft langwierig ist.

Die Folgen von Strafen

Allen Formen von Gewalt ist gemein, dass sie die Grenzen des Kindes verletzen und das Kind so lernt, keine Grenzen haben zu dürfen. Diese Kinder können kein Gespür dafür entwickeln, was Grenzen überhaupt sind. Auch in ihrem späteren Leben werden sie wahrscheinlich immer wieder die Erfahrung machen, dass andere Menschen ihre Grenzen übergehen, da sie nicht gelernt haben, Stopp zu sagen.

Ein liebevoller, gewaltfreier Umgang, der von Wertschätzung und Achtsamkeit geprägt ist, ist die Grundlage für ein gesundes Selbstwertgefühl. Kinder, die nie gelernt haben, dass sie es wert sind, gut behandelt und beschützt zu werden, können zu Erwachsenen werden, die nicht in der Lage sind, sich abzugrenzen, für sich zu sorgen oder ihre eigenen Bedürfnisse überhaupt nur zu erkennen. Sie haben die Erfahrung gemacht, selbst keine Kontrolle zu haben, und werden im späteren Leben häufig zu Menschen, denen Kontrolle sehr wichtig ist, um der Ohnmacht, der Hilflosigkeit und dem Ausgeliefertsein von früher nie wieder begegnen zu müssen. Oder es kann auch das Gegenteil passieren: Sie lassen weiterhin Grenzüberschreitungen zu, lassen sich von anderen abwerten und demütigen.

Manchmal verdrängen Betroffene die erlittenen Demütigungen auch und glauben, sich an eine gute Kindheit zu erinnern. Dennoch bringen genau diese verdrängten Erfahrungen die Menschen später dazu, eben jene Gewalt, die sie selbst erfahren haben, als Erziehungsmittel einzusetzen.

Die durch psychische Gewalt verursachten Verletzungen und Kränkungen zeigen sich später in eigenen Bindungs- und Beziehungsmustern in der Partnerschaft oder auch in der Beziehung zu den eigenen Kindern. Nicht selten treffe ich in der Beratung auf Eltern, die selbst als Kind tief getroffen wurden und jetzt im Kontakt mit ihren Kindern die Chance nutzen, an ihre eigenen frühen Verletzungen heranzukommen und diese auch zu bearbeiten. Denn sie wollen die eigenen seelischen Verletzungen nicht an ihre Kinder weitergeben.

Wir sind unseren Erfahrungen nicht hilflos ausgeliefert. Kommt ein innerer Prozess der Selbsterkenntnis und der Wille, unsere gelernten Mechanismen zu durchbrechen, in Gang, haben wir die Chance, diese Muster zu unterbrechen (siehe dazu Kapitel 4).

Alice Miller hat schon 1980 aus psychoanalytischer Sicht eindrucksvoll gezeigt, dass diese »Klapse« die kindliche Entwicklung aus verschiedenen Gründen und auf verschiedenen Ebenen verletzen und beschädigen.

- Sie bringen dem Kind Gewalt bei. Die Eltern fungieren dabei als Vorbild.
- Sie zerstören die Sicherheit, geliebt zu werden. Das Urvertrauen ist gestört.
- Sie erzeugen Ängste: Die Erwartung der nächsten Strafe ist immer präsent. Die Beziehung ist also nicht von Liebe und Vertrauen, sondern von Angst geprägt.
- Sie zerstören das Mitgefühl und die Sensibilität für andere und für sich selbst. Desensibilisierung ist die Folge. Die Fähigkeit, sich einzufühlen, Empathie zu entwickeln, wird zerstört. Ein inneres Wachstum ist nicht möglich, und die Entwicklung des Kindes wird beeinträchtigt.
- Sie produzieren Ärger, Wut und den vorerst noch unterdrückten Wunsch nach »Rache«. Das kann sich dann auch gegen Geschwister oder gegen andere Personen richten. Oft finden diese unterdrückten Wutgefühle erst im Erwachsenenalter ihren destruktiven Ausdruck, dann aber heftig.
- Sie erhalten eine Lüge aufrecht, indem vorgegeben wird, erzieherisch zu wirken.
- Sie »programmieren« das Kind, unlogische Argumente zu akzeptieren: »Wenn ich dir wehtue, geschieht es zu deinem Besten.« So wird das Kind darauf programmiert, den

Schmerz der Demütigung als nicht schmerzhaft zu regist-
rieren (Desensibilisierung).

Um gute und gesunde Beziehungen eingehen zu können, brauchen Kinder klare Vorbilder und Signale, die für eine sichere Bindung sprechen. Wenn dieselben Menschen, die vorgeben, dass
sie einen lieben, auch die sind, die schlagen, beleidigen oder
missbrauchen, dann wird entweder die eigene Wahrnehmung
infrage gestellt oder Liebe wird mit Gewalt gleichgesetzt. Vertrauen und wirkliches sich Einlassen sind nach Gewalterfahrungen eine echte Herausforderung. Häufig sind Überlebende von
sexualisierter Gewalt gar nicht in der Lage, Liebesbeziehungen
einzugehen. Oder aber sie begeben sich in Beziehungen, deren
Struktur genauso ungesund ist wie die Beziehungsstruktur ihrer
Kindheit.

Die schlimmsten zwei Zustände, die ein Kind erlebt, das Gewalt ausgesetzt ist, sind Ohnmacht und Einsamkeit in Situationen, die sich existenziell bedrohlich anfühlen und es häufig
auch sind. Die Welt ist kein sicherer Ort, an dem Urvertrauen
entwickelt werden kann. Und wann immer es im späteren Leben
eine Situation geben wird – und sei sie noch so klein (ein verlore-
nes Fußballspiel, eine schlechte Note) –, in der dieses Gefühl
von Ohnmacht oder von Einsamkeit wieder auftaucht, werden
dieselben neuronalen Netze im Gehirn aktiv, und das Gefühl von
existenzieller Bedrohung ist wieder ganz präsent. Darauf reagieren wir mit Flucht und Kampf.

Jede Form von Gewalt ist eine starke emotionale Erfahrung,
und die Folgen von Gewalt sind groß und lang anhaltend, sodass es nicht selten sogar zu psychischen Erkrankungen kommt.
Wenn wir unsere Kinder und deren Kinder vor diesem massiven
Verlust an Lebensqualität schützen wollen, ist es absolut notwendig, dass wir ihnen nicht mit Gewalt begegnen, indem wir
sie strafen, abwerten, ausschließen und demütigen, sondern mit
Respekt, Wertschätzung, Achtsamkeit und Liebe.

Grenzüberschreitungen im Alltag von Kindern

Im Alltag strafen Eltern oft unbewusst und auch, weil sie keine Alternativen kennen. Ich habe überdies oft mit Erwachsenen zu tun, die Strafen verhängen, weil sie selbst Teil von Systemen sind, die auf Macht, Unterwerfung und Ohnmacht aufgebaut sind, wie zum Beispiel das staatliche Schulsystem. So sagte neulich eine Lehrerin: »Ich weiß, dass die emotionale Ebene bei der Konfliktlösung wichtig ist, und doch bewegen wir uns hier im System Schule – auf Sanktionen können wir nicht verzichten, so ist das in diesem System nun mal. Die Kinder sollen die Folgen ihres Handelns spüren. Dafür sind zusätzliche Hausarbeiten, Nachsitzen und auch das Abschreiben der Schul- und Klassenregeln da.«

Strafarbeiten in der Schule

Liebe Frau Saalfrank,
mein Sohn Ben ist zehn Jahre alt und besucht die
5. Klasse einer Realschule. Er kam heute aus der Schule und erzählte, dass er von seiner Kunstlehrerin eine Strafarbeit aufbekommen hat, weil er sein Material vergessen hatte. Es war wohl das zweite Mal, und ich verstehe, dass die Lehrerin sauer ist. Trotzdem denke ich, dass man das auch anders klären kann als über eine solche Strafe. Ich zitiere mal ein paar Sätze aus dem Text:

»Diesen Text wirst du in aller Ruhe und vor allem sauber und fehlerfrei abschreiben. Das ist eine sehr langweilige, zeitraubende Arbeit, aber wahrscheinlich hast du (nicht zum ersten Mal) etwas für die Schule vergessen. Die Gründe dafür sind sicherlich vielfältig, und es sind meist die gleichen: ›Mama hat vergessen …‹, ›Ich habe leider das Falsche …‹, ›Ich finde nicht mehr … ‹ Ob das nun stimmt oder nicht ist uninteressant, denn letztendlich bist du alleine für dein Verhalten verantwortlich. Das heißt, dass du auch ganz alleine die Folgen für dein Betragen ausbaden musst. Die Zeit, die du mit dem Abschreiben dieses Textes verbringst, hättest du viel sinnvoller nutzen können: Du könntest zum Beispiel einen Einkaufsbummel machen, dich mit deinen Freunden treffen oder ein spannendes Buch lesen. (…) All dies kannst du jetzt leider nicht tun, weil du deine kostbare Zeit mit dem Abschreiben eines Textes über die Vergesslichkeit vergeudest. (…) Diesen Text hast du jetzt vollkommen unnötig abgeschrieben – hoffentlich zum letzten Mal! Aber möglicherweise hatte es auch etwas Gutes und du hast dir Gedanken über dein Verhalten gemacht. Zumindest konnte ich dir mal in Ruhe sagen, was ich von deiner Schlamperei halte. (…) Zum Schluss lässt du den abgeschriebenen Text noch von deinen Eltern unterschreiben und bringst ihn mir morgen wieder mit. Solltest du das wieder vergessen, wirst du ihn leider noch einmal abschreiben müssen.«

Zu Hause gehen wir anders mit Konflikten um. Wie reagiere ich denn jetzt?

Carola S.

Dieser Text klingt für den einen oder anderen vielleicht überzogen, andere wiederum reagieren mit Verständnis auf diese Vorgehensweise. So schreibt mir eine Lehrerin in Bezug auf eine geführte Diskussion zu einem solchen »Brief«:

»Ich kann aber bei 30 Kindern nicht immer nur reden. Je nach Klasse sind Konflikte mehrfach täglich an der Tagesordnung. Es gibt an vielen Schulen den Klassenrat, was gut ist. Aber ich kann nicht alle Konflikte durch Reden lösen. In der Schule soll neben sozialer Kompetenz auch Wissen nach Lehrplan vermittelt werden.«

Es gibt sogar Bücher, die Lehrern eine Art Bußgeldkatalog empfehlen, um auf Vergesslichkeit von Schülern und andere unerwünschte Verhaltensweisen im Unterreicht zu reagieren. Ich kann gut nachvollziehen, dass solche Maßnahmen für Lehrer verführerisch sind, und doch gibt es andere wertschätzende Wege, um Konflikte konstruktiv zu lösen. Es ist eine Entscheidung, die jeder Einzelne für sich treffen kann – auch in diesem System. Diejenigen Lehrer, die zu mir kommen, versuchen anhand von Supervision die erlebten Konflikte in Klassen mit Schülern anders zu lösen als durch Abschreiben von abwertenden Briefen. Auch im System Schule ist es möglich, wertschätzend und konstruktiv zu agieren. Man muss es vor allem auch wollen. Das erfahre ich durch meine Arbeit mit Lehrern. Und Sie als Eltern hoffentlich auch – trotzdem sind solche Strafaufgaben und die zitierte Lehrerin kein Einzelfall.

In meiner Praxis stellt sich in der Elternberatung dann vor allem die Frage, wie Eltern sich konstruktiv verhalten können, wenn Kinder mit solchen Sanktionen im Schulsystem belegt werden. Wie also kann Bens Mutter mit der Bestrafung ihres Sohnes umgehen? Wie können wir unsere Kinder stärken, wenn diese mit solch einem strafenden Umgang konfrontiert sind?

Eltern sollten sich trauen, die Mechanismen anzusprechen: die empfundene Grenzüberschreitung, die Demütigung, die Abwertung und den Machtmissbrauch. Diese Mechanismen lösen bei uns allen Gefühle aus, sie machen Kinder wütend, traurig und stellen sie als Person grundsätzlich infrage.

Ich erinnere mich daran, dass wir an unserem Abendbrottisch manchmal mit viel Humor die Strafmaßnahmen aus der Schule auf uns Erwachsene übertragen haben. So haben wir uns – um in dem Beispiel mit der Abschreibarbeit zu bleiben – vorgestellt, dass Papa nun einen langen Brief abschreiben und sich darin sagen lassen muss, dass er den Hausschlüssel vergessen oder seine Unterlagen für die Arbeit auf dem Tisch hat liegen lassen. Eine Vorstellung, die uns sehr belustigt und auch

Leichtigkeit in diese Situation gebracht hat. Wenn Kinder in diesen Gefühlen nicht bestärkt werden – ja, dein Gefühl ist richtig, das ist schmerzhaft, und es ist nicht in Ordnung, dass ein anderer Mensch dich so behandelt –, dann kann es passieren, dass sie ihrem eigenen Gefühl auf Dauer nicht mehr trauen und ihre eigenen Grenzen nicht mehr wahrnehmen. Ob dann die Strafarbeit einfach erledigt wird (sie ist mit der Leichtigkeit und den Eltern im Rücken vielleicht gar nicht mehr so schlimm) oder ob die Eltern in die Schule gehen und um ein Gespräch bitten, ist aus meiner Sicht zweitrangig.

Konsequenzen im Familienalltag

Auch in Familien finden tagtäglich Grenzüberschreitungen statt. Gerne sprechen wir von Konsequenzen und vermeiden das Wort »Strafe«. Strafen sind ein manipulativer Umgang, bei Konsequenzen sind die Manipulationen etwas weicher und eher subtiler geworden, die emotionale Wirkung für denjenigen, der sie empfängt, ist allerdings immer dieselbe. So kommt die Strafe lediglich in einem neuen Gewand daher.

Erwachsene sagen oft, dass Kinder Konsequenzen für ein bestimmtes Verhalten spüren sollten. Sie sollen lernen, dass ihr Handeln bestimmte Folgen hat. Oft wird von »liebevoller« oder auch »logischer Konsequenz« gesprochen. Diese Formen der Konsequenz sind jedoch häufig keine wahren und natürlichen Folgen des Handels der Kinder, sondern in der Regel durch uns Erwachsene aktiv herbeigeführte Sanktionen. Schauen wir einmal genauer hin: Wenn ein Kind zum Beispiel im Winter ohne einen warmen Mantel nach draußen geht, dann wird es wahrscheinlich frieren. Das wäre die »natürliche« Konsequenz. Wenn die Eltern allerdings verfügen, dass das Kind zu Hause bleiben muss, weil es nicht auf sie gehört hat, dann ist das eine Strafe. Die Eltern greifen aktiv ein und behaupten, dass ihr elterliches

Handeln und die verhängte Konsequenz die natürliche Folge des kindlichen Verhaltens sei. Das stimmt schlicht nicht.

Wenn ein Kind sein Glas Wasser umstößt, dann ist die »natürliche« Folge davon, dass der Tisch nass ist. Der Unterschied zwischen dem, was aus einem Verhalten von uns natürlich folgt, und dem, was Eltern im Gewand der »liebevollen oder auch logischen Konsequenz« als aktive Strafe verhängen, ist also ziemlich groß.

Während Konsequenzen in diesem Sinne unseren Wert als Menschen infrage stellen, sind Frieren oder auch eine nasse Tischdecke als Folge eines Verhaltens zwar ärgerlich, sie werten uns als Menschen jedoch nicht ab.

Wenn Ihr Kind eine für Sie als Eltern absehbare Folge seines Verhaltens tragen muss, können Sie sich wertschätzend an seine Seite stellen und es bei dieser Erfahrung verantwortungsvoll begleiten: Ein frierendes Kind braucht Wärme und Schutz, ein verschüttetes Glas ist ärgerlich. Eine Strafarbeit in der Schule raubt Zeit und fühlt sich nicht gut an, und ein vergessener Turnbeutel ist für die Kinder genauso ärgerlich wie für uns der vergessene Hausschlüssel. Hier können Trost und Verständnis helfen. Und das sind nur einige Möglichkeiten. Experimentieren Sie und stellen Sie sich vor allem an die Seite Ihrer Kinder!

Wenn wir Kinder durch Sanktionen und Konsequenzen an eine von uns gewollte Vorstellung anpassen, anstatt Konflikte wertschätzend zu lösen, fehlen Kindern später im Leben nötige Voraussetzungen und Erfahrungen mit sich selbst. Und es ist doch in unserem Interesse, dass Kinder konfliktfähige, selbstbewusste und eigenverantwortliche Menschen werden. Eine von Liebe und Vertrauen geprägte Atmosphäre in der Eltern-Kind-Beziehung kann so nicht entstehen.

Argumentierhilfe für Eltern, die es anders machen wollen

»Unsere Kinder müssen lernen, sich an Regeln zu halten, und brauchen Konsequenzen – der Staat sanktioniert ja auch.« Diesen Satz müssen Eltern sich häufig vorhalten lassen. Oft sitzen sie dann in meinen Beratungen und fragen, wie sie denn begründen und argumentieren können, dass sie starre Regeln im Umgang mit Kindern ablehnen. Hier eine kleine Argumentationshilfe für Eltern, die es anders machen wollen.

Keiner würde bestreiten, dass es im Zusammenleben zwischen Menschen bestimmte Regelungen und Absprachen geben muss. Dies meint jedoch etwas anderes als erwartete Verhaltensweisen von Kindern, die Erwachsene oft in Regeln packen und meinen, damit das Familienleben besser »in den Griff« zu bekommen. Das Familienleben mit einer Vielfalt an Regeln zu versehen ist ein etwas plumper und einfacher Führungsstil und lässt wenig Raum für differenzierte Prozesse, wie sie in einer Beziehung wichtig sind. Regeln haben außerdem den Nachteil, dass sie von Eltern durchgesetzt werden müssen. Diese geraten dann unter Druck, konsequent sein zu müssen, die Beziehungen leiden.

Jede Familie braucht einige Regelungen, die sie miteinander finden und festlegen kann, um gut zusammenzuleben. Wenn wir nun *Regeln* durch *Verabredungen* ersetzen, entsteht etwas Dynamisches. Denn Verabredungen werden gemeinsam getroffen und sind auch immer wieder verhandelbar. Sie können jederzeit angepasst und verändert werden, sollten sie für einen in der Familie nicht mehr passen. Regeln jedoch präventiv einzusetzen, um Schwierigkeiten aus dem Weg zu gehen oder besser lösen zu können, scheint einfach, wird jedoch einem wertschätzenden Miteinander nicht gerecht. Ein Zusammenleben, das über einen Regelkatalog bestimmt wird, gestaltet sich oft insofern anstrengend, als dass jede Regel dann auch auf ihre Einhaltung hin kontrolliert und bei Übertretung sanktioniert werden muss. So wird die Beziehung zwischen Eltern und Kindern schnell unpersönlich; Eltern werden so zu Polizisten, die für die Einhaltung, Kontrolle und Durchsetzung der Regeln verantwortlich sind.

Je weniger Reglementierungen oder konkrete Regeln ein Familienleben braucht, desto besser. Gut sind Verabredungen, die gemeinsam getroffen wurden und die sich im individuellen Familienleben bewährt haben. Verabredungen, die auch von Zeit zu Zeit verändert werden und sich an den aktuellen Bedarf der Einzelnen anpassen dürfen. Im besten Falle sind es Familienrituale, die miteinander gelebt und ausgehandelt wurden und die alle Beteiligten gerne leben. Zum Beispiel: Wir beginnen gemeinsam mit dem Essen und hören auch gemeinsam auf. Rituale knüpfen an Emotionen und Erlebtes an und vermitteln das Gefühl der Zugehörigkeit. Im Ritual erleben wir Verbundenheit und Gemeinsamkeit in Gemeinschaft. Es ist gut, wenn wir mit unseren Kindern Rituale schaffen und diese miteinander leben können.

In einer Familie sind die Beziehungen warm und nah, es geht darum, sich auszutauschen, zu lachen und Konflikte gemeinsam zu klären. Dabei ist das Familienleben nicht mit dem Straßenverkehr vergleichbar. Es ist nicht über einen Regelkatalog und durch die Ahndung von Grenzüberschreitungen und Regelbrüchen zu steuern.

Die berühmten Wenn-dann-Sätze

Auch die Wenn-dann-Sätze gehören zu einem von Macht geprägten Erziehungsalltag. Sie setzen Kinder unter Druck und belasten unsere Beziehung zu ihnen unnötig. In meiner Beratungspraxis erzählen mir Eltern häufig, dass sie ihre Kinder mit Wenn-dann-Sätzen in Schach halten. So schreibt mir zum Beispiel eine Mutter:

Bestechungen: Wenn du ..., dann ...

Liebe Frau Saalfrank,

ich habe eine Frage, und zwar ist mir ist aufgefallen, dass ich meinen Sohn zur Zeit täglich mit Wenn-dann-Sätzen »besteche«. Es funktioniert sehr gut und hat mir den Alltag auch wirklich erleichtert, deshalb habe ich es bisher auch nicht wirklich infrage gestellt. Mittlerweile komme ich mir jedoch irgendwie albern vor, und manchmal muss ich nach dem »dann« auch ziemlich lange suchen. Ich fühle mich auch nicht wirklich wohl damit, meinen Sohn Alex ständig so unter Druck zu setzen. Wie kriege ich das wieder aus mir raus? Ich drohe auch, zum Beispiel mit Sätzen wie: »Wenn du jetzt nicht aus der Wanne kommst, dann lesen wir kein Buch mehr.« Oder: »Wenn du nicht sofort aufhörst, dann gehen wir nach Hause.«

Mirjam K.

Erst einmal ist es wunderbar, wenn Eltern mir schreiben und sich trauen, bisher gelebte Mechanismen aufgrund ihres eigenen Unwohlseins zu hinterfragen. Schauen wir nun ganz nüchtern auf diese von Erwachsenen ausgestoßenen Drohungen, dann können wir zunächst festhalten, dass Drohungen vom Gesetzgeber ganz klar definiert sind: Wenn Erwachsene andere Menschen »durch Drohung mit einem empfindlichen Übel zu einer Handlung, Duldung oder Unterlassung« bewegen wollen, ist das rein rechtlich gesehen eine Nötigung (§ 240 StGB). Eine Nötigung ist tatsächlich strafbar. Zu Recht. In einer Situation unter Erwachsenen würde das wohl kaum jemand infrage stellen.

Schauen wir nun auf die Beziehung zwischen Eltern und Kindern. Mit einer Wenn-dann-Drohung geschieht letztlich nichts anderes. Erwachsene zwingen Kinder, etwas zu tun oder etwas zu unterlassen. Das schaffen sie, indem sie eine Strafe oder Konsequenz ankündigen. Unter Erwachsenen würde man sofort empört reagieren. Doch wenn wir so mit unseren Kindern sprechen, dauert es in der Regel länger, bis wir diese Mechanismen hinterfragen.

Wenn-dann-Drohungen

- demonstrieren und missbrauchen unsere elterliche Macht,
- demütigen das Kind – schüchtern es ein,
- verhindern eine konstruktive Auseinandersetzung mit den Bedürfnissen der Kinder,
- machen dem Kind Angst und Druck.

> Wenn-dann-Sätze kommen einer Nötigung gleich. Denn wenn Eltern mit Wenn-dann-Sätzen reagieren, machen sie ihr Kind hilflos und ohnmächtig. Es lernt: Der Stärkere ist überlegen und hat recht, es ist also besser, der Starke zu sein, als gedemütigt und kleingemacht zu werden. Das Kind verhält sich in seinen anderen Beziehungen dann ebenfalls nach diesem Vorbild.

Warum Loben überflüssig ist

»Kinder brauchen Lob«, hören Eltern immer wieder, und in manchen Ratgebern wird den Lesern sogar die Frage gestellt: »Wie oft haben Sie Ihr Kind heute schon gelobt?« Ja, Kinder brauchen ein starkes Selbstbewusstsein, um gut durchs Leben zu kommen und Herausforderungen zu meistern. Aber was bewirkt häufiges Loben eigentlich tatsächlich, was geschieht, wenn wir unsere Kinder loben, so wie wir einen Hund kraulen, wenn er brav war?

Wenn Kinder Belohnungen für ein bestimmtes Verhalten oder eine erbrachte Leistung erhalten, ist dies aus entwicklungspsychologischer Sicht nicht sinnvoll. Belohnungen:

- sind ein Misstrauensvotum für das Kind – Botschaft: Du kannst es nicht ohne. Ich traue es dir nicht zu;
- halten das Kind unselbstständig – Botschaft: Nur durch ein Signal von außen erreichst du etwas;
- sind Motivation von außen – Botschaft: Du hast selbst keinen Antrieb, um etwas zu erreichen.

Stellen Sie sich vor, Ihr Mann oder Ihre Frau würde Sie jedes Mal, wenn Sie etwas »richtig« oder »gut« gemacht haben, belohnen: Nach dem Kochen, Aufräumen oder Putzen gibt es jedes Mal ein Sternchen. Und bei fünf Sternchen einen Blumenstrauß. Klingt gar nicht so schlecht? Was jedoch passiert: Die Beziehung wird unpersönlich, das alltägliche Miteinander verkommt zum Tauschgeschäft. Kinder stellen sich schnell auf diese Form der Beziehung ein und fragen: »Was bekomme ich dafür, wenn ich den Tisch abwische, wenn ich dir einen Gefallen tue …?« Das heißt, sie erwarten für alles, was sie tun, eine Belohnung oder eine Gegenleistung.

Wenn wir Kinder loben und belohnen, kommt der »innere Motor« der Kinder ins Stocken, und es entsteht eine fragwürdige emotionale Abhängigkeit, die das Kind unselbstständig hält und daran hindert, eigene Verantwortung für sein Handeln zu übernehmen. Wenn wir ein Kind zum Beispiel belohnen, weil es im Haushalt hilft, vermitteln wir ihm die Botschaft: »Es ist keine Selbstverständlichkeit, dass wir uns gegenseitig helfen.« Doch Kinder streben nach Verantwortung und Selbstständigkeit. Sie wollen sich nicht wegen uns alleine anziehen, nicht für uns Fahrradfahren lernen, sondern weil sie es aus sich heraus wollen, weil sie selbstständig werden und wie andere Kinder sein möchten.

Wenn ein Kind in seiner Entwicklung für bestimmte Schritte bereit ist, wird es diese auch tun und beispielsweise trocken werden. Wir sollten sein eigenes inneres Bedürfnis danach nicht durch Belohnung des von uns erwünschten Verhaltens oder durch elterliche Bestechung ersticken oder manipulieren.

Eine Gefahr besteht zudem darin, dass sich bei einem Kind durch beständiges Loben und Belohnen die Einstellung bilden kann, es müsse nichts tun, wenn es keine Belohnung dafür gibt. Ein Eigentor für die Eltern und fatal für die Kinder. Denn die persönliche, emotionale Beziehungsebene tritt im Zuge dessen immer mehr in den Hintergrund. Kinder werden so also nicht nur in ihrer Entwicklung zur Selbstständigkeit gehemmt, sondern laufen Gefahr, durch diese Erfahrungen in anderen Beziehungen (etwa zu Mitschülern oder Sportfreunden) eher berechnend und strategisch zu agieren statt hilfsbereit und empathisch.

Was Belohnungssysteme im Gehirn bewirken

Beim Lernen und wenn wir Erfahrungen in der Welt machen, belohnt sich das Gehirn für jeden Erfolg selbst. Ein spannendes Phänomen, dem die Forscher weltweit auf der Spur sind. Wenn dieses Belohnungssystem im Gehirn – eine bestimmte Region des Mittelhirns – besonders angesprochen wird, werden die Nervenzellen dort aktiviert und schütten den Botenstoff Dopamin aus. Immer wenn wir etwas erreicht haben, findet in unserem Gehirn eine Dopaminausschüttung statt, die uns ein Glücksgefühl verschafft: die Freude über den Erfolg. Und weil sich das so gut anfühlt, verlangen die Hirnzellen nach mehr Erfolg, mehr Dopamin.

Der eigene innere Antrieb, etwas erreichen zu wollen, und die Art und Weise der Motivation spielen hier – gerade auch in der Entwicklung von Kindern – eine wichtige Rolle. Die Erfahrung zeigt nämlich, dass Erfolge, die an eine Belohnung (etwa an Süßigkeiten) geknüpft sind – also durch eine Motivation von außen entstanden sind –, nur eine sehr kurzfristige Dopaminausschüttung herbeiführen und wenig nachhaltig sind. Wenn jedoch der Erfolg aus der eigenen inneren Motivation heraus entstanden ist, ist die Freude tiefer, und das Gefühl wird insgesamt als nachhaltiger erlebt. So speist sich das Selbstwertgefühl aus genau diesem eigenmotivierten Erfolg, verankert sich tief im Gehirn und lässt Menschen innerlich wachsen.

> Die Entwicklungspsychologie geht davon aus, dass Kinder von sich aus selbstständig werden und aus sich heraus selbst handeln wollen. Sie tragen also den Motor für ihre Entwicklung in sich und benötigen keine Motivation von außen.

Das Verführerische an Belohnungsmaßnahmen und -systemen ist allerdings, dass sie wie die Androhung von Strafen und Konsequenzen häufig funktionieren.

Ich kann gut verstehen, dass Eltern vorsichtshalber lieber kontrollieren, und ich weiß, wie schwer es ist, loszulassen und in die Fähigkeiten seiner Kinder zu vertrauen. Häufig werden wir von außen auch noch dazu angehalten, unsere Kinder intensiver zu überwachen und noch besser zu überprüfen. Es genügt schon ein Elternabend oder die Bitte des Lehrers, mehr darauf zu achten, dass das vollständige Arbeitsmaterial im Schulranzen ist und die Hausaufgaben ordentlich gemacht sind. Schon reagieren wir mit strafenden oder die Kinder vermeintlich stärkenden Erziehungsmethoden, um die »Sache in den Griff« zu bekommen. Doch sowohl Kontrolle als auch Belohnung verschaffen uns Eltern nur kurzfristig ein gutes Gefühl – auf Kosten der Beziehung. Unser Vertrauen ist für Kinder und ihre Entwicklung in jeder Hinsicht besser.

Denn wenn wir unsere Kinder kontrollieren und belohnen, agieren sie irgendwann nicht mehr aus sich selbst heraus. Ihr eigener »Entwicklungsmotor« gerät ins Stocken, sie verlassen sich mehr und mehr auf den »Außenmotor«, auf Motivation von außen. Eigene Impulse werden aufgegeben und verkümmern. Außerdem bewegen wir uns mit dem System »Kontrolle oder Belohnung« rein auf der Verhaltensebene. Der Wert und die Persönlichkeit des Menschen geraten in den Hintergrund. Es werden also nicht nur Eigenständigkeit und Selbstmotivation beeinträchtigt, auch das Selbstvertrauen und das so wichtige Selbstwertgefühl können nicht gesund wachsen.

> Belohnungen sind ein manipulativer Umgang mit Kindern und letztlich eine Form der Bestrafung. Denn lassen wir die Belohnung weg, kommt das einer Strafe gleich.

Wenn wir nun das oben Dargestellte berücksichtigen, wird deutlich, dass ein strafender, sanktionierender Umgang nicht nur die Beziehung zu unseren Kindern vergiftet, sondern auch deren Entwicklung beeinflusst und beeinträchtigt. Viele Eltern möchten es meiner Erfahrung nach daher anders machen. Und viele wagen den Aufbruch – es lohnt sich.

Kapitel 4

Den Kreislauf unterbrechen – einen Aufbruch wagen

Erst verstehen, dann handeln

Dass Eltern auf neuen Wegen immer wieder verunsichert werden, ist für mich nicht verwunderlich. In Ratgebern wie zum Beispiel *Jedes Kind kann Regeln lernen* wird klar empfohlen, Kinder mit verhaltenspädagogischen Maßnahmen zu einem von uns gewünschten Verhalten zu bringen. Die Autorin Annette Kast-Zahn spricht hier allerdings nicht (mehr) von Strafen. Sie nennt sie Konsequenzen, die für sie als Psychologin aus fachlicher Sicht sinnvoll erscheinen. Von den emotionalen Bedürfnissen der Kinder, von Bindung und auch von anderen wesentlichen wissenschaftlichen Erkenntnissen, die dafür sprechen, dass ein verhaltenspädagogischer Ansatz in dieser Weise Kinder in ihrer Entwicklung eher beschneidet als fördert, ist nichts zu lesen. Was sollen wir Eltern dem entgegensetzen?

Sogar Experten raten zu Strafen – dabei geht es auch ohne

Auch im Internet sind zahlreiche Links zu finden, die allerdings unverblümter daherkommen und direkt von Strafen sprechen. So wird seit Jahren auf Elternwissen.com unter der Überschrift

»Strafe: Welche wirklich sinnvoll ist« für einen strafenden, sanktionierenden Umgang mit Kindern geworben.

Ich halte solche Plattformen und Artikel für fatal, denn sie maßregeln Eltern, bevormunden sie und suggerieren: Ohne Strafe geht es nicht! Und wenn ihr Eltern hier nicht aktiv werdet, dann versagt ihr in eurer Erziehung und euer Kind wird verhaltensauffällig und gesellschaftsunfähig.

Diese unterschwellig gesendeten Botschaften katapultieren uns in alte Muster und erschweren den Aufbruch zu neuen Wegen. Deshalb möchte ich das dort Empfohlene quasi stellvertretend für eine breite Ratgeberlandschaft (ob im Internet oder auf dem Buchmarkt) aus bindungs- und beziehungsorientierter sowie entwicklungspsychologischer Sicht betrachten, um zu zeigen, welche Mechanismen bei uns wirken. Ich möchte Ihnen konstruktive Konfliktlösungen vorschlagen, die ohne Strafen und Konsequenzen wirken. Lassen Sie sich nicht vom Aufbruch zu neuen Wegen abbringen. Mein Anliegen ist es, *für* Bindung und Beziehung und *für* die Berücksichtigung der Entwicklungsphasen von Kindern zu sensibilisieren. Gleichzeitig möchte ich ein Verständnis dafür schaffen, die eigenen Reflexe deutlicher zu spüren, die anspringen und uns oft auf alte Denk- und Verhaltensmuster zurückwerfen, wenn wir uns bewertet, angegriffen, gemaßregelt und bevormundet fühlen – kurz, wenn unsere Fähigkeit und unser Wert als Eltern infrage gestellt wird. Insbesondere geschieht das, wenn wir durch Außenstehende, Lehrerinnen, Erzieher, Eltern, Schwiegereltern, Nachbarn oder im Supermarkt an der Kasse durch vorwurfsvolle Blicke gemahnt werden, sodass unser innerer Druck sich verstärkt und die inneren Zweifel lauter werden.

Es ist auch nicht leicht, neue Wege zu gehen, wenn wir im Internet auf Elternwissen.com Folgendes lesen:

»Es ist fast schon eine kleine Wissenschaft für sich, für jedes Vergehen eine sinnvolle Strafe zu finden, wobei das Wort Strafe besser durch die Bezeichnung ›logische Konsequenz‹ ersetzt werden sollte. Schließlich geht es bei der Strafe nicht darum, dem anderen wehzutun oder die elterliche Macht zu demonstrieren, sondern es soll durch die Strafe das Fehlerhafte oder Problematische am Verhalten des Kindes aufgedeckt werden. Und zwar möglichst so, dass ein Kind diesen Fehler kein zweites Mal nach dieser Strafe begeht. Sinnvoll ist also nur eine Strafe, die sich direkt auf das unerwünschte Verhalten des Kindes bezieht. Eine Strafe darf das Kind nicht ›kleinmachen‹ sowie körperlich oder seelisch verletzen.«

Dieser Absatz klingt zunächst harmlos, weil er versucht, sich von dem Wort Strafen sowie von Abwertungen und Verletzungen zu distanzieren, er ist jedoch genau deshalb voller Widersprüche und aus meiner Sicht auch inhaltlich falsch. Wir bestrafen also die Kinder, nennen es aber anders (nämlich Konsequenz)? Es ist beinahe perfide, wenn dort beschrieben wird, dass wir nicht wehtun oder elterliche Macht demonstrieren wollen, sondern nur die Fehler des Kindes aufdecken und dann eine Strafe verhängen, damit das Kind seinen Fehler kein zweites Mal begeht. Nur weil wir nicht wehtun wollen, heißt es nicht, dass wir das Kind nicht trotzdem kränken. Nur weil wir das Wort Strafe nicht mehr verwenden und ein anderes an seine Stelle setzen, ändert sich doch die Botschaft der Maßnahme nicht, und die wesentlichen Mechanismen von Strafe bleiben bestehen: das »Kleinmachen«, Demütigen, Macht Demonstrieren und Missbrauchen. Wir können ja gar nicht strafen, ohne die Grenze von Kindern zu verletzen, sie zu kränken und zu demütigen, auch wenn es zum Beispiel auf Elternwissen.com anders suggeriert wird.

Weiterhin ist dort zu lesen: Eltern müssten »das richtige Maß für eine Strafe finden: Kinder testen immer wieder ihre Grenzen bis zu einer Strafe aus und möchten die Welt nach ihren Vorstellungen gestalten. Gelingt ihnen das nicht, reagieren sie je nach Situation und Temperament mit Wutanfällen, die eine sinnvolle Strafe als Folge haben sollten. Im Erziehungsalltag kann das Finden einer sinnvollen Strafe ganz schön anstrengend werden.«

Dann werden Beispiele aufgezählt, in denen Kinder sich »schlecht« verhalten, und mehrere Konsequenzen als Auswahl für Eltern zur Sanktionierung vorgeschlagen. Ich werde hier zunächst jeweils nur eine zitieren.

Dreimal Konsequenzen

Felix, Julia
Maximilian
& Lena

Felix (fünf Jahre) kann schlecht verlieren und kippt mitten im »Monopoly« das Spielbrett um, sodass alle enttäuscht sind und das Spiel zumindest unterbrochen werden muss.

Empfohlene Konsequenz: Felix wird als Strafe vom aktuellen Spiel ausgeschlossen, während die anderen bis zum Ende weitermachen.

Julia (sechs Jahre) stibitzt sich wiederholt Schokolade aus der Küchen-Schublade.

Empfohlene Konsequenz: Julias Bruder bekommt an diesem Tag eine Tafel Schokolade geschenkt, Julia zur Strafe aber nicht.

Maximilian (zwölf Jahre) und Lena (sieben Jahre) streiten sich im Flur so laut, dass das Baby aufwacht und schreit.

Empfohlene Konsequenz: Beide müssen zur Strafe auf das Baby aufpassen, während ihre Mutter das Essen zubereitet.

Es ist mir ein Rätsel, wie es sein kann, dass Kollegen mit all dem Wissen, das mittlerweile allgemein zugänglich ist, den Studien, Zahlen und Erkenntnissen aus der Entwicklungspsychologie, Bindungsforschung und Neurobiologie immer noch und immer wieder für einen solchen Umgang mit Kindern plädieren und sogar konkret beschreiben, wie wir unsere Kinder bestrafen sollen. So wird zusätzlich zu den obigen Sanktionierungsvorschlägen das Verhalten der Kinder als »Fehlverhalten« bewertet:

»In all diesen Fällen reagieren die Kinder egoistisch und kümmern sich nicht um die Belange der anderen, was eine sinnvolle Strafe als Folge haben sollte. Sie folgen ihrem Gefühl und denken nicht über die Konsequenzen nach. Das ist eigentlich ganz normal, und wenn es nicht Regeln und Gesetze gäbe, würden wir Erwachsenen uns wahrscheinlich ebenso ohne Strafe verhalten. Doch wir haben irgendwann gelernt, dass ein harmonisches Zusammenleben nur gelingt, wenn alle zufrieden sind.«

Es ist interessant, zu fragen, welches Menschenbild dahintersteckt, und spannend, genau hinzuhören, welche Botschaften hier an uns Eltern gesendet werden:

➡ Ohne Strafe geht es nicht!
➡ Wenn du dein Kind nicht entsprechend bestrafst, dann wird nichts aus ihm.
➡ Wenn du nicht entsprechend handelst, bleibt es »unerzogen«.
➡ Wenn du nicht in dieser Weise erziehst, wird dein Kind kein soziales Mitglied in unserer Gesellschaft, lernt nicht, sich an Gesetze und Regeln zu halten …

Wie wir schon erfahren haben, passiert bei Strafen aber vor allem, dass die dahinterliegenden Ursachen für das Verhalten der Kinder unbeachtet bleiben, unsere Beziehung zum Kind unnötig belastet und das Vertrauen zueinander aufs Spiel gesetzt wird. Die Familie ist ein sicherer Hafen und keine Sanktionsmaschinerie, wo Regeln und Gesetze gelten. Wir leben mit unseren Kindern nicht in einem Staatsapparat, in dem Kontrolleure, Polizisten und Richter das Sagen haben. In einer Familie bestehen Liebesbeziehungen, und es darf eine persönliche und wertschätzende, warme, vertrauensvolle Atmosphäre herrschen. Eltern dürfen Verständnis für die Nöte ihrer Kinder haben und sie wertschätzend führen, ohne sie kleinzumachen, sie zu demütigen oder ihre Grenzen zu übertreten. Wir können natürlich strafen – wir sind ja schon qua unserer Rolle als Eltern und weil wir viel größer und stärker sind die Mächtigen in diesem Verhältnis. Wir müssen aber nicht. Wir können uns auch dagegen entscheiden. Haben Sie keine Angst. Ihr Kind wird nicht asozial und nur noch über Tische und Bänke gehen. Im Gegenteil, Ihr Kind wird die Erfahrung machen, dass es mit allen Sorgen, Nöten und Ängsten zu Ihnen kommen kann und Sie es ernst nehmen, dass es Ihnen vertrauen kann, dass Sie gemeinsam Lösungen finden. Lösungen, Kompromisse und Wege, die die Anliegen und Bedürfnisse aller Familienmitglieder berücksichtigen. Einen Umgang miteinander, bei dem nicht der Stärkere seine Macht missbraucht, sondern eine Beziehung gelebt wird, in der keine vorsätzlichen Kränkungen und Abwertungen entstehen. Das scheint zunächst eine große Herausforderung zu sein. Zugegeben, es kostet Zeit und wirkt zunächst anstrengender als kurzfristiges Strafen oder Belohnen. Langfristig kann ich Ihnen jedoch versprechen, dass es sich sehr für Sie und Ihre Kinder lohnt.

»Mensch ärgere dich nicht«, und trotzdem wütend

 Felix (fünf Jahre) kann schlecht verlieren und kippt mitten im »Monopoly« das Spielbrett um, sodass alle enttäuscht sind und das Spiel zumindest unterbrochen werden muss.

Schauen wir uns nun also ganz konkret die zitierte Alltagssituation an: Felix kann schlecht verlieren und »sprengt« die Spielsituation. Das kennen sicher viele Eltern. Ich kann auch nachvollziehen, dass das für alle Mitspieler anstrengend und enttäuschend ist. Aus meiner Sicht lohnt es sich jedoch, genau zu schauen, was eigentlich in Felix vorgeht, wenn er so reagiert, und was sein Verhalten bedeutet.

Felix ist wütend und tief enttäuscht. Er möchte gewinnen und ärgert sich sehr, dass ihm dies nicht gelungen ist. Starke

Gefühle überrollen ihn, und er äußert seine Frustration, indem er die Figuren vom Spielbrett fegt. Er kann sich und seine Impulse noch nicht gut steuern. Es ist völlig normal, dass Kinder das erst lernen. Die Frage ist, auf welche Weise dies geschieht. Wir alle mussten lernen, mit Enttäuschungen und Frustrationen umzugehen, ohne uns selbst oder anderen zu schaden. Ich kenne sogar einige Erwachsene, die noch heute wirklich sehr schlecht verlieren können.

Aus meiner Sicht ist es ein Irrtum, zu glauben, dass Kinder mit möglichst vielen Frustrationen konfrontiert werden sollten, um gut mit Enttäuschungen umgehen zu können. Im Gegenteil. Wenn wir wollen, dass Kinder Frustrationserfahrungen gut verarbeiten können, dann braucht es nicht möglichst viel Frustration, sondern möglichst viel Erfahrung mit Zufriedenheit und einem satten Gefühl, angenommen zu sein – auch mit der Wut und der Enttäuschung. Also: Ich habe verloren *und* ich bin damit nicht alleine. Jemand sieht mich in meiner Not, hat Verständnis für meine Wut und meine Trauer, spendet Trost und begleitet mich durch diesen emotionalen Sturm, hilft mir, die Gefühle zu verarbeiten, und unterstützt mich dabei, unter Umständen auch wieder ins Spiel zurückzufinden. Die Verhaltensanweisungen, die beim strafenden Umgang empfohlen werden, sind in diesem Sinne also schlicht falsch und sogar für die Entwicklung schädlich.

➡ Felix muss als Strafe jedes Mal die Figuren aufsammeln, das Spiel ordentlich einordnen und wegräumen.
Die Botschaft: Du ärgerst dich, und wir haben kein Verständnis dafür. Zum Zeichen unserer Missachtung räumst du jetzt für uns alle auf.

➡ Felix wird als Strafe vom aktuellen Spiel ausgeschlossen, während die anderen bis zum Ende weitermachen.
Die Botschaft: Du ärgerst dich, und wir wollen dich so nicht

dabeihaben. Dein Gefühl ist nicht in Ordnung. Wut ist nicht erlaubt und muss unterdrückt werden. Du bist nicht in Ordnung und gehörst mit diesem Gefühl nicht zu uns.

Zur Erinnerung: Der Ausschluss aus einer Gruppe ist eine Demütigung. Es werden die gleichen Hirnareale aktiv wie bei körperlichem Schmerz. Diese Maßnahme hat trennenden Charakter und nichts Verbindendes. Dabei fühlt sich Felix in seiner Enttäuschung, seiner Wut, seinem Schmerz und seiner Traurigkeit schon sehr alleine und braucht eine Hand, die ihn hält und tröstet und ihn wieder in das Spiel hineinholt – auch wenn Kinder die Hand nicht immer nehmen können, weil die Enttäuschung zu stark ist. Dieser Aspekt kommt auch bei der nächsten Konsequenz zum Tragen:

➡ Felix wird als Strafe beim nächsten Mal nicht mehr gefragt, ob er mitspielen möchte.
Die Botschaft: Wir ignorieren dich und dein Bedürfnis, dazugehören zu wollen. Denn wir wollen dich nicht dabei haben. Du bist uns zu viel mit deinen Gefühlen.

Hier geht es überhaupt nicht um die Ursache seines Verhaltens. Dabei ist es doch nachvollziehbar: Wenn man verliert, ist das ärgerlich und auch traurig. Er »sprengt« das Spiel, weil er noch nicht anders mit seinen starken Gefühlen umgehen und die Frustration (noch) nicht entsprechend verarbeiten kann. Frustrationen gehören zum Leben dazu – das ist keine Frage. Wenn eine persönliche Frustration noch weitere, quasi »verordnete« Frustrationen von außen (du darfst nicht mehr mitspielen/ du räumst jetzt zur Strafe auf/das nächste Mal spielen wir ohne dich) mit sich bringt, noch dazu von Menschen, denen wir vertrauen und die wir lieben, dann ist das nicht konstruktiv für den Lernprozess, sondern die negativen Beziehungsbotschaften behindern Felix in seiner Entwicklung. Er lernt so nämlich nicht, seine wertvollen emotionalen Impulse zu kontrollieren und mit seinem Ärger und seiner Wut umzugehen, sondern versteht: Wenn du unsere Grenze übertrittst, dann übertreten wir deine.

Im Online-Ratgeber folgt noch eine weitere Variante, die da lautet: »Es gibt immer auch eine humorvolle oder unerwartete Variante für eine Strafe, die jedoch viel Selbstbeherrschung und eine gewisse Distanz voraussetzt. Jedes Mal, wenn Felix die Spielfiguren vom Tisch wirft, stimmen alle Mitspieler als ›Strafe‹ ein lustiges Lied an. Dadurch, dass Felix die anderen nicht aus der Ruhe bringen kann, sondern sogar noch zum Singen animiert, gelingt es ihm möglicherweise, sein eigenes Verhalten durch diese andere Strafe auch mit Humor zu betrachten und kritisch zu hinterfragen.«

Hier wird noch einmal ganz deutlich, dass offensichtlich grundsätzlich ein Missverständnis vorliegt, geht doch der Ratgeber offenbar davon aus, dass Felix bewusst handelt und seine Mitspieler durch das Werfen der Spielfiguren absichtlich provozieren und ärgern möchte. Das ist ein Irrtum. Felix handelt so, weil er wütend und frustriert ist, und nicht, weil er seine Mitspieler ärgern möchte. Allerdings kann eine bewusste Provokation von Felix tatsächlich folgen, wenn die hier empfohlenen Strafen angewendet werden. Die Provokation ist jedoch nicht die direkte Reaktion auf das Verlieren, sondern auf die Reaktion der Mitspieler, ihn auszuschließen oder ihn aufräumen zu lassen. Und wie geht es Ihnen mit dem Vorschlag, auf die Wut von Felix mit einem Liedchen zu reagieren? Vielleicht hilft es dem einen oder anderen tatsächlich – ich kann nur sagen: Wenn ich mich ärgere und ein anderer stimmt daraufhin ein fröhliches Lied an, fühle ich mich nicht ernst genommen.

Wie können wir Felix in der wichtigen emotionalen Entwicklung begleiten, seine Wut langfristig zu integrieren, seine Impulse zu kontrollieren und konkret in der Situation zu reagieren?

Stellen wir uns also vor, Felix hätte mit seinen Geschwistern und seinen Eltern am Nachmittag »Mensch ärgere dich nicht« gespielt. Er wird zum wiederholten Male rausgeschmissen und muss in sein Häuschen zurück. Die ersten Male hat er es ganz gut ausgehalten, jetzt war es zu viel. Er platzt und fegt mit einem Arm alle Spielfiguren vom Brett. »O nein«, rufen alle aus! Was nun? Es kann sein, dass das Spiel nun abgebrochen werden muss. Weil keiner weiß, wo die Figuren standen. Weil keiner Lust hat, noch einmal von vorne zu beginnen, und natürlich auch, weil alle unzufrieden, traurig oder ärgerlich sind. Hier kann trotzdem das Gefühl aller im Mittelpunkt stehen und gespiegelt werden. Eltern können den Geschwistern sagen: »Oh, Felix hat sich so sehr geärgert und ist traurig, dass er gerade nicht weiterspielen kann. Er will nicht, und jetzt habt ihr auch keine Lust mehr. So ist es manchmal beim Spielen – schade, und doch kann ich Felix verstehen. Er ist einfach sehr traurig und wurde ja auch schon zum dritten Mal rausgeworfen.«

Solche Situationen bieten wunderbare Gelegenheiten, über die Themen (gewinnen und verlieren/Wut und Ärger/Trauer und trösten/gemeinsam mitfühlen) ausführlich zu sprechen und Beziehungsmomente herzustellen.

Eltern könnten das Spiel zunächst Spiel sein lassen und fragen: »Wer von euch kennt das? Habt ihr auch schon mal verloren und euch so sehr geärgert? Und wie habt ihr dann reagiert? Wart ihr eher traurig oder eher wütend? Was genau hat euch damals geärgert oder traurig gemacht? Wer hat euch getröstet? Hat euch jemand ausgelacht? Ja, das ist gemein ... wenn man schon traurig ist und verloren hat und dann noch jemand lacht. Das kann ich gut verstehen, dass du dich da geärgert hast. Und ja, es ist trotzdem schade, dass wir jetzt nicht weiterspielen können. Vielleicht klappt es das nächste Mal besser.«

So könnten Eltern hier das Geschehene einfühlsam spiegeln und den Konflikt nutzen, um die wesentlichen Aspekte zu besprechen. Felix könnte nach seinem Wutanfall unterschiedlich reagieren:

➡ Er ist aus dem Zimmer gelaufen, sitzt aber nun im Flur und hört zu.

➡ Er ist aus dem Zimmer gelaufen und hat sich ins Kinderzimmer zurückgezogen.

➡ Er ist im Zimmer geblieben, hat sich aber unter den Tisch verzogen und hört aufmerksam zu, möchte sich das aber nicht anmerken lassen.

Wesentlich ist, dass Felix nicht wegen seiner Gefühle verurteilt, abgewertet oder ausgeschlossen wird. Denn nur, wenn die Gefühle angesprochen werden und so auch Raum haben können, kann Felix etwas über seine Gefühle erfahren: Er ärgert sich, und das, was er fühlt, ist Wut. Das ist in Ordnung, und das kennen die anderen auch. Alle sind traurig oder ärgern sich, dass nicht weitergespielt werden kann. Das heißt aber auch: Den anderen ist wichtig, dass ich dabei bin. Ich bin wichtig für sie.

Das sind wertvolle emotionale Botschaften, und die gesamte Lösung der Situation ist eine wichtige Beziehungserfahrung. Wenn Eltern so reagieren, liegt der Schwerpunkt nicht auf dem Verhalten des Kindes, sondern auf der Ursache. Aus Ärger und Trauer verhält sich Felix so und wird nicht nach seinem Verhalten beurteilt und gemaßregelt, sondern in seinem Gefühl verstanden und begleitet. Langfristig kann Felix so lernen, dass Wut nichts Schlechtes ist, er kann zunehmend besser ausdrücken, was er fühlt, und nach und nach auch besser mit Frustrationen und den begleitenden Emotionen umgehen.

Und noch ein Hinweis: Es kann Jahre dauern, bis Kinder »besser verlieren« können, unabhängig davon, dass Menschen verschieden sind und manche grundsätzlich besser mit dem Verlieren umgehen können als andere. Es ist ein Lernprozess. Haben Sie Geduld mit Ihren Kindern und sich selbst. Es kann sogar sein, dass Gesellschaftsspiele eine Zeit lang gar nicht gespielt werden können. Erzwingen Sie es nicht und erinnern Sie sich noch einmal: Kinder müssen nicht mit möglichst vielen Frustrationen konfrontiert werden, um den Umgang damit zu lernen, sondern sie brauchen möglichst viele Situationen, in denen sie »gewinnen« und sich sicher fühlen. Wenn Kinder also viele Situationen erfahren, in denen sie gewinnen, dann können sie viel leichter auch mal eine Frustration verarbeiten. Unterstützen und begleiten Sie Ihre Kinder hierbei, anstatt ihr Verhalten zu bewerten und sie so zusätzlich zu frustrieren.

Wir werden im Folgenden sehen, dass Eltern oft schon im Vorfeld etwas tun können, um Konflikte gar nicht erst entstehen zu lassen.

Eine entspannte Ja-Umgebung

 Julia (sechs Jahre) stibitzt sich wiederholt Schokolade aus der Küchenschublade.

Hier wird vom Strafen-Ratgeber empfohlen:

➡ Julia erhält beim Essen keinen Nachtisch, weil sie ja schon Schokolade hatte.
➡ Julias Bruder (Schwester) bekommt an diesem Tag eine Tafel Schokolade geschenkt, Julia aber nicht.
➡ Julia muss die entwendete Schokolade von ihrem Taschengeld neu kaufen.

Wie anstrengend und wie wenig warm und wertschätzend das in meinen Ohren klingt. Der zweite Vorschlag wirkt auf mich besonders gemein, fast niederträchtig. Die Eltern werden mit diesem Ratschlag dazu aufgefordert, die Geschwister gegeneinander auszuspielen. Dem einen wird Schokolade geschenkt, damit der andere eine Strafe erlebt. Der Geschwisterkonflikt wird angeheizt und die Atmosphäre vergiftet.

Eltern sind dafür verantwortlich, eine gute kindgerechte Umgebung herzustellen. Wenn Julia immer wieder aus der Küchenschublade Schokolade stibitzt und ihre Eltern das nicht wollen, dann wäre es vielleicht eine Überlegung wert, die Schokolade woanders zu verstauen? Dort, wo Kinder nicht hinkommen und wo sie auch nicht in Versuchung geraten. Ich kenne einige Erwachsene, denen es schwerfällt, nicht ständig zu naschen. Dass Julia die für sie gut erreichbare Küchenschublade nicht einfach so ignorieren kann, kann ich deshalb gut nachvollziehen. Es ist gut, eine kindgerechte Umgebung so zu gestalten, dass Kinder sich möglichst frei verhalten können – ohne dass ständig Verbote ausgesprochen werden müssen. Eine Umgebung, die viel »Ja« beinhaltet und in der möglichst selten »Nein« gesagt werden muss. Solch eine stressfreie Umgebung erleichtert Eltern und Kindern das Zusammenleben.

Verantwortungsvolle Führung

Maximilian (zwölf Jahre) und Lena (sieben Jahre) streiten sich im Flur so laut, dass das Baby aufwacht und schreit.

Maximilian & Lena

Vom Strafen-Ratgeber wird hier Folgendes empfohlen:

➡ Weil das Baby nun wach ist, kann ihre Mutter den beiden Großen nicht mehr vorlesen oder etwas mit ihnen spielen. Sie muss sich um das Baby kümmern. Das macht die Geschwister nachdenklich.
➡ Maximilian und Lena müssen in getrennte Zimmer gehen, damit sie sich nicht weiter streiten können. Das finden sie langweilig, weil sie nun keinen Spielpartner mehr haben.
➡ Maximilian und Lena müssen auf das nun aufgewachte Baby aufpassen, während ihre Mutter das Essen zubereitet.

Die Geschwister sollen mithilfe der Strafe zum Nachdenken gebracht werden. Im dritten Vorschlag werden die Geschwister wieder gegeneinander ausgespielt. Die Großen dürfen nicht auf den Kleinen aufpassen, weil sie so wunderbare Geschwister sind, die Mutter ihnen vertraut und deshalb dankbar ist, dass das auch (mal) möglich ist, sondern die Geschwister müssen *zur Strafe* auf den Kleinen aufpassen. Hier kann es dazu kommen, dass sich bei den Geschwistern Ärger aufstaut und sie diesen auf den kleinen Bruder projizieren. Das kann langfristig zu weiteren Konflikten führen, die auch den kleinen Bruder betreffen werden. Insbesondere erscheint das in diesem Fall heikel, da unter den älteren Geschwistern ein heftiger Geschwisterstreit zu toben scheint. So befeuert gerade der dritte Vorschlag eher den Grundkonflikt, als dass er ihn konstruktiv löst.

Für mich stellt sich hier die Frage, wie es passieren kann, dass die Geschwister aufeinandertreffen und in Streit geraten, wenn das Baby doch schlafen soll. Wenn Eltern eine Ruhezeit einplanen, dann wäre es gut, wenn sie diese Zeit für alle bewusst gestalten und strukturieren. Eltern sind für die Organisation des Alltags verantwortlich, und wenn eine Ruhezeit vereinbart ist, dann wäre es wichtig, dass die Kinder wissen, wo sie sich in dieser Zeit aufhalten können und was in dieser Zeit geschieht. Dafür brauchen die Kinder eine sichere, freundliche und wertschätzende elterliche Führungsperson. Je unklarer die Situation für die Geschwister ist, desto höher ist das Risiko, dass Streit in der Ruhezeit entsteht.

Auf sich selbst schauen

Immer wieder werde ich gefragt, ob denn alle Eltern, die Strafen erlebt haben, automatisch ihre eigenen Kinder später strafen? Eine solche Kausalität gibt es aus meiner Sicht nicht zwingend, allerdings habe ich noch nie Eltern kennengelernt, die eine Kindheit ohne Strafen erlebt und später ihre eigenen Kinder sanktioniert haben. Sie haben offensichtlich gelernt, der eigenen Überforderung in Konfliktsituationen auf andere Weise zu begegnen, da sie Bezugspersonen als Vorbilder hatten, die ihnen Alternativen geboten haben. Strafen und die dahinterliegenden Mechanismen sind für sie deshalb gar keine Option.

Umgekehrt begegnet es mir jedoch ausschließlich: Eltern, die ihre Kinder strafen, sind in der Kindheit selbst gestraft worden oder haben Sanktionen erlebt. Manche Eltern haben sich bewusst mit diesen Mechanismen beschäftigt und aus eigener Kraft und Initiative andere Handlungsoptionen für sich gefunden. Diesen Prozess möchte ich unterstützen und Eltern auf dem Weg zu einem wertschätzenden Umgang mit ihren Kindern bestärken, damit wir es schaffen, den Kreislauf von Bestraftwerden und Strafen zu unterbrechen.

Trotzdem stoßen auch diese aufgeklärten Eltern, gerade wenn sie in Stress geraten, schnell an ihre Grenzen und fallen in alte Handlungsmuster zurück.

Liebe Frau Saalfrank,
danke für die aufschlussreiche Beratungsstunde. Einiges ist uns auch sofort in der Umsetzung gelungen, und ich merke sofort eine positive Veränderung. Wieder anderes fällt uns als Eltern sehr schwer, bewusst und dauerhaft zu unterbrechen. Gerade wenn wir in Stress geraten, »kämpfen« wir sehr mit unserem Impuls, im Affekt in einer Auseinandersetzung mit unserem Sohn nicht reflexartig mit einer Strafe zu reagieren. Ich weiß, dass das nicht gut ist, und habe es ja früher auch selbst erlebt. Deshalb will ich es jetzt anders machen. Mir fällt es trotzdem wirklich schwer, im Konflikt Verständnis für seine Position aufzubringen. Ich frage mich, wie ich innerlich umschalten kann? Und auch, woher das alles kommt und wie es sein kann, dass es so schwer ist, alles »umzustellen«?

Silke K.

Um den Kreislauf auch langfristig unterbrechen zu können, ist es wesentlich, zunächst noch differenzierter zu verstehen, wie und wo dieser Kreislauf ganz konkret entsteht. Wie wir im zweiten Kapitel gesehen haben, werden Eltern im Alltag schnell ungeduldig, empfinden wenig Empathie und Verständnis für ihre Kinder und fallen schnell in ein altes Muster zurück. Dabei sind Einfühlung und Empathie die Voraussetzung, um Verständnis zu entwickeln und so auch neue Handlungsalternativen langfristig umsetzen zu können. Bevor es also konkret um neue Handlungsmöglichkeiten geht, möchte ich zunächst die notwendigen inneren Veränderungen beschreiben.

Warum uns Empathie mitunter schwerfällt

Wenn Eltern als Kinder selbst einen strafenden Umgang in ihrer eigenen Kindheit erfahren haben, kann dies langfristige Folgen für unsere späteren Beziehungen haben. So werden im Gehirn bei Demütigung, Ausschluss aus einer Gruppe, Beschimpfungen, Abwertungen, Missachtung, Enttäuschung (und ähnlich unangenehm empfundenen Zuständen) die gleichen Areale aktiviert wie bei körperlichem Schmerz. (Stellen Sie sich vor, Sie würden sich alle zehn Minuten oder auch »nur« jede Stunde einmal mit einem Hammer ordentlich auf den Finger schlagen.) Da das als Dauerschmerz für die Seele nicht aushaltbar ist und viel zu viel Einsatz von Energie bedeuten würde, um diesen Schmerz dauerhaft zu ertragen und zu verarbeiten, reguliert das Gehirn mit der Zeit einen Teil des zuständigen Gefühlszentrums herunter beziehungsweise um. Das heißt, es registriert auf Dauer die Demütigung nicht mehr als Schmerz.

Dieses Herunterschalten geschieht jedoch zu einem hohen Preis. Denn Menschen büßen so gleichzeitig einen Teil ihrer Fähigkeit ein, wichtige Gefühle (Trauer, Schmerz und Mitgefühl) zu entwickeln – Schmerz bei sich selbst und auch bei anderen kann als solcher nicht (mehr) identifiziert, wahrgenommen und gefühlt werden. Man kann also sagen, dass der Zugang zu den Arealen im Gehirn, der für diese Emotionen wesentlich zuständig ist, weniger ausgeformt und ausgebaut und dadurch weniger intensiv vernetzt wird. Ein wichtiger Teil der Gefühlspalette wird so schlicht »ausgeschaltet« und entkoppelt und kann deshalb nicht mehr wahrgenommen werden. Einfühlsamkeit und das Mitgefühl für sich selbst und für andere kann sich nicht uneingeschränkt entwickeln.

Menschen verlieren auf Dauer die emotionale Verbindung zu sich selbst. Sie (müssen) wichtige emotionale Bedürfnisse unterdrücken und speichern Wut, Angst und Schmerz in sich. Sie entwickeln Ersatz- und Überlebensstrategien, die nicht selten über Aggressionen ausagiert werden, um sich die emotionalen Grundbedürfnisse (Zugehörigkeit und Akzeptanz) zu erfüllen oder um sich und die Schmerzgrenze zu verteidigen. So können sie nicht nur wenig Empathie für sich und andere entwickeln, sie haben auch Schwierigkeiten mit dem Selbstwert. Und auch die Voraussetzung, andere bedingungslos zu lieben, die wichtige Eigen- und Selbstliebe, kann sich nur bedingt entwickeln. Aus diesem Blickwinkel betrachtet, könnte man sagen, dass dieser emotionale Bereich nicht vollumfänglich spürbar und nicht sichtbar für die Betreffenden ist und sie eine Form von »Gefühlsblindheit« entwickeln mussten. Deshalb sagen Erwachsene auch so häufig: Es hat mir doch auch nichts geschadet. Wahr ist: Es ist nur nicht (mehr so) spürbar (für den Betreffenden).

Um nun zu verstehen, weshalb es so schwierig ist, gerade im Affekt unsere Verhaltensmuster zu verändern, müssen wir uns dem Stressverarbeitungssystem in unserem Gehirn zuwenden. Denn diesen ganzen Vorgängen in uns liegt vor allem emotionaler Stress zugrunde, der in irgendeiner Form verarbeitet werden muss.

Das Stressverarbeitungssystem und sein Einfluss auf die emotionalen Inhalte im Gehirn

In der psychoneuronalen Entwicklung gibt es (nach Gerhard Roth) verschiedene Systeme, die sich am Anfang unseres Lebens entwickeln. Es handelt sich um:

- das Stressverarbeitungssystem (vorgeburtlich, früh-nachgeburtlich),
- das interne Beruhigungssystem (vorgeburtlich, früh-nachgeburtlich),
- das interne Motivationssystem (erste Lebensjahre),
- das Impulshemmungssystem (1. bis 20. Lebensjahr),
- das Bindungssystem (erste Lebensjahre),
- den Realitätssinn und die Risikowahrnehmung (3. bis 20. Lebensjahr oder noch später).

Natürlich entwickeln sich alle diese unterschiedlichen Systeme in einem komplizierten Zusammenspiel. Jedes System für sich ist ein kleines Wunderwerk, und die Verzahnung ist hochinteressant. Dennoch möchte ich mich an dieser Stelle vor allem auf das Stressverarbeitungssystem konzentrieren und seine Funktionsweise intensiver beleuchten.

Das Stressverarbeitungssystem ist dafür zuständig, dass unser Körper fit genug ist, die hohen Anforderungen des Lebens zu bewältigen. Je nachdem, wie viel Stressbewältigung in einem bestimmten Umfeld erforderlich ist, stellt sich das Stressverarbeitungssystem langfristig darauf ein, wie viele Stresshormone bei Stress ausgeschüttet werden sollen, um die Anforderungen zu meistern. Diese Einstellung erfolgt früh im Leben von Kindern. Bereits frühe Erfahrungen mit Stress, die ein Kind macht (Abwertung, Missachtung, Strafen, Sanktionen), können langfristig das Stressverarbeitungssystem im Gehirn beeinflussen. Bei emotional oder körperlich vernachlässigten oder auch misshandelten Kindern konnte gezeigt werden, dass frühe Stresserfahrungen das Gehirn beziehungsweise die Stressfunktion quasi langfristig »programmieren«, und zwar in Richtung einer Über- oder einer Unterfunktion.

Forscher gehen davon aus, dass die Überfunktion (erhöhte Cortisolausschüttung) ein Zustand ist, in dem die Kinder noch nicht aufgegeben haben und verzweifelt versuchen, den Stress zu bewältigen, sie ist also an Bewältigungsstrategien gekoppelt (zum Beispiel offene Aggression, Flucht).

Bei einer Unterfunktion (zu wenig Cortisolausschüttung) hingegen wird vermutet, dass Kinder infolge intensiver Stresserfahrungen in eine Form von Resignation fallen. Evolutionsbiologisch ist das eine Art »Energiesparprogramm«. Das System lernt: Eine Aktivierung des Stressverarbeitungssystems macht keinen Sinn. Die Energie kann nicht genutzt werden, man kann sowieso nichts machen. Das Ergebnis ist Hilflosigkeit, Resignation und Erstarrung. Die Entwicklung der Unterfunktion ist eine Form der Energieeinsparung, die letztlich auch zu einer geringeren Verschaltung der emotionalen Bereiche führen kann.

Häufige verletzende Stresserfahrungen (zum Beispiel wiederholte Demütigung und Abwertung) können langfristig eine Unterfunktion des Stressverarbeitungssystems mit sich bringen. In Studien an der Florida State University im Jahr 2006 wurde belegt, dass eine Unterfunktion häufig mit einem eher gefühl losen Verhalten einhergeht. Die Psychologen um Bryan Loney schlussfolgerten, dass der Zugang zu den emotionalen Arealen im Gehirn, die Bereiche, die für Empathie, Einfühlung und andere Emotionen zuständig sind, nur eingeschränkt möglich ist. Es wird vermutet, dass durch die Unterfunktion Verknüpfung und Ausbau der neuronalen Netzwerke in geringerem Maße stattfinden.

Wenn Menschen eine langfristige Unterfunktion der Cortisolausschüttung mitbringen, dann werden sie Schwierigkeiten haben, ihre eigenen Emotionen richtig zu verarbeiten, und können nicht ausreichend Empathie und Mitgefühl für andere entwickeln. Einfach weil die Bereiche quasi ein Stück wie »abgeschaltet«, nicht erreichbar, nicht in ausreichender Form vernetzt und verschaltet sind. Interessant ist, dass das »Herunterfahren« nur die Netzwerke betrifft, die die emotionale Verarbeitung anleiten, nicht aber diejenigen, die für die Kognition zuständig sind.

Das alles heißt nun nicht, dass alle Menschen, die selbst einen strafenden Umgang erlebt haben, völlig emotionslos durchs Leben gehen. Menschen gehen unterschiedlich mit ihrer Schmerzgrenze um, sie entwickeln individuelle Bewältigungsstrategien. Ihre unterschiedlichen Biografien, die Konstellationen und die persönlichen Beziehungserfahrungen auf allen Ebenen haben vielfältigen Einfluss auf das eigene Wachstum im Leben und in Beziehungen. Doch wer eine eher kalte Beziehungsatmosphäre erlebt hat, die mit Demütigung, Abwertung und Missachtung einhergegangen ist, wer mit Liebesentzug gestraft und machtvoll an ein von den Eltern gewünschtes Verhalten angepasst wurde, hat Liebesentzug aushalten, kompensieren und entsprechende Bewältigungsstrategien entwickeln müssen. Einige davon können wir bewusst auf der Handlungsebene beeinflussen, wieder andere sind tief in unserem Nervensystem verankert und haben sich unbewusst eingestellt. Dazu gehört die Strategie, emotionale Bereiche abzukoppeln, um dem Dauerschmerz zu entkommen und ihn abzuschalten.

Wenn wir nun zu der Ausgangsfrage von Silke zurückkommen, warum es gerade in emotional stressigen Situationen so schwierig ist, die neuen Handlungsmöglichkeiten zu integrieren und warum auch das emotionale Verständnis für die Position des Anderen oft wenig vorhanden ist, dann kann das aufgrund der oben dargestellten neurobiologischen Zusammenhänge klarer und nachvollziehbarer werden. Gerade in emotional-affektvoll aufgeladenen Momenten sind die Links in unsere Vergangenheit besonders schnell. Erlebte Erinnerungen aus der Kindheit werden getriggert, sodass unverarbeitete emotionale Inhalte ungefiltert in den Vordergrund treten können, quasi die Führung übernehmen. In solchen Momenten haben wir zu den kognitiven Bereichen nur einen eingeschränkten Zugang. Je emotionaler der Moment, je größer unser innerer Stress, desto schwieriger ist für die Impulskontrolle, die aufsteigenden Aggressionsimpulse zu verarbeiten. Dieser Mechanismus erklärt, warum wir in manchen Situationen von 0 auf 100 „an die Decke" gehen.

Wir müssen dem Kreislauf, in dem wir stecken, nicht ausgeliefert bleiben, sondern können ihn unterbrechen. Es dauert allerdings, denn es ist ein Prozess. Die bisher weniger genutzten und nur teilweise verschalteten neuronalen Bahnen zu den entsprechenden emotionalen Netzwerken (wieder) zu aktivieren bzw. zu reaktivieren, braucht ein wenig Zeit. Grundsätzlich werden zu Beginn unseres Lebens Nervenzellen im Gehirn zunächst im Überschuss verschaltet und dann abgebaut. Das, was genutzt wird, wird stabilisiert, und das, was nicht genutzt wird, wird abgebaut. Es ist jedoch grundsätzlich möglich, diese Verschaltungen (wieder) herzustellen und so eine emotionale Öffnung für neue Prozesse möglich zu machen. Ziel ist, den Schlüssel zu den eigenen Emotionen und damit auch zu unseren emotionalen (Grund-)Bedürfnissen (wieder) zu finden. Denn das ist die Grundlage für eine gute eigene Regulierung unserer Beziehungen – die zu uns selbst, aber auch zu den Menschen in unserer Umgebung.

Sie wünschen sich jetzt vermutlich eine kleine Liste mit lauter konkreten Handlungsanweisungen für sich selbst, um die geschilderten Mechanismen hinter sich zu lassen. Natürlich habe ich keine Liste zum Abhaken. Und doch möchte ich, so konkret wie möglich, Hinweise dafür geben, wie Sie auf den neuen Wegen sicherer werden können – bei den inneren Veränderungen und im nächsten Kapitel auch durch konkrete Übungen.

Zwei Dinge sind grundsätzlich wesentlich:

- einen Zugang zu unbewussten Vorgängen zu erhalten,
- neue, andere und gute Erfahrungen in Beziehungen zu machen.

Wenn wir unbewusst ablaufende Handlungen und Vorgänge ins Bewusstsein holen, ist es möglich, diese zu bearbeiten und auch zu verändern. Das kann sowohl in einer Beratungs- oder Therapiesituation entstehen als auch durch die achtsame, alltägliche Auseinandersetzung mit sich selbst. Haben Sie also Geduld mit sich. Der Weg der Veränderung führt über uns selbst.

Ohne Empathie keine erfüllenden Beziehungen

Empathie ist die Voraussetzung dafür, eine gute und tiefe Verbindung zu anderen Menschen herzustellen, sie zu verstehen und sich in ihre emotionale Welt einzufühlen. Gerade in Konfliktsituationen kommt diese Fähigkeit zur Empathie besonders zum Tragen. Verlieren wir die Verbindung zum anderen, bedeuten unterschiedliche Positionen gleichzeitig auch eine emotionale Trennung. Empathisches Einfühlen ist Voraussetzung, um offen aufeinander zuzugehen und in Kooperation auch konstruktive Lösungen zu entwickeln.

Die Fähigkeit, dass wir uns einfühlen und Empathie entwickeln können, kann nur entstehen, wenn wir selbst Empathie und einen feinfühligen Umgang erfahren. Die Autonomiephase spielt dabei eine große Rolle. Kinder lernen ihre Gefühle kennen, und Eltern können einfühlsam empathisches Verhalten zeigen. Erfährt ein Kind keine empathischen Reaktionen (zum Beispiel durch sanktionierenden und strafenden Umgang), können sich die emotionalen Netzwerke im Gehirn nicht optimal entwickeln und verbinden, sodass diese Bereiche unter Umständen nicht oder nur teilweise verschaltet werden.

Alte Verhaltensmuster verändern

Neben der Empathie sind das Selbstmitgefühl und die Selbstliebe wichtige Fähigkeiten. Mitunter sind diese komplettes Neuland, und es bedarf etwas Zeit, um sie zu entdecken.

Mitgefühl für sich selbst entwickeln

In den vorherigen Kapiteln ging es darum, wie wichtig es ist, Zugang zu den eigenen Emotionen zu haben, Gefühle gut verarbeiten zu können und auch eigene emotionale Grundbedürfnisse (wieder) wahrzunehmen und sich erfüllen zu können. Es ist also ein Prozess auf verschiedenen Ebenen nötig. Ein Prozess, der Zeit und Geduld erfordert. Geduld aufzubringen ist oft nicht so leicht. Wir sind ja schon mit unseren Kindern oft ungeduldig, wie sollen wir da mit uns selbst geduldig sein? Und wir haben in der Regel auch Eltern gehabt, die mit uns nicht geduldig waren. Umso wichtiger ist es, dass wir lernen, mit uns selbst geduldiger, weicher, liebevoller, wärmer, nachgiebiger und insgesamt freundlicher zu sein. Sobald Eltern eine Art Mitgefühl für sich selbst, Empathie und ein Wissen darum, was sie selbst als Kind erlebt haben, entwickeln, können sie (wieder) eine Verbindung zu sich selbst herstellen.

Es geschieht dann Folgendes:

- Sie beginnen den (früh und lang verdrängten) Schmerz zu fühlen, den sie als Kind selbst jahrelang verdrängen mussten und den ihr Gehirn quasi »abgeschaltet« hatte.
- Sie können auf diesem Weg Gefühle (wieder) intensiver wahrnehmen und nicht nur Empathie für sich selbst und das Erlebte entwickeln, sondern sich auch für ihre Kinder auf emotionaler Ebene voller Mitgefühl öffnen und so ganz neue Handlungsalternativen für sich entdecken.

Was also passiert ist, dass ein Teil des Selbst, der Bereich, der uns Empathie und Einfühlung möglich macht und der über viele Jahre »gekappt« und von uns abgetrennt war, wieder integriert und (neu) verbunden werden kann. Eltern bekommen so (wieder) eine Verbindung und einen Zugang zu lange abgespaltenen Gefühlen. Sie erkennen Zusammenhänge zwischen Bildern, Ereignissen und Vorgängen in der eigenen Biografie. So kann sich langfristig die Beziehung zu sich selbst verbessern, und auch die Verbindungen zu anderen – insbesondere zu den eigenen Kindern – kann intensiver werden.

Das ist ein lohnender, selbstreflexiver Prozess. Er ist jedoch auch von einigen schmerzhaften Aspekten begleitet, denn viele empfinden Trauer und Schmerz für das, was ihnen als Kind widerfahren ist.

Wenn wir (wieder) lernen wollen, Empathie zu entwickeln und mitfühlender mit unseren Kindern zu werden, ist es wesentlich, dass wir das mit uns selbst auch können. Der Weg zu unseren Kindern führt also auch über uns selbst. Dabei geht es darum, Prozesse, die bisher unbewusst abgelaufen sind, bewusst zu machen; es geht um Achtsamkeit uns selbst und dem, was wir tun, gegenüber. Was wir tun können, ist, diese Prozesse zu verlangsamen, damit wir sie bewusster wahrnehmen und so auch bewusst beeinflussen können.

Selbstliebe als Voraussetzung von Zufriedenheit

Der Psychologe Wayne Dyer hat einmal gesagt: »Nur wenige wissen, dass die Fähigkeit, andere zu lieben, erst durch die Liebe zu sich selbst ermöglicht wird.« Doch was genau ist eigentlich Selbstliebe und wodurch drückt sie sich aus? Menschen, die sich selbst lieben, halten sich für liebenswert und wertvoll. Sie verurteilen sich nicht für vermeintliche Fehler und können sich und auch anderen liebevoll und verzeihend gegenübertreten. Sie sind achtsam mit sich selbst und anderen und übernehmen Verantwortung für ihr Handeln. Sie können Komplimente mit einem guten Gefühl annehmen und sich darüber freuen.

Klingt so leicht und doch: Wenn wir Eltern hatten, die sich selbst nicht so mochten und uns als Kinder auch nur unter bestimmten Bedingungen angenommen haben, ist es nicht so einfach, sich selbst zu mögen und sich zu lieben. Sich so anzunehmen, wie man ist. Mit allen vermeintlichen »Macken«, Eigenheiten und Charaktereigenschaften. Oft genug habe ich in der Arbeit mit Eltern Erwachsene erlebt, die sich selbst gegenüber wenig liebevoll sind.

Denn wir führen einen ständigen inneren Dialog mit uns selbst. Wirkliche Stille kennen wir eigentlich gar nicht. Häufig ist dieser Dialog nicht besonders freundlich. Dabei würden wir mit niemandem so sprechen, wie wir innerlich mit uns selbst sprechen. Überprüfen Sie sich einmal selbst: Wir kritisieren uns ständig, sehen uns negativ und erzeugen permanent Angstszenarien. Wenn wir in Stress geraten, also Veränderung, Verunsicherung, Ängste oder Zweifel spüren, wird der Dialog manchmal richtig hässlich. So beginnen wir uns selbst zu sabotieren und zu boykottieren. Meist ist es eine innere Stimme, die uns warnt, uns gleichzeitig abwertet und möglicherweise auch noch übel beschimpft:

➡ »Kannst du eh nicht!«
➡ »Lass es doch gleich!«
➡ »Hast du wieder nicht gut gemacht!«
➡ »War doch klar! Schon wieder versagt!«

So vermiesen wir uns manchmal sogar schöne Ereignisse und tun uns eigentlich selbst (unbewusst) weh. Das alles hat Einfluss auf uns und unser psychisches Gleichgewicht und Wohlbefinden. Da das allerdings alles unbewusst ablaufende Prozesse sind, verstehen wir nicht, was mit uns passiert und warum wir uns latent so mangelhaft und schlecht fühlen.

Dabei ist Selbstliebe der einzige Weg zur Aussöhnung mit uns selbst. Denn wir können uns getrost klarmachen: Es gibt keine andere Version von uns. Die einzige Chance, die wir haben, ist, die Version, die wir sind, anzunehmen und uns so zu mögen, wie wir sind.

Doch wenn es gelingt, kann sich der innere Kampf etwas beruhigen. Der Kampf, den wir mit der Welt und mit Menschen in unserer Umgebung kämpfen – häufig mit unseren eigenen Kindern –, kann befriedet werden. Wir können herunterfahren und ruhiger werden, liebevoller, weicher, wohlwollender und freundlicher mit uns selbst.

> Seien Sie mit sich selbst liebevoll und freundlich. Nur wenn uns das in der Beziehung zu uns selbst gelingt, wird uns das auch in Beziehungen zu anderen gelingen – auch zu unseren Kindern.

Begleitende Eigenreflexion – Selbstbeobachtung

Folgende Fragen können Sie sich auf dem Weg zur Selbstliebe stellen:

- Mag ich mich?
- Was mag ich an mir?
- Mag ich meinen Körper?
- Bin ich mir selbst gegenüber sehr kritisch? Wenn ja, woran merke ich das?

- Auf einer Skala von 1 bis 10, wie gut empfinde ich mich als Mutter/Vater?
- Auf einer Skala von 1 bis 10, wie glücklich bin ich durchschnittlich mit meinem Leben insgesamt?
- Auf einer Skala von 1 bis 10, wie glücklich bin ich im Durchschnitt mit meinen Beziehungen zu meinen Kindern?
- Auf einer Skala von 1 bis 10, wie glücklich bin ich im Durchschnitt mit meinen Beziehungen im Erwachsenenleben?

Durch die Beantwortung der Fragen kann etwas in uns in Bewegung kommen. Sie können diese Frageübung in größeren Abständen wiederholen und werden sehen, dass die Antworten variieren. Diese Reflexion kann durch eine intensivere Selbstbeobachtung ergänzt werden. So kann man sich über einige Tage hinweg intensiver beobachten, bewusster wahrnehmen, wie es einem geht, und beispielsweise abends aufschreiben, wie man sich am Tag gefühlt hat. Diese Vorgehensweise hilft bei der eigenen Reflexion und unterstützt die inneren Prozesse. Ein anderer Weg, sich selbst nahezukommen, ist die Spiegelübung.

Spiegelübung – sich selbst liebevoll anschauen lernen

Die Spiegelübung klingt so harmlos und hat es doch ganz schön in sich. Sie gibt uns innerhalb weniger Minuten Aufschluss darüber, wie es uns mit uns selbst geht und wo wir in Bezug auf Selbstliebe stehen. Gehen Sie behutsam in einzelnen Schritten vor. So habe ich in meiner Praxis gute Erfahrungen mit dieser Übung gemacht:

Schritt 1: Schauen Sie in den Spiegel und nehmen Sie sich dafür etwas Zeit. Betrachten Sie sich aufmerksam, so als würden Sie einem lieben Menschen begegnen. Was sehen Sie? Wie schauen Sie sich selbst an? Neugierig, offen oder eher skeptisch, prüfend?

Nun spüren Sie vorsichtig nach:

- ➡ Wie fühlen Sie sich?
- ➡ Was können Sie in Ihrem Körper wahrnehmen?

Körperempfindungen wahrzunehmen kann ungewohnt sein, deshalb hier einige Worte, die vielleicht helfen, auszudrücken, was Sie wahrnehmen: kribbelig, freudig, blockiert, gedrückt, taub, ruhig, sanft, fröstelnd, nervös, atemlos, zart, verbunden, wackelig, stark.

Bleiben Sie bei dieser Form der Übung so lange, bis Sie das Gefühl haben, einen Schritt weiter gehen zu können.

Schritt 2: Schauen Sie in den Spiegel, schauen Sie sich selbst wohlwollend und freundlich an und nehmen Sie Blickkontakt mit sich selbst auf: Blicken Sie sich warm und liebevoll in die Augen und sprechen Sie sich nun zunächst in Gedanken selbst beim Vornamen an:

Name, ich mag dich!

Für Fortgeschrittene auch abgewandelt der Satz:

Name, ich liebe dich!

Nun spüren Sie wieder vorsichtig nach, was mit Ihnen passiert. Fällt es Ihnen schwer? Was macht dieser Satz, den Sie zu sich selbst sagen? Können Sie liebevoll und freundlich mit sich selbst sprechen?

Wie fühlen Sie sich (welche Gefühle kommen)? Traurigkeit, Scham, Schmerz oder auch Freude und Leichtigkeit? Sortieren Sie die Gefühle etwas und spüren Sie weiter: Was können Sie in Ihrem Körper wahrnehmen? Spüren Sie Ihren Magen? Wie geht es Ihren Beinen? Wie fühlt sich Ihre Atmung an?

Schritt 3: Wiederholen Sie Schritt 2. Schauen Sie wieder in den Spiegel, schauen Sie sich selbst wohlwollend und freundlich an und nehmen Sie Blickkontakt mit sich selbst auf: Blicken Sie sich warm und liebevoll in die Augen und sagen Sie nun laut zu sich selbst:

Name, ich mag dich!

Für Fortgeschrittene auch abgewandelt der Satz:

Name, ich liebe dich!

Nun spüren Sie wie im 2. Schritt wieder vorsichtig nach: Was passiert mit Ihnen?

Diese Übung ist geeignet, um Antworten auf die Frage zu finden, wie sehr wir uns mögen. Man kann sie einmal machen, um zu erfahren, wie es um das Gefühl der Selbstliebe bestellt ist. Doch sie ist auch für tägliche kleine Einheiten geeignet, um kleine Schritte auf dem Weg zur Selbstliebe zu gehen.

Ziel ist es, mit der Zeit (wieder) liebevoller, weicher, wärmer, nachgiebiger und freundlicher mit sich selbst zu werden. Sie werden in kleinen Schritten Veränderungen wahrnehmen können und zunehmend ein besseres und vielleicht sogar gutes Gefühl sich selbst gegenüber entwickeln.

Selbstliebe ist auch die Voraussetzung für eine glückliche und erfüllte Partnerschaft und weitere erfüllende Beziehungen – auch zu unseren Kindern. Denn wie sollen wir einen anderen Menschen lieben und ihm Vertrauen entgegenbringen, wenn wir es nicht einmal bei uns selbst schaffen? Kinder spüren unsere Unsicherheit uns selbst gegenüber sofort. Und häufig ist es so, dass wir eine große Sehnsucht entwickeln und jemanden suchen, der uns genau die Liebe gibt, nach der wir uns sehnen und die wir früher in der Beziehung zu unseren Eltern vermisst haben. Das jedoch überfordert jeden – zuallererst unsere Liebespartner und natürlich auch unsere Kinder. Denn es ist nicht ihre Aufgabe, unsere Sehnsucht nach Liebe und Anerkennung zu stillen.

Deshalb gehen Sie wichtige Schritte hin zu Ihrer persönlichen Freiheit, wenn Sie sich auf den Weg zu Selbstannahme und

Selbstliebe machen, ein positives Selbstwertgefühl entwickeln und sich infolgedessen für liebenswert und wertvoll halten können. Sie hören auf, sich für Ihre (vermeintlichen) Fehler zu verurteilen, verzeihen sich selbst und können Verständnis für sich selbst entwickeln – gerade das ist für die Beziehung zu unseren Kindern ein ganz wesentlicher Punkt, denn nur, wenn wir uns selbst ernst nehmen und schätzen, können auch Kinder die Erfahrung machen: Ich darf mich selbst lieben.

Im Moment leben – sich bewusst sein

Wesentlich ist, dass ich bewusster in den Beziehungen bin und bewusster genau in dem Moment lebe, der gerade stattfindet. Wenn ich einfach durch mein Leben gehe und gar nicht wahrnehme, was um mich herum geschieht, dann werde ich auch nichts verändern können. Wichtig ist also, im Hier und Jetzt zu sein. Zum Beispiel zu spüren, dass gerade Wind aufkommt, dass die Vögel zwitschern, dass die Sonne warm ist ... Dafür kann es hilfreich sein, mehrmals am Tag kleine Unterbrechungen einzubauen. Man kann zum Beispiel einen Handywecker stellen, der mich ein paar Mal tagsüber dran erinnert, immer wieder innezuhalten, mich umzuschauen, mich zu orientieren, wo ich mich im Moment gerade räumlich, gedanklich und emotional befinde, einmal oder mehrmals bewusst tief zu atmen und mir die Frage zu stellen: »Wie geht es mir gerade, jetzt im Moment? Wo bin ich? Was spüre ich?« So können wir uns immer wieder unserer selbst bewusster werden. Je bewusster Sie sich werden, desto höher wird die Wahrscheinlichkeit, unbewusste negative Mechanismen zu unterbrechen und eine neue Kraft zu entwickeln.

Im Körper sein

Unser Körper ist wie ein Haus – unser Haus. Wir bewohnen dieses Haus unser ganzes Leben lang – ob es uns gefällt oder nicht. Es ist das einzige Haus, das wir haben, und wir können lernen, unseren Körper bewusster wahrzunehmen und ihm gegenüber freundlich zu sein. Wir sind untrennbar mit unserem Körper verbunden, ob wir wollen oder nicht. Es gibt vielfältige Möglichkeiten, den eigenen Körper besser wahrzunehmen: von Wahrnehmungs- und Achtsamkeitsübungen, die den Körper miteinbeziehen, über verschiedene sportliche oder auch meditative Aktivitäten. Wichtig ist, auch im Alltag den Körper und seine Reaktionen wahrzunehmen. Wenn wir in Gesprächen sind oder im Bus sitzen: Versuchen Sie einmal, Ihren Herzschlag wahrzunehmen. Ist Ihnen kalt oder warm? Und kann Ihr Atem bis in den Bauch fließen?

Sich selbst verzeihen

Verzeihen Sie sich selbst und hören Sie auf, sich selbst schlechtzumachen! Verzeihen Sie sich, wenn etwas nicht klappt, wenn es nicht so läuft wie geplant. Verzeihen Sie sich, wenn Sie wieder frustriert oder enttäuscht sind. Verzeihen Sie sich, wenn Sie nicht so reagiert haben, wie Sie eigentlich wollten. Seien Sie freundlich zu sich selbst. Wenn Ihnen das schwerfällt, dann stellen Sie sich vor, dass Sie Ihre eigene beste Freundin oder Ihr bester Freund sind – und genauso freundlich sind Sie dann auch zu sich selbst.

Und woran merken Sie Veränderungen? Ein gutes Barometer sind Sie selbst. Ihre Wahrnehmung und Ihr Blick auf die Dinge werden sich verändern. Alltagskonflikte, die früher eskaliert sind, entstehen weniger oder sind für Sie leichter lösbar.

Auch Ihre Kinder sind ein guter Spiegel, und Sie werden merken, dass sie ruhiger werden und dass nicht mehr der Kampf im Vordergrund steht. Eine wichtige Voraussetzung für eine Kindheit ohne Strafen.

Achtsame Sprache

An dieser Stelle ist es hilfreich, das alltägliche Vokabular zu überprüfen, mit dem wir ständig konfrontiert sind und welches wir selbst nutzen. Wie oft sprechen wir von »Fehlern«, die Menschen machen, von »Schwächen« und davon, was wir »falsch« gemacht haben. Drei Aspekte von Sprache sind für mich hier von Bedeutung:

- Sprache als Spiegel der sozialen Realität
- Sprache als Brücke zwischen unserem Innen und Außen
- Sprache als Ausdruck unserer inneren Bilder

Die Art und Weise, wie wir uns ausdrücken, sagt viel darüber aus, wie wir die äußere Welt sehen und unsere eigene (innere) Welt wahrnehmen. Andererseits ist eine achtsame Sprache und Ausdrucksweise wesentlich, weil bestimmte Formulierungen bestimmte Einstellungen oder Denkweisen manifestieren können. So können wir uns zum Beispiel durch negative Formulierungen nur auf das Schlechte fokussieren oder uns durch überkritische Selbstsuggestionen hemmen und blockieren. Wir sollten also schauen, welchen Worten wir in unserem Wortschatz Raum geben. Die Sprache ist so reich an Worten und wirklich ein »Schatz«, den wir auch achtsam einsetzen können. Typische Worte, die uns hemmen oder blockieren können, sind zum Beispiel:

Fehler: Genau genommen gibt es keine »Fehler«. Fehler sind für mich Umwege – und es hat aus unserer Sicht sicher Dinge gegeben, die dazu geführt haben, dass wir diese (Um-)Wege beschritten haben. Umwege als solche erhöhen zunächst die Ortskenntnis und sind so gesehen nicht verkehrt, sondern oft sogar notwendig.

Schwächen: Das Wort suggeriert, dass wir an bestimmten Stellen »schwach« sind und dass wir »Defizite« haben. Auch das dürfen wir hinterfragen. Ist es nicht so, dass die vermeintliche Schwäche vor allem mit bestimmten Erwartungen verbunden ist und somit vor allem im Auge des Betrachters liegt? Eine sogenannte Schwäche ist doch immer nur im Verhältnis zu einem bestimmten Kontext schwach und defizitär, wenn jemand sie als solche bewertet. Wenn jemand zum Beispiel als sehr langsam gilt, dann kann das – gerade in unserer heutigen, schnelllebigen Welt – schnell als ein Defizit gelten. Natürlich nur, wenn wir die Erwartung haben, dass alles viel schneller gehen muss. Wenn die gleiche Person jedoch mit dieser Langsamkeit sein Essen zu sich nimmt, kann die vermeintliche Schwäche der Langsamkeit zu einer großen Stärke werden. Denn wir wissen alle, dass es nicht gut ist, Essen zu schlingen, und dass eine langsame Nahrungsaufnahme für Körper und Geist besser ist. Wir sehen also: Stärken und Schwächen, Defizite und Fehler ... alles Worte, die wir hinterfragen können.

Wenn ich in meinen Beratungen, Ausbildungen und Seminaren von der Achtsamkeit der Sprache spreche, dann höre ich oft den Satz: »Na ja, du weißt doch, was ich meine!« Ja, in der Regel kann ich den Gedanken hinter dem Satz gut erkennen, und trotzdem – oder vielleicht auch gerade deshalb – ist es lohnend, zu schauen: Was will ich wirklich sagen? Was will ich beschreiben und was ist mir gerade wichtig, auszudrücken? Ja, ich weiß, was du meinst, und doch wäre es wichtig, auch das, was wir meinen, zu sagen und dafür wertschätzende und differenzierte Worte zu finden. Je besser ich das, was ich empfinde, beschreiben kann, desto besser kann ich mich mitteilen, werde ich verstanden und kann ich mich besser angenommen und geliebt fühlen.

Achtsamkeit auf allen Ebenen – in der Umwelt, der Sprache, der Wahrnehmung, mit sich selbst, seinen Gefühlen, Bedürfnissen und Körperempfindungen – ist ein wesentlicher Baustein zu einem neuen Selbstmitgefühl und zur Selbstliebe, um die emotionalen Bereiche in uns (wieder) neu zu aktivieren und zugänglich zu machen.

Kapitel 5

Der neue Weg für Eltern: bindungs- und beziehungs- orientiert – eine gute Alternative

Beim bindungs- und beziehungsorientierten Umgang geht es darum, vor allem emotionale Aspekte von Bindung und Beziehung zu berücksichtigen. Jeder Mensch trägt eine Palette an emotionalen Grundbedürfnissen in sich – wir können uns dies wie eine »emotionale Klaviatur« vorstellen.

Die Klaviatur des emotionalen Gleichgewichts

Stellen wir uns einmal vor, dass jedes emotionale Bedürfnis einen Ton erzeugt, und zusammen ergeben unsere emotionalen Bedürfnisse eine Klaviatur, die – wenn wir sie beherrschen – mit ihrer Vielfalt an Tönen für eine wunderbare »Musik« in uns sorgt. Diese Klaviatur ist für unser emotionales Gleichgewicht zuständig. Sie ist – wie unser Gehirn – zwar von Beginn an in uns angelegt, jedoch noch nicht vollständig differenziert entwickelt und ausgereift. Diese Differenzierung kommt erst durch Bindung und durch viele Beziehungserfahrungen mit unseren ersten Bezugspersonen zustande. Mit deren Hilfe können wir unser inneres emotionales Bedürfnisnetzwerk möglichst gut kennenlernen, reichlich ausbauen und verknüpfen. Das braucht Jahre und ist ein Prozess, der bis ins Erwachsenenalter andauern kann. Je besser wir die Bedürfnisklaviatur in uns selbst kennenlernen, desto größer und differenzierter ist die Vielfalt und desto besser beherrschen wir die Erfüllung (das eigene Einstimmen) unserer emotionalen Bedürfnisse. Denn letztlich geht es darum, unser inneres emotionales Gleichwicht immer wieder halten und herstellen zu können.

Ich gehe davon aus, dass jedes Verhalten von Menschen – großen und kleinen – darauf angelegt ist, die eigenen emotionalen Bedürfnisse zu erfüllen und sie in Einklang miteinander zu bringen. Um Kinder bei der Entdeckung, dem Kennenlernen und vor allem der Beherrschung ihrer inneren emotionalen Klaviatur gut begleiten zu können, ist es also nötig, dass wir zum einen unsere eigenen Bedürfnisse gut kennen und zum anderen zunächst das Verhalten der Kinder hinterfragen und zu verstehen suchen. Denn dieses Verhalten gibt uns Aufschluss darüber, um welche Bedürfnisse es sich handelt und in welcher inneren emotional-seelischen Lage sich die Kinder befinden.

Es geht nicht in erster Linie darum, auf das, was wir sehen, zu reagieren und es mit Maßnahmen wie Sanktionen, Strafen oder auch Belohnungen verändern zu wollen. Denn ein solches Handeln übergeht diesen wichtigen bedürfnisorientierten Schritt und kann so die emotionale Klaviatur nachhaltig »verstimmen« und langfristig sogar beschädigen. Wie schon in Kapitel 1 gezeigt, reagiert die sogenannte Verhaltenspädagogik vor allem auf das, was an Verhalten sichtbar ist (zum Beispiel das Kind ist aggressiv und haut) und arbeitet oft ausschließlich auf der Symptomebene (das Kind soll dazu gebracht werden, nicht mehr zu hauen), ohne die emotionale Bedürfnisebene und die Ursachen des Verhaltens ausreichend zu berücksichtigen. Dafür werden Maßnahmen angewandt (zum Beispiel Schimpfen, Konsequenzen, Sanktionen, Strafarbeiten, Zwang zur Wiedergutmachung) – der eigentliche Konflikt bleibt ungeklärt. Leider geht es auch heute noch nach wie vor viel zu wenig – gerade in Kita oder Schule – darum, emotional-seelische Prozesse zu verstehen und im Sinne von Bindung und Beziehung darauf zu reagieren. Dabei deuten mittlerweile zahlreiche wissenschaftliche Erkenntnisse der Bindungs- und Säuglingsforschung, der Entwicklungspsychologie und auch Studien der Psychotherapieforschung darauf hin, dass dieser Ansatz langfristig viel nachhaltiger und für eine gesunde emotional-seelische Entwicklung unserer Kinder förderlich ist.

Wird das Verhalten des Kindes als Signal für innere seelische Zustände begriffen, kann in einem zweiten Schritt das dahinterliegende Gefühl, zum Beispiel Ärger, Wut oder Schmerz, erspürt und benannt werden. In einem dritten Schritt geht es darum, das darunterliegende emotionale Bedürfnis, zum Beispiel nach Zugehörigkeit und/oder Anerkennung, zu ergründen. Wenn das lokalisiert ist und die Beziehungszusammenhänge klar sind, bekommt das Verhalten des Kindes auf einmal einen Sinn. Es kann ziemlich wütend machen, wenn man sich ausgeschlossen oder nicht anerkannt fühlt – das macht das Verhalten nicht akzeptabel, jedoch nachvollziehbar. Dieses Vorgehen funktioniert ähnlich wie ein »Profiling«: Wir analysieren, werten bestimmte Aspekte aus und stellen Rückbezüge her. In diesem Sinne können wir quasi ein »emotionales Profiling« durchführen und so Schritt für Schritt emotionale Ursachen für ein Verhalten erkennen, Zusammenhänge herstellen und emotionale Beweggründe verstehen. Erst dann geht es um eine sinnvolle Reaktion im Sinne von Bindung und Beziehung.

Wir können auf der emotionalen (Bedürfnis-)Ebene reagieren und versuchen, einen Ausgleich herzustellen. Dafür ist es wichtig, sich Zeit zu nehmen und auf der Bindungs- und Beziehungsebene zu ergründen, was genau dieses Kind in dieser Situation braucht, um sich zum Beispiel (wieder) zugehörig oder anerkannt zu fühlen. Antworten im Sinne von Bindung und Beziehung sind vor allem Reaktionen, die die Kinder nicht kränken und ihre Grenzen nicht überschreiten. Das ist sicher eine Herausforderung, aber es ist möglich, wie Sie in den vorangegangenen Kapiteln sehen konnten und sowohl in diesem als auch im sechsten Kapitel anhand vieler Beispiele noch konkret erfahren können. Sind die emotionalen Bedürfnisse der Kinder von uns Erwachsenen erkannt (zum Beispiel ich will dazugehören, ich möchte mit meinem Anliegen verstanden werden) und (wieder) ins Lot gebracht (Verständnis zeigen, trösten, in den Arm nehmen), sind Kinder in erster Linie hochkooperativ und gut führbar, wenn wir selbst klar Position beziehen und unsere Grenzen deutlich machen.

Signale wahrnehmen und Bedürfnisgläser füllen

Wie können wir das Verhalten von Kindern in einen Bezug zu ihren Grundbedürfnissen bringen? Wir können uns vorstellen, dass unsere emotionale Klaviatur die vielen verschiedenen emotionalen Grundbedürfnisse in sich vereint. Ich verwende auch das Bild von Gefäßen, die gefüllt werden wollen. Wenn ich dieses Bild benutze, gehe ich davon aus, dass jeder Mensch so etwas wie »Bedürfnisgläser« in sich trägt. Für jedes emotionale Grundbedürfnis, zum Beispiel dafür, sich verbunden und zugehörig, anerkannt und wertvoll zu fühlen, gibt es jeweils ein Gefäß. In jeder guten Beziehungssituation werden diese Gefäße gespeist mit dem, was aus der Befriedigung erwächst. So ist das entsprechende Bedürfnis satt und erfüllt, zum Beispiel durch Zuwendung von lieben Menschen, eine Umarmung und Körperkontakt, eine liebevolle Geste oder freundliche und wertschätzende Worte. Kurz gesagt, werden also unsere emotionalen Bedürfnisgläser über Bindungs- und Beziehungsaspekte mit anderen Menschen reguliert und genährt. Ein guter Zustand ist dann hergestellt, wenn diese Gläser möglichst gefüllt sind beziehungsweise wenn wir uns – als Erwachsene – entsprechende »Quellen« suchen, die unsere Bedürfnisgläser füllen können. Erwachsene können selbst darauf achten und für sich sorgen. Dann sind wir ausgeglichen, fühlen uns wohl, sicher und anerkannt und können ein erfülltes Leben führen. Und sollten Momente entstehen, in denen wir uns angegriffen fühlen, können wir diese gut ausgleichen, denn unsere Bedürfnisgläser haben reichlich Inhalt zur Verfügung. Wenn aber nun die Bindungs- und Beziehungsaspekte, die unsere Bedürfnisgläser nähren, über einen längeren Zeitraum nicht oder nicht ausreichend im Alltag zur Verfügung stehen und somit die Gläser weniger oder nicht (nach-)gefüllt werden können, dann sinkt der Wasserstand im Bedürfnisglas. Es entsteht ein emotionaler Mangel. Wir werden unzufrieden, unsicher, dünnhäutig, schneller ärgerlich und emotional weniger stabil. Als Erwachsene haben wir nun über unsere Reflexion, unser Selbstwertgefühl und unser Bewusstsein die Möglichkeit, den inneren Mangel wahrzunehmen und ihm entgegenzuwirken.

Bei Kindern ist es eigentlich ganz ähnlich. Doch es gibt einige wesentliche Unterschiede: Kinder brauchen in ihrem Selbstwert noch viel mehr Bestärkung und sind sich ihrer selbst noch nicht in der Weise bewusst wie wir Erwachsene. Außerdem können sie noch nicht selbst für den Nachschub in ihren Bedürfnisgläsern sorgen. Das heißt, sie sind dabei unbedingt auf uns beziehungsweise ihre nächsten Bindungs- und Beziehungspersonen angewiesen. Wenn die Bedürfnisgläser bei Kindern über einen längeren Zeitraum nicht oder nur unzureichend gefüllt sind, geraten sie in eine emotionale Schieflage. Diese äußert sich ähnlich wie bei uns: Sie werden unsicher, ärgerlich, traurig und bekommen Angst. Und diesen inneren emotionalen Ausnahmezustand machen Kinder dann deutlich. Sie können ihn nur (noch) nicht über die Sprache ausdrücken und zeigen diesen über ihr Verhalten. Manchmal erkennen wir Eltern die Bedürftigkeit der Kinder nicht oder finden keine passenden Antworten, die das entsprechende Glas wieder füllen. Kinder haben dann keine andere

Möglichkeit, als eigene Strategien zu entwickeln, um Zuwendung und Anerkennung zu erhalten. Das kann auch manchmal sehr anstrengend sein.

Wenn ständiger Streit den Alltag belastet

Lissy

Ich habe das Gefühl, dass ich mit meiner Tochter Lissy (vier Jahre) ständig kämpfe. Sie schreit und ist den ganzen Tag sehr laut. Sie macht uns allen das Leben zur Hölle, indem sie einfach immer das Gegenteil von dem macht, was ich sage. Sie macht Dinge kaputt, setzt absichtlich das Bad unter Wasser, gestern hat sie das Sofa angemalt. Nichts ist vor ihr sicher, nicht mal ihr kleiner Bruder. Sie drangsaliert ihn und nimmt ihm ständig alles weg. Auch im Spiel mit anderen Kindern gerät sie schnell in Streit. Ich kann sie keinen Moment aus den Augen lassen. In vielen Situationen verstehe ich gar nicht, was sie eigentlich will. Aber auch grundsätzlich weiß ich einfach nicht, was ihr Problem ist. Zurzeit ist es wirklich schlimm! Lissy braucht anscheinend mindestens einen Erwachsenen, der sich permanent um sie kümmert – aber das können wir nicht leisten, und ich habe oft auch keine Lust dazu, gerade wenn sie sich so verhält. Sie muss doch auch verstehen, dass sie mit ihrem Verhalten nicht auch noch Aufmerksamkeit bekommt! Außerdem habe ich ja auch noch ihren kleinen Bruder (zehn Monate alt). Es funktioniert mittlerweile nur noch mit Wenn-dann-Drohungen und Strafen. Dann setze ich sie in ihr Zimmer oder verbiete ihr ihre 20 Minuten Fernsehzeit. Das alles belastet die gesamte Familiensituation, und wir sind wirklich genervt. Ich habe keine Ahnung, was mit ihr los ist und wie ich einen Draht zu ihr finden soll.

Wenn wir das Verhalten von Lissy als ein wertvolles Signal und nicht als störendes Verhalten, das mit Strafen und Drohungen eingedämmt werden muss, ansehen, dann können wir wichtige

Hinweise auf ihren emotionalen Zustand finden. Lissy scheint es nicht gut zu gehen, sie drückt ihre emotionale Schieflage deutlich aus. Da Kinder eigentlich Teamworker sind und ihren Eltern alles zu Gefallen tun wollen, können wir davon ausgehen, dass Lissy einfach nicht anders kann. Sie provoziert zwar absichtlich, aber nicht, um ihre Mutter zu ärgern, sondern um auf ihre leeren Bedürfnisgläser aufmerksam zu machen. Dafür wendet sie einiges an Kraft auf: Sie schreit viel, lang anhaltend und laut. Sie kämpft mit ihrer Mutter, setzt das Bad unter Wasser und malt sogar das kostbare Sofa an. Lissy ist innerlich in großer Not und kann nur so auf diese aufmerksam machen. Gerade wenn Geschwisterkinder auf die Welt kommen, kann das zu einer zusätzlichen Verunsicherung für die älteren Kinder führen. Sie sind dann besonders auf der Suche nach Anerkennung und Wertschätzung und fühlen sich oft weniger wertvoll.

Lissys Mutter reagiert so, wie viele Erwachsene reagieren: Sie sieht ausschließlich das Verhalten von Lissy (ohne dahinterzuspüren), steigt in den Kampf ein und wendet sich dabei von Lissy ab. Dadurch werden Lissys Bedürfnisgläser noch leerer, der Pegel sinkt rapide. Denn Lissy empfängt die Botschaft: »Deine Anliegen und du, ihr seid für uns nichts wert, und wenn du etwas von uns brauchst, dann wenden wir uns ab, und du bleibst alleine.« Wenn Lissy nun noch zusätzlich über Drohungen und Strafen reguliert wird, kann ihr Selbstwert auf Dauer gefährdet sein. Er kann nicht mehr wachsen, und Lissy wird verzweifelt weiterkämpfen. Dabei nimmt sie sogar in Kauf, sich noch unbeliebter zu machen.

Bedürfnisse ergründen und ins Gleichgewicht bringen

Wenn wir aber wissen, dass es darum geht, ihr zu zeigen: »Du bist wertvoll für uns«, »Du gehörst auch mit deinem Schmerz und deinen Sorgen dazu, du bist anerkannt, geliebt und gesehen mit deinen Anliegen«, dann kann das nur über konstante Zuwendung und echte Hinwendung der Eltern vermittelt werden. Es wäre also gut, wenn Lissys Mutter ihren Impuls, sich abzuwenden, überwinden und sich ihrer Tochter zuwenden könnte. Lissy braucht Wertschätzung und das Gefühl, geliebt und anerkannt zu sein. Diese Zuwendung braucht keine besonderen »Events« (wie Eis essen gehen oder Zoobesuche, Legoland oder eine Shoppingtour), sondern kann im Alltag über viele kleine Situationen und Beziehungsmomente am Tag deutlich werden. Es geht darum, Zeit und Gefühl miteinander zu teilen: vorlesen, kuscheln, den Abwasch mal lassen und gemeinsam aus dem Fenster schauen, einer Frage nachgehen und zusammen Gedanken nachhängen, gemeinsam Wäsche aufhängen oder den Keller ausmisten. Wichtig ist, dass Lissy liebevolle Zuwendung erfährt, sich gesehen und wertvoll fühlt.

Bei Lissy war das emotionale Gleichgewicht schon so sehr in Schieflage geraten, dass Lissys Mutter über einen längeren Zeitraum eine besondere Zeit zusätzlich einrichten musste, um ganz explizit und deutlich ihre Signale von Wertschätzung und Liebe zu senden. So haben wir im Gespräch gemeinsam eine Lissy-Mama-Zeit etabliert und sind dabei folgendermaßen vorgegangen:

➡ *Kurze liebevolle Vorbereitung mit Lissy*: »Lissy, ich habe das Gefühl, sehr wenig Zeit mit dir zu haben, und wir streiten uns viel. Wie siehst du das?«
  Wichtig ist, dass Lissy hier auch zu Wort kommen und erzählen darf, wie es ihr geht. Das dient einer ersten Entlastung und stellt die Verbindung zueinander (wieder) her. Lissys Mutter kann dann fortfahren:
  »Das möchte ich nicht mehr. Ich habe Sehnsucht nach dir und möchte gerne eine Extra-Zeit für uns beide einrichten. Die möchte ich Lissy-Mama-Zeit nennen. Was hältst du davon?«
  Auch hier geht es dann im Folgenden um einen Austausch.

Mutter und Tochter nähern sich so wieder an und eine erste Veränderung entsteht in der Situation.

➡ *Basteln eines Türschildes*: Aus Pappe haben die beiden ein rundes Türschild gebastelt. Sie haben mit bunten Stiften ihre beiden Namen daraufgeschrieben und das Ganze mit einem Foto von sich verziert. Lissy war sehr stolz auf das Schild, das an ihrer Zimmertür hing und immer umgedreht wurde, wenn die entsprechende Zeit gerade stattfand. Als sichtbares Zeichen für alle: Jetzt darf keiner stören! Hier haben zwei miteinander eine Zeit, und die ist wichtig. So wichtig, dass dieses Schild alle darauf hinweist, wie wichtig vor allem Mama diese Zeit mit Lissy ist.

➡ Die Zeit findet unabhängig davon statt, ob es Streit oder eine Auseinandersetzung gab. Das ist wichtig, da deutlich werden soll, dass Lissy als Person wertvoll ist und ihr Wert nicht von ihrem Verhalten abhängig ist.

Für Lissy und ihre Mutter hat diese Zeit jeweils abends ungefähr eine Viertelstunde lang stattgefunden, wenn Lissys Papa nach Hause kam und sich um den kleinen Bruder kümmern konnte. Sie haben gemeinsam gebastelt, gemalt, etwas vorgelesen oder einfach nur miteinander gesprochen. Natürlich kann hier auf allen Ebenen variiert werden. In der Regel reichen jedoch 15 bis 30 Minuten. Ein weiterer Vorteil ist: Gerade wenn im Alltag mal keine Zeit ist, können Eltern immer auch auf diese Zeit verweisen und sagen, dass sie sich schon darauf freuen, etwas gemeinsame Extra-Zeit mit ihrem Kind zu haben.

> Wenn wir das Verhalten von Kindern feinfühlig als Signal wahrnehmen, können wir es so als Hinweis auf ihre innere seelisch-emotionale Lage lesen lernen und verstehen. Damit können wir mit ein wenig Übung auf die jeweiligen dahinterliegenden Bedürfnisse schließen und die Bedürfnisgläser ganz bewusst füllen. Wir können Beziehungsinseln und Momente der Begegnung mit unseren Kindern schaffen, ihnen in die Augen schauen und ihnen zuhören. So erfahren wir Wesentliches über sie und über das, was sie bewegt.

Entwicklungsphasen und andere sensible Phasen

Kinder durchlaufen im Aufwachsen verschiedene sensible Phasen, die immer mit besonderer Achtsamkeit zu begleiten sind. Diese können entwicklungsbedingt (zum Beispiel die Autonomiephase) oder auch biografisch bedingt sein. Biografische Krisen sind zum Beispiel:

- die Ankunft eines Geschwisterkindes,
- Krippen- oder Kitaeintritt,
- Umzug,
- Verlust von nahen Bezugspersonen (Freunde ziehen weg, Betreuungsperson wechselt),
- Veränderungen im Alltag der Kinder (Arbeitseintritt von Eltern, Trennung der Eltern),
- Schuleintritt.

Diese Aufzählung erhebt keinen Anspruch auf Vollständigkeit, sie soll Anregungen dafür geben, beim Suchen von Handlungsalternativen die sensiblen Phasen der Kinder im Blick zu haben.

Entwicklungsphasen können ebenfalls krisenhaften Charakter für unsere Kinder annehmen. Zwei wesentliche Entwicklungsphasen sind die Autonomiephase und die Pubertät. Neben den emotionalen Grundbedürfnissen (siehe Kapitel 1) treten in den verschiedenen Entwicklungsphasen bestimmte emotionale Bedürfnisse unterschiedlich stark in den Vordergrund. Deshalb ist es im Umgang mit Kindern auch immer wesentlich, die unterschiedlichen Entwicklungsphasen zu berücksichtigen. Sie geben uns Hinweise darauf, welche Bedürfnisse gerade aus entwicklungspsychologischer Sicht im Vordergrund stehen und besondere Berücksichtigung brauchen.

Die Autonomiephase – wenn Kinder »trotzen«

Die Autonomiephase (zwischen einem und fünf Jahren) beginnt bereits, wenn die Kinder anfangen zu krabbeln, sich hochziehen und aufrichten. Wenn sie laufen lernen und sich von der Mutter wegbewegen, treten die Bedürfnisse nach Autonomie, Selbstständigkeit und Selbstwirksamkeit stark in den Vordergrund (siehe auch das Beispiel von Ole in Kapitel 2). Die Kinder wollen viel selbst machen, erkunden neugierig ihre Umgebung, brauchen jedoch auch gleichzeitig Sicherheit. Das Bedürfnis nach *Sicherheit* erfüllen sich Kinder, indem sie immer wieder bei ihren Eltern Rückversicherung suchen. So rufen sie zum Beispiel auf dem Spielplatz häufig: »Mama, guck mal.« Sie wollen gesehen werden und versichern sich, dass sie weiterhin mit ihren Eltern verbunden sind.

Was in dieser Zeit wichtig ist: Haben Sie besonderes Verständnis für die Kinder. Stellen Sie Räume für Autonomie und eigene Entscheidungen der Kinder zur Verfügung. So können Sie beispielsweise im Alltag zwei Vorschläge machen (diese Hose oder diese?) oder bei Übergängen (zum Beispiel vom Spielen zum Abendessen) Raum für eigenes Handeln geben: »Ich gehe schon mal vor. Ich warte auf dich und freu mich, wenn du auch gleich kommst.«

Die Autonomiephase ist zwar entwicklungspsychologisch in den oben genannten Jahren verortet, die Erfüllung der genannten Bedürfnisse bleibt jedoch in den folgenden Jahren relevant.

Pubertät – die »zweite Autonomiephase«

Die Pubertät (zwischen zehn und 17 Jahren) ist eine weitere Abnabelungsphase. Die tief greifendste Veränderung während der Pubertät betrifft das Bindungsverhalten. Die Bindung zu den Eltern verändert sich so, dass eine emotionale Abhängigkeit beim Jugendlichen nur noch wenig besteht oder sogar zeitweise entfällt. Diese Veränderung im Bindungsverhalten erleben Eltern als Ablösung. Das Bindungsbedürfnis der Jugendlichen verschwindet aber nicht dauerhaft, sondern orientiert sich lediglich neu. Die Jugendlichen erleben von nun an die Beziehung zu Gleichaltrigen als besonders wichtig. Bei ihnen suchen sie Geborgenheit, Zuwendung, unzerstörbare Beziehungen, Freunde, die so zu ihnen halten, wie es vorher die Eltern getan haben. Das kränkt Eltern oft – sie versuchen dann zu beschränken oder machen Vorschriften, die häufig zu Konflikten führen.

Die Neuorientierung kann sich wie folgt äußern:

- Der Jugendliche möchte jetzt selbst entscheiden, wann er isst und was er anzieht. Er lehnt die Fürsorge der Eltern ab, er möchte über seinen Körper selbst verfügen. Dabei ist es ihm manchmal egal, ob sein Verhalten sinnvoll oder gesund ist. Er nimmt die Hilfe der Eltern jedoch in Anspruch, wenn er nicht mehr weiterweiß (wenn er bereits gute Beziehungserfahrungen gemacht hat).
- Die Bindung zu den Eltern schwächt sich so weit ab, dass der Jugendliche sich frei fühlt. Frei für andere Beziehungen

und in der Folge frei dafür, eine eigene Familie gründen zu können.

- Der Jugendliche geht zu den Eltern auf Distanz. Er spricht kaum mit ihnen und empfindet ihre Äußerungen als Einmischung, vermeidet Blickkontakt, will manchmal nicht mal mehr grüßen.
- Die körperliche Distanz zu den Eltern wird größer, Körperkontakte verringern sich oder werden vollständig vermieden.
- Der Jugendliche ist manchmal verstört und unsicher.
- Der Jugendliche braucht den Schutz und die Nähe der Eltern nicht mehr so stark wie früher. Ihm ist wichtiger, sich einen Platz in der Gruppe der Gleichaltrigen zu schaffen. Dort möchte er anerkannt und gemocht werden.
- Die Anerkennung seiner Erscheinung und seiner Fähigkeiten ist ihm in dieser Zeit enorm wichtig. Um von den Freunden angenommen zu werden, ist der Jugendliche bereit, Risiken einzugehen (aggressives Autofahren oder Ähnliches). Von den anderen Heranwachsenden abgelehnt oder nicht akzeptiert zu werden ist das Schlimmste, was einem Jugendlichen passieren kann.
- Für Eltern ist die Pubertät eine besondere Form der Ablösung. Denn es geht vor allem um einen emotionalen Verlust. Eltern dürfen sich mit dem Abschied zu ihren Kindern auseinandersetzen und Trauerarbeit leisten. Eine der größten Herausforderungen für Eltern in dieser Zeit. Denn Eltern agieren oft aus dem Gefühl der Trauer heraus, setzen machtvoll Grenzen und versuchen so, auch ihren Schmerz zu verdrängen. Deshalb ist es wichtig, dass Eltern sich das Gefühl der Trauer erlauben und es eben nicht durch Festhalten an der elterlichen Macht übergehen.

Auch wenn Sie sich zurückgestoßen und unnütz fühlen:

- Halten Sie Kontakt zu Ihrem Kind und verweigern Sie nicht Ihre Unterstützung – im Gegenteil: Seien Sie präsent, sensibel und wachsam, aber unaufdringlich. Der Jugendliche braucht sein Zuhause und Sie (noch) als sicheren Hort, an den er zurückkehren kann, wenn etwas nicht so gut läuft wie gedacht (auch wenn er anderes sagt oder signalisiert) – halten Sie immer die Tür offen.
- Manche Jugendliche müssen noch mal zu Hause Unterschlupf suchen, nachdem sie sich »draußen« überschätzt haben. Gewähren Sie immer diese Rückzugsmöglichkeit und machen Sie Ihrem Kind Mut, bestärken und begleiten Sie es, indem Sie von sich und Ihren Erfahrungen berichten.
- Konkurrieren Sie nicht im Wettbewerb mit seinen Freunden um seine Zuneigung. Bringen Sie Ihre Meinung ein, beziehen Sie Position, ohne zu erwarten, dass der Jugendliche sich danach richten wird. Haben Sie Verständnis dafür, dass der Jugendliche seine eigenen Erfahrungen machen möchte und auch machen muss. Auch wenn Ihre Kinder es nicht zugeben beziehungsweise sich nicht danach richten: Die Meinung ihrer Eltern ist ihnen trotzdem wichtig.
- Erinnern Sie sich an Ihre eigene Zeit in dieser Lebensphase zurück. Das hilft, sich besser einfühlen zu können.
- Die verstärkte Aufnahme von Freundschaften ist eine wichtige Station auf dem Weg in die Eigenständigkeit. Kinder und Jugendliche ziehen diese Freundschaften oft familiären Aktivitäten vor. Gehen Sie hier nicht in einen Machtkampf. Freuen Sie sich für den Jugendlichen, es ist *nicht* gegen Sie als Eltern gerichtet.
- Wenn die Offenheit sinkt, stellt das kein Misstrauensvotum für die Eltern dar. Für manche Themen sind jetzt die Freunde da, aber für andere (Beruf, ethische und moralische Fragen) sind Sie der Ansprechpartner.

- Eltern sind für die Jugendlichen wichtig in dieser Zeit, auch wenn die Jugendlichen das nicht zeigen. Sie sind wie eine Art Basislager beim Gletscheraufstieg. Eine vertrauensvolle Beziehung bietet eine Grundlage für die Jugendlichen, um sich auszuprobieren.
- Lassen Sie sich auf Diskussionen ein, Ihre Kinder wollen und müssen das mit Ihnen ausprobieren.
- Sehen Sie diese besondere Stärke Ihrer Kinder in dieser Zeit – sie strotzen vor Kraft und Lebenshunger und brauchen Ihre Rückmeldung. Beenden Sie das defizitäre Hinschauen: Ihr Kind braucht nach wie vor das Gefühl, dass es okay ist, so wie es ist, und auch so geliebt wird – auch wenn es manchmal schwierig wird.
- Verbundensein und Ablösen schließen sich nicht aus, sie gehören zusammen – auch und gerade in dieser Zeit.
- Versuchen Sie, dieser Zeit mit Gelassenheit und Humor zu begegnen – es ist eine spannende Zeit! Irgendwann bekommen Eltern ihren »Stammplatz« unter den wichtigsten »Lebensmenschen« der Kinder zurück.
- Stellen Sie Räume für Eigenständigkeit und Autonomie zur Verfügung.
- Vermeiden Sie Machtkämpfe und suchen Sie den wertschätzenden Dialog.

Das Wissen um die Besonderheiten der emotionalen Entwicklung in dieser Phase kann helfen, unsere Kinder und Jugendlichen besser zu verstehen und damit nicht in einen sanktionierenden Umgang zurückzufallen.

Pubertät ist eine wichtige Entwicklungsphase und keine »Krankheit«, also kein negativer Zustand, sondern ein wichtiger Prozess, in dem die Eltern sich oft abgewertet fühlen, weil sie eine untergeordnete Rolle spielen, Trauer und Schmerz über den Abschied empfinden und sich im Loslassen üben dürfen. Eine Auseinandersetzung mit Kindern ist nunmehr ausschließlich über den wertschätzenden Dialog möglich – Strafen und Sanktionen führen zum Machtkampf, den Eltern in dieser Zeit nur noch verlieren können.

Konfliktlösung ohne Strafen und Sanktionen – der wertschätzende Dialog

In der Familie spielt die Nähe untereinander eine große Rolle. Das heißt, wir dürfen auch in der Kommunikation ganz persönlich sein: Nur wenn ein echter und wertschätzender Dialog gelingt, können alle Familienmitglieder ihre Bedürfnisse, Wünsche und Sorgen ansprechen und werden mit ihren Anliegen gehört. Dann gelingt es auch, sich immer wieder neu abzustimmen und gemeinsam Kompromisse zu finden. Oft geraten wir aber mit unseren Kindern in Auseinandersetzungen und Diskussionen, die wenig zielführend sind:

Mein Kind kommt immer zu spät nach Hause!

Charlotte (14 Jahre) kommt seit einiger Zeit immer öfter zu spät nach Hause. Trotz vieler Ermahnungen ändert sich nichts, und ihr Vater nimmt die letzte Verspätung zum Anlass, um ernsthaft mit seiner Tochter darüber zu sprechen.

Vater: »Wo kommst du denn jetzt erst her? Es ist viel zu spät! Das Judotraining ist seit über einer Stunde vorbei!«

Charlotte: »Ich bin später aus der Halle raus und hab den Bus verpasst …«

Vater: »… das hast du letztes Mal auch schon gesagt. Aber wir haben ausgemacht, dass du direkt nach dem Sport nach Hause kommst.«

Charlotte starrt mit gesenktem Kopf auf den Tisch vor sich.

Vater: »Wieso kannst du dich nicht an das halten, was wir besprochen haben? Du hättest wenigstens anrufen können, wofür hast du denn das Handy? Ich warte hier jetzt schon ewig und denke, es ist sonst was passiert. Dass du auch immer so unzuverlässig bist! Später kannst du auch nicht einfach zu spät zur Arbeit kommen.«

Charlotte schaut kurz auf, gleich aber wieder weg.

Vater: »Du wolltest doch auch noch dein Zimmer aufräumen und Hausaufgaben machen. Das kommt wieder alles zu kurz. Na klar, der Sport geht mal wieder vor. Kannst du mir mal erklären, wieso das so schwer ist?«

Charlotte: »Ich weiß auch nicht. Sind wir jetzt fertig?«

Vater: »Nein, sind wir nicht! Wenn du nicht pünktlich nach Hause kommst, dann kannst du nicht mehr weggehen! Du musst lernen, dich an Zeiten und Verabredungen zu halten.«

Charlotte: »Ich weiß. Ich muss jetzt noch Hausaufgaben machen.«

Vater: »Also, wirst du das ändern? Ich erwarte, dass du das nächste Mal pünktlich bist.«

Charlotte: »Ja, ja … ich versuch's!«

Vater: »Du versuchst es? Das reicht nicht! Charlotte, das geht so nicht! Wir haben jetzt schon so oft darüber gesprochen! Wenn das nicht klappt, dann ist der Sport gestrichen.«

Charlotte verlässt wortlos das Zimmer.

Ist hier ein konstruktives Gespräch entstanden und ist der Grundkonflikt überhaupt zur Sprache gekommen? Vordergründig mag es vielleicht so aussehen. Doch schauen wir genauer hin, können wir sehen, dass zunächst einmal kein Dialog, sondern ein wenig konstruktiver Monolog mit väterlichen Sanktionsandrohungen vorherrscht. Der Vater hat seine Tochter zur Rede gestellt. Er hat zwar nachgefragt, scheint aber keinen Zugang zu ihr bekommen zu haben und ihr lediglich mitgeteilt, was er in Zukunft von ihr erwartet. Er hat gedroht, dass sie nicht mehr weggehen darf und dass der Sport gestrichen wird. Ein echter Dialog ist das nicht.

Und zwischen den Zeilen ist noch etwas anderes passiert. Der Vater begegnet seiner Tochter (fast) durchweg mit einer vorwurfsvollen Haltung und einem vorwurfsvollen Ton, er belehrt und kritisiert sie und droht ihr sogar. Es sind solche Situationen, die dazu führen, dass Kinder keine Gespräche (mehr) wollen und Eltern stöhnen, dass Reden sowieso nichts bringt.

Sieben Aspekte einer gelingenden Kommunikation

Um einen echten und für beide Seiten befriedigenden Dialog zu führen, sind sieben Aspekte grundlegend:

1. Zuwendung und Hinwendung zueinander
Um in einen wirklichen Austausch zu kommen, können wir uns einander zuwenden. Das beinhaltet nicht nur, dass man sich Zeit und Ruhe nimmt, sich gemeinsam einem Thema zuzuwenden. Ich meine das auch ganz körperlich, im Sinne von sich gegenübersetzen, sich aufeinander konzentrieren und sich so für den andern und das, was er sagt, tatsächlich zu öffnen.

2. Interesse haben
Mit Interesse in einen Dialog zu treten heißt aber auch, eine gewisse Neugier zu entwickeln und wirklich ergründen zu wollen, was den anderen bewegt und beschäftigt, worum es ihm tatsächlich geht.

3. Offenheit und Unvoreingenommenheit

Offen und unvoreingenommen in einen Dialog zu treten, heißt, die innere Bereitschaft zu haben, alles aufnehmen zu wollen, was der andere sagt, und es erst einmal nicht zu bewerten, sondern eigene Überzeugungen und Gedanken zur Seite zu stellen und mit einem neuen, frischen Blick auf das Gehörte zu schauen.

4. Einander wirklich zuhören

Zu hören, was der andere sagt, ohne gleich mit »Ja, aber ...« zu einer Gegenrede anzusetzen, erfordert etwas Geduld. Es heißt, die geschilderten Zusammenhänge stehen zu lassen.

5. Verständnis für das Gegenüber entwickeln

Sich gegenseitig Verständnis entgegenzubringen oder auch im Dialog füreinander Verständnis zu entwickeln heißt nicht, dass man sich in der Sache einig sein muss. Es bedeutet, die Position des anderen zu begreifen und ihn aus seiner Sicht heraus zu verstehen. Verständnis heißt, die Perspektive zu wechseln, sodass man sagen kann: »Das kann ich aus deinem Blickwinkel heraus nachvollziehen.«

6. Empathie und Einfühlung

Um Verständnis zu entwickeln, benötigt man Empathie. Empathie ist die Fähigkeit und die Bereitschaft, Gedanken, Gefühle, Einstellungen und Eigenschaften des Gegenübers wahrzunehmen und zu verstehen. Empathie ist also notwendig, um sich in den anderen einfühlen zu können. Zur Empathie gehört auch eine emotionale Reaktion auf die Gefühle des anderen, auf Schmerz, Wut oder Trauer – also Mitgefühl, das Impuls für Trost oder eine andere Hilfe sein kann.

7. Ernst nehmen und anerkennen

Wichtig für einen Dialog ist, den anderen und seine Signale, Äußerungen und Rückmeldungen ernst zu nehmen und seine Empfindungen und geäußerten Bedürfnisse anzuerkennen. Wenn er etwa sagt: »Das hat mich geärgert«, sollten wir das so akzeptieren und achten, dass der andere diese Empfindung hat.

Geben wir dem Gespräch zwischen Charlotte und ihrem Vater also eine zweite Chance:

Mein Kind kommt immer zu spät nach Hause! Teil 2

Vater: »Charlotte, in letzter Zeit habe ich bemerkt, dass du oft viel später als sonst vom Judotraining kommst. Mich interessiert, warum das so ist. Kannst du mir den Grund sagen?«

Charlotte: »Ich bin halt später aus der Halle raus und hab den Bus verpasst … ich weiß auch nicht.«

Vater: »Das heißt, jedes Mal, wenn du zu spät kommst, verpasst du den Bus, weil du zu langsam bist?«

Charlotte starrt mit gesenktem Kopf auf den Tisch vor sich: »Ja!«

Vater: »Ich bin darüber erstaunt, weil es früher nicht so war. Also, wenn du über eine Stunde später als ausgemacht nach Hause kommst, dann mache ich mir Sorgen. Was dauert denn so lange, dass du den Bus verpasst?«

Charlotte schaut auf: »Ich komm nicht pünktlich zum Umziehen, und dann verpass ich den Bus, dann wird's halt mal später.«

Vater: »Zum einen bin ich besorgt, wenn du nicht kommst, und zum anderen ärgere ich mich auch. Ich möchte wirklich verstehen, woran es liegt, dass du zu spät kommst.«

Charlotte: »Okay. Dann bleib ich eben zu Hause. Hab eh keine Lust mehr auf das Training. Kann ich jetzt gehen?«

Vater: »Warte doch mal! Du willst plötzlich deinen Sport aufgeben? Warum denn das?«

Charlotte: »Macht halt keinen Spaß mehr, weiß auch nicht.«

Vater: »Du bist doch sonst so gerne hingegangen?«

Charlotte: »Früher schon ... jetzt nicht mehr.«

Vater: »Was hat sich denn verändert?«

Charlotte: »Da sind neue Mädchen dazugekommen ... die sind blöd ... und die nerven.«

Vater: »Wieso nerven die denn? Geht das nur dir so oder auch den anderen?«

Charlotte: »Weiß nicht, mich nerven sie auf jeden Fall.«

Vater: »Was machen die denn?«

Charlotte: »Die ärgern mich halt – ist doch auch egal.«

Vater: »Mir nicht. Sag mal ein Beispiel, wie sie dich ärgern, damit ich es besser verstehen kann.«

Charlotte: »Also, zum Beispiel nehmen sie mir nach dem Training meinen Judoanzug und meine Schuhe weg und verstecken sie. Ich kann dann erst mal suchen, und die lachen sich kaputt. Heute habe ich alles im Mülleimer wiedergefunden.«

Vater: »Das gibt's doch gar nicht! Hast du denn nicht deinem Trainer Bescheid gesagt?«

Charlotte: »Nee, das ist mir zu doof. Ich bin doch kein Kleinkind mehr.«

Vater: »Also, jetzt verstehe ich jedenfalls, warum du später nach Hause kommst. Kann ich dir denn irgendwie helfen? Soll ich mal mit dem Trainer reden?«

Charlotte: »Nein, bloß nicht! Das würde nichts bringen, dann würden die mich erst recht ärgern. Ich weiß auch nicht, was ich machen soll.«

Vater: »Es tut mir leid, dich so zu sehen, und es macht mich traurig. Ich will nicht, dass dich jemand so ärgert und deine Sachen in den Mülleimer schmeißt – das macht mich richtig wütend.«

Charlotte: »Hm ... ich muss noch Hausaufgaben machen.«

Vater: »Ja, ich weiß. Aber danke für deine Offenheit und dass du mir das alles erzählt hast. Wenn du glaubst, dass ich dir helfen kann, und wenn du meine Unterstützung brauchst, dann sag mir bitte Bescheid.«

Der Dialog zwischen Charlotte und ihrem Vater ist nun deutlich anders. Er ist wertschätzend und konstruktiv. Es gibt keine Vorwürfe und Belehrungen, und es handelt sich auch nicht um einen Monolog. Der Vater geht engagiert, offen und mit echtem Interesse in das Gespräch mit seiner Tochter. Er bringt seine Überlegungen, Auffassungen und eigenen Gefühle mit in den Dialog ein, ist jedoch gleichzeitig aufmerksam, an der Meinung seiner Tochter interessiert und nimmt diese ernst. Durch diese Haltung kommt ein gleichwertiger, authentischer Dialog zustande. In diesem Gespräch profitieren beide vom jeweils anderen. Der Vater erfährt etwas Wesentliches über seine Tochter, über ihr Leben, ihre Sorgen und Nöte. Und Charlotte macht die gute Erfahrung, dass sie sich ihrem Vater anvertrauen kann und von ihm ernst genommen wird.

Gute Gespräche als Kraftquelle bei Schwierigkeiten

Nach wie vor ist Charlotte zwar im Konflikt mit ihren Sportkameradinnen auf sich gestellt, und eine Lösung ist im Moment (noch) nicht gefunden. Doch allein die Tatsache, dass sie in ihrer Not von ihrem Vater gesehen wird, nicht alleine mit ihren Sorgen ist und verstanden wird, ist eine Kraftquelle für sie und zeigt die gute Qualität der Beziehung. Durch ein solches Gespräch wird neue Energie auf beiden Seiten freigesetzt, die zu veränderten Einsichten und konkreten Entscheidungen führen kann. Oft ist es ja so, dass Gespräche zunächst deshalb stattfinden, weil wir das Verhalten der Kinder nicht einordnen können (hier das Zu-spät-Kommen). Durch das interessierte Nachfragen werden jedoch unter Umständen Konflikte sichtbar, von denen wir vorher noch gar nichts wussten.

Der wertschätzende konstruktive Dialog setzt voraus, dass wir uns Zeit nehmen, uns den Kindern mit echtem Interesse zuwenden, offen und unvoreingenommen sind, zuhören, die Kinder in ihren Anliegen ernst nehmen und Verständnis für ihre Sichtweise aufbringen. Dabei heißt Verständnis haben nicht, dass wir immer mit ihnen einig sein müssen. Wir brauchen auch nicht immer sofort eine Lösung.

Einen neuen Anfang wagen! Aber wie?

Nach meinen Vorträgen kommen immer wieder Eltern zu mir und berichten davon, dass sie lange eher verhaltenspädagogisch mit ihren Kindern umgegangen sind. Dass sie Strafen und Konsequenzen verhängt und Konflikte weniger einfühlsam und selten im Dialog gelöst haben. Sie fragen: Ist es möglich, jetzt noch »umzusatteln«? Kann ich meinen Umgang noch verändern und Bindungs- und Beziehungsaspekte in den Vordergrund stellen?

Die gute Nachricht: Ja, das geht, und es ist nie zu spät dafür.

Die schlechte Nachricht: Es kostet mehr Kraft, und es braucht etwas Geduld, Zeit und die unbedingte Entschlossenheit, es anders machen zu wollen.

Wenn Eltern einen grundsätzlichen neuen Anfang wagen wollen, hilft auch ein kurzes Gespräch mit den Kindern und Jugendlichen.

In etwa so:

»Ich merke, dass es uns seit längerer Zeit nicht gut geht und dass wir viel streiten! Das möchte ich nicht mehr. Ich denke, dass ich ein paar Dinge nicht gut gemacht und euch auch gekränkt habe. Das tut mir leid! Es ist nicht eure Schuld. Ich möchte es noch mal besser machen und es anders probieren.«

Oder:

>»Ich möchte keine Strafen und Konsequenzen mehr ver-
hängen, sondern Regelungen mit euch finden, die für alle
gut sind – eine Vereinbarung ist mir besonders wichtig: Ich
möchte, dass es allen in der Familie so gut wie möglich geht,
und wenn das bei einem Mitglied in der Familie mal nicht so
ist, dann möchte ich, dass wir uns zusammensetzen, darüber
sprechen und uns darüber austauschen, was jeder dazu denkt
und fühlt. Mein Ziel ist, dass wir gemeinsam neue Verabredungen treffen und die Konflikte in Zukunft anders lösen.«

Wir erinnern uns: Regelungen sind keine Regeln, die verhängt
werden und an die sich jeder einfach nur halten muss. Regelungen treffen wir mit Kindern gemeinsam. Wir überlegen im konstruktiven Dialog, was jeder für Vorstellungen hat, und versuchen,
Vereinbarungen zu finden. Dann werden diese im Alltag erprobt.
Wird es für eine Seite schwierig, sind alle gesprächsbereit, und
wir setzen uns nach einiger Zeit wieder zusammen und überlegen: Warum gehen unsere Vereinbarungen schief? Dann wird
justiert, oder es können neue Regelungen gesucht und im Alltag
ausprobiert werden. So lange, bis sich diese für alle bewähren.
Damit habe ich gute Erfahrungen gemacht.

Bitte haben Sie Geduld mit sich selbst und den Kindern, denn
gerade wenn Ihr Alltag stark von Sanktionen und Konsequenzen
geprägt war, wird es ein wenig dauern, bis die Kinder auf Ihre
neue Führung reagieren. Wichtig ist, dass Eltern in ihrer Haltung konsistent bleiben und an die Stelle von Sanktionen, Strafen und Konsequenzen den wertschätzenden Dialog und eine
gewaltfreie und konstruktive Konfliktlösung setzen.

Je nachdem, wie stark der sanktionierende Umgang miteinander im Alltag verankert ist, kann es sein, dass der neue Anfang eine pädagogische Begleitung über ein paar Wochen und
Monate braucht. Holen Sie sich Unterstützung, wenn Sie den
Eindruck haben, dass Sie schnell (wieder) in alte Muster fallen.

Kapitel 6

Jetzt reicht's aber! Typische Situationen, die alle Eltern kennen und die Sie schon immer mal ohne Strafen lösen wollten

Mein Kind macht seine Hausaufgaben nicht!

Liebe Katia Saalfrank!

Meine dreizehnjährige Tochter Ella kommt nun schon zum dritten Mal mit einer Katastrophenmeldung aus der Schule. Sie hat zum wiederholten Mal ihre Hausaufgaben in Englisch nicht gemacht, und nun hat der Lehrer ihr Nachsitzen angeordnet. Ich würde mich gar nicht so aufregen, wenn es nicht schon das dritte Mal wäre. Auch in Mathe hat sie ihre Hausaufgaben in letzter Zeit oft nicht gemacht, ich musste schon einen Zettel von ihrem Lehrer unterschreiben. Seitdem hat Ella Fernsehverbot, und das Freundinnentreffen an den Wochenenden habe ich ihr bis auf Weiteres auch untersagt. Irgendwie bringt das aber alles nichts. Es scheint ihr völlig egal zu sein. Ich weiß auch nicht, warum. Früher hat sie immer ihre Hausaufgaben gemacht. Soll ich jetzt das Hausaufgabenheft wieder einführen, wieder alles kontrollieren und mich neben sie setzen? Ich dachte eigentlich, dass sie das jetzt selbst kann. Was soll ich tun?

Hilflos,
Ihre Michaela S.

Liebe Michaela S.,

dass Sie aufgebracht sind und sich ärgern, kann ich gut nachvollziehen. Sie fühlen sich verantwortlich dafür, dass in der
Schule alles glattläuft, und auch dafür, dass Ihre Tochter ihre
Hausaufgaben erledigt und in der Schule vorlegt. Ihrer Mail
entnehme ich, dass Sie sich als Mutter offensichtlich auch in
der Vergangenheit hierfür verantwortlich gefühlt haben. Sie
haben das Hausaufgabenheft kontrolliert und neben Ihrer
Tochter gesessen, um sie bei den Hausaufgaben unterstützen
zu können. Es geht mir nicht darum, das zu bewerten und in
Kategorien wie gut oder schlecht, richtig oder falsch einzu-
ordnen. Mir geht es darum, zu schauen, was passiert ist und
wo die Verantwortlichkeiten liegen.

Bisher – so lese ich es aus Ihren Schilderungen heraus – lag
es nicht in der alleinigen Verantwortung von Ella, ihre Hausaufgaben zu erledigen. Sie haben vermutlich zumindest den
Part der Erinnerung, der Struktur (wann werden die Hausaufgaben gemacht) und der Kontrolle übernommen – eine
Aufgabe, die eigentlich nicht die Ihre ist. Durch die Benach-
richtigung, die Sie nun auch noch unterschreiben mussten,
verstärkt sich nicht nur der Druck für Sie, Sie werden zum
verlängerten Arm des Lehrers, indem Sie nun mit Strafen und
Konsequenzen reagieren und das Verhalten von Ella sanktionieren. Vielleicht überlegen Sie, ob Sie diese Rolle überhaupt
annehmen wollen?

Außerdem könnten Sie überlegen: Was bedeutet diese Situation für Ihre Tochter? Zunächst einmal, dass Ella völlig
von der Verantwortung entlastet war, denn die haben Sie wie
selbstverständlich übernommen. Dadurch ist sie in ihrer Entwicklung ein Stück beschnitten worden. Es fehlen ihr wichtige
Erfahrungen, weil sie in ihrem Handeln (zum Beispiel wann
mache ich Hausaufgaben?) lange fremdbestimmt wurde. Sie
hat aus sich heraus nicht die Notwendigkeit erfahren, sich
selbst an ihre Hausaufgaben zu erinnern, sich zeitlich zu
strukturieren und auch eine Möglichkeit der Eigenkontrolle
zu entwickeln.

Und nun wollen Sie mit einem Mal, dass sie diese Verantwortung selbst übernimmt. Darauf reagiert Ihre Tochter erst einmal ganz nachvollziehbar: Sie ist verwirrt und auch überfordert. Mal erledigt sie alles, mal nicht. Oder anders: Mal kann sie es, und mal scheint sie überfordert. Aus Ellas Sicht ist es wahrscheinlich so: Jahrelang hat sie mit Ihnen quasi im Team gearbeitet. Sie haben erinnert, und es galt vermutlich die Vereinbarung: erst die Hausaufgaben, dann die Freizeit. Ella hat sich an das, was Sie wollten, (gerne) angepasst, weil sie mit Ihnen auch gerne kooperiert. Sie hat sich – weil Sie es so wollten – an diese Aufgabe erinnern lassen, hat von Ihnen eine zeitliche Vorgabe bekommen und sich zudem noch kontrollieren lassen. Aus ihrer Sicht hat sie alles getan, damit Sie als Mutter zufrieden sind. So ist es vielleicht leichter nachzuvollziehen, wie schwierig es für Ella ist, nun zu verstehen, dass das alles falsch gewesen sein soll und sie plötzlich selbst und vor allem allein verantwortlich ist – und das ohne jegliche Vorerfahrung.

Wenn Sie nun wollen, dass Ihre Tochter diesen Bereich eigenverantwortlich übernimmt, können Sie das mit ihr besprechen. Ich denke, dass Ella sich nicht so verhält, weil sie Sie ärgern möchte. Das jedoch wird sich ändern, wenn Sie mit ihr nun in einen destruktiven Machtkampf geraten und auf das Nichterledigen der Hausaufgaben auf der Verhaltensebene mit Strafen und Verboten reagieren.

Damit Sie mit Ella in einen konstruktiven Dialog treten können, müssen Sie zunächst anerkennen, dass sie das Recht hat, ihre eigenen Wünsche, Anliegen und Emotionen zu äußern, und selbst einen Perspektivwechsel wagen. Sehen Sie die Situation mit Ellas Augen: Erst wenn Sie sich in Ihre Tochter einfühlen können, ist es möglich, etwas über ihre Gedanken- und Gefühlswelt zu erfahren und sie so besser zu verstehen. Was können Sie also tun?

Sie können mit Ihrer Tochter in einen persönlichen, wertschätzenden Dialog treten und für die entstandene Situation die Verantwortung übernehmen. Sie können ihr sagen, dass Sie sehen, dass Sie als Mutter bisher dafür gesorgt haben, dass sie ihre Hausaufgaben macht, und dass Sie den Wunsch haben, daran etwas zu ändern. Vielleicht hören Sie dann und fragen nach, wie es Ihrer Tochter geht, was ihre Gedanken, Gefühle und Wünsche sind und was sie braucht, um diese Verantwortung übernehmen zu können. Beim Dialog mit unseren Kindern ist immer entscheidend, wie wir ihn führen, welche Tonalität wir wählen und was wir transportieren. Ella soll nicht belehrt, korrigiert oder an das von Ihnen gewollte Verhalten angepasst werden. Vielmehr geht es darum, sie mit ihren Bedürfnissen zu hören, sie zu verstehen, zu ermutigen und ihr Vertrauen entgegenzubringen, damit sie den Bereich Hausaufgaben in ihre eigene Verantwortung nehmen kann.

Ella sendet klare Signale der Überforderung, auf die Sie mit Verboten reagieren. Bei Ihrer Tochter kommt dadurch an: Es ist mir egal, ob du die Aufgabe übernehmen kannst oder nicht. Ich will gar nicht wissen, wie du dich fühlst. Wenn Sie sich aber einfühlen – wie wäre es für Sie, eine solche Botschaft in einer Überforderungssituation zu empfangen? Und was würden Sie sich von anderen dann wünschen? Eine gute Frage an Ihre Tochter wäre: Was brauchst du von mir (als Mutter), was kann ich tun, damit du die Verantwortung übernehmen kannst?

Herzlich,
Ihre Katia Saalfrank

Das Ziel von Eltern ist es heutzutage überwiegend, ihre Kinder zu selbstständigen, selbstbewussten und verantwortungsvollen Menschen zu erziehen. Dafür ist es absolut notwendig, dass Kinder auch eigene Erfahrungen machen dürfen und für die Bereiche, in denen es ihnen möglich ist, auch selbst Verantwortung übernehmen und tragen dürfen. Weiterhin ist es wesentlich, dass Eltern ihre Kinder bei ihren Erfahrungen wertschätzend begleiten und auf Abwertungen, Strafen und Sanktionen verzichten. Es geht dabei nicht darum, dass Kinder allein gelassen werden, sondern dass sie Erfahrungen selbst und mit uns an ihrer Seite machen können. Der dänische Familientherapeut Jesper

Juul hat darauf hingewiesen, dass Kinder geradezu ein Recht auf Eigenverantwortung haben. Sie können zum Beispiel von Geburt an Verantwortung für ihren Geschmack und ihren Appetit übernehmen. Später dann – ungefähr zur Zeit der Einschulung – auch für

- ihr Schlafbedürfnis,
- ihre Hausaufgaben,
- die Auswahl ihrer Freunde,
- ihr Aussehen,
- die Hygiene,
- ihre Kleidung,
- den Umgang mit ihrem Taschengeld,
- ihre eigenen Gefühle und Handlungen.

Für Eltern ist es oft ungewohnt und es fällt ihnen nicht leicht, Kindern einen Bereich verantwortlich zu überlassen. Zu wenig trauen wir den Kindern zu, zu sehr sind wir in eigenen Vorstellungen verhaftet, wie etwas aus unserer Sicht zu sein hat. Und zu sehr haben wir Angst, die Kontrolle über unsere Kinder zu verlieren. Wenn Eltern es schaffen, sich von eigenen Vorstellungen, wie etwas zu sein hat, zu lösen und stattdessen Kinder begleiten und sie in ihren Bedürfnissen ernst nehmen, unterstützen sie hiermit die gesunde Entwicklung des Selbstwertgefühls der Kinder und stärken deren Fähigkeit, eigenverantwortlich zu handeln. Verantwortung als Eltern für Kinder zu übernehmen heißt, sich mit den Kindern gemeinsam zu entwickeln, sich auszuprobieren und auch elterliches Handeln und eigene Haltungen selbst zu hinterfragen und auch hinterfragen zu lassen.

Wenn wir unter Druck geraten, fallen wir schnell in alte Handlungsmuster zurück, strafen unsere Kinder und sanktionieren ihr Verhalten. Um eine gute Familienatmosphäre gestalten zu können, haben Eltern ihr Kind und seine Bedürfnisse achtsam im Blick. So können sie Veränderungen wahrnehmen und darauf reagieren. Lassen Sie sich nicht von außen unter Druck setzen und gehen Sie mit Ihrem Kind ergebnisoffen ins Gespräch. Vertrauen Sie auch auf sich selbst als Eltern und Ihr Kind.

Mein Kind lügt mich an!

Liebe Frau Saalfrank!

Mein Sohn Philipp ist gerade sieben Jahre alt geworden und kommt vom Spielen oft unpünktlich nach Hause, obwohl er zum Geburtstag extra eine Uhr bekommen hat. Ich ärgere mich darüber und mache mir auch Sorgen. Außerdem tischt er mir dann noch regelmäßig Lügen auf: Von »die Uhr ist kaputt« über »Meine Freunde haben mich nicht weggelassen« bis hin zu »Ich musste noch einem kleinen Hund helfen« ist eigentlich alles dabei. Ich verstehe nicht, warum er mich so anlügt? Gerne möchte ich Ihre Meinung dazu hören.

Interessiert,
Ihre
Paula S.

Oft erlebe ich Erwachsene, die davon sprechen, dass Kinder »lügen« und die »Unwahrheit« erzählen. Dabei wirken die Eltern, Erzieher oder Lehrer gerade so, als seien sie Gesetzeshüter, die ihre Kinder regelrecht des Lügens oder Nicht-die-Wahrheit-Sagens überführen müssten; Lügen wird mit Betrügen gleichgesetzt. Das Wort »Lüge« empfinde ich als ziemlich groß für das, was Kinder in diesen Momenten bewegt. Es ist interessant zu wissen, dass kleine Kinder gar nicht lügen können, weil für sie die Zusammenhänge kognitiv noch nicht nachvollziehbar sind.

Im Alter zwischen zwei und fünf Jahren entwickeln Kinder eine starke innere Vorstellungskraft, die mit ausgeprägten inneren Gefühlen verbunden ist. Kinder dieser Altersstufe möchten die Welt verstehen. Das zeigen ihre vielen Warum-Fragen. Die Kinder sind einer Unmenge an unbekannten und unverständlichen Sinneswahrnehmungen ausgesetzt. Sie sind aber noch nicht in der Lage, diese vielfältigen Wahrnehmungen rational zu erklären und in Beziehung zueinander zu setzen. Und was das Kind nicht verstehen kann, das deutet es auf seine Weise. Da es noch zu wenige rationale Erklärungen zur Verfügung hat, ist Phantasie eine gute Möglichkeit, das Chaos im Inneren zu ordnen. Phantasie und Wirklichkeit fließen ineinander, Erlebtes und Erdachtes vermischen sich. Wissenslücken werden mit phantastischen, teils auch magischen Erklärungen gefüllt. Man spricht vom magischen Denken oder der magischen Phase.

Kleine Kinder können Phantasie und Realität häufig noch nicht auseinanderhalten. Das heißt, Kinder erfinden oft phantastische Freunde oder lösen Situationen mithilfe ihrer Vorstellungskraft. Dies ist eine kindliche Strategie, die mit Lügen und Betrügen nichts zu tun hat. Für Kinder besteht die Welt nicht aus Wahrheiten und Unwahrheiten, sie ist nicht nur schwarz oder weiß. Erst ungefähr mit Eintritt der Schulreife, also mit sechs bis sieben Jahren, beginnen Kinder zu lernen, herauszufiltern, wann Lügen auch tatsächlich Lügen sind und wann bestimmte Aussagen nicht der gelebten Realität entsprechen.

Kommen wir nun zu Philipp. Er ist gerade sieben Jahre alt geworden und damit in der oben beschriebenen Phase. Er macht im Moment vielfältige Erfahrungen auf unterschiedlichen Ebenen.

So scheint er gerade in einem inneren Konflikt zu sein – hin- und hergerissen zwischen der Zusage, seiner Mutter gegenüber zu einer bestimmten Uhrzeit zu Hause zu sein, und seinem Bedürfnis, mit seinen Freunden weiterzuspielen. Es wäre gut, wenn seine Mutter mit Philipp genau darüber ins Gespräch kommen könnte. Denn lügt ein Kind wiederholt, so geschieht das meist als Strategie, um Konflikte zu bewältigen. Warum diese Konflikte nicht offen kommuniziert werden, kann ganz verschiedene Ursachen haben:

- mangelndes Vertrauen zu den Erwachsenen/Eltern,
- Angst vor Strafe,
- der Wunsch nach Anerkennung,
- Überforderung,
- Höflichkeit (sogenannte Notlügen),
- Schamgefühl.

In der Tat ist es so, dass Eltern oft mit Belehrungen, Vorwürfen und Strafen reagieren. Das schürt Misstrauen und führt nicht dazu, dass Kinder das nächste Mal »die Wahrheit« sagen.

Wenn Kinder lügen, ist es in der Regel so, dass sie ihre Eltern unbewusst schützen und ihnen die Wahrheit als solche nicht zumuten wollen. Es fehlt ihnen an Vertrauen, dass der Konflikt von den Erwachsenen gut und wertschätzend geklärt werden kann.

Wenn wir wollen, dass Kinder mit ihren Anliegen vertrauensvoll zu uns kommen, ist es gut, wenn wir dieses Vertrauen auch herstellen. Um das zu erreichen, brauchen Kinder die Gewissheit, dass wir als Eltern jederzeit bereit sind, gute Lösungen für alle finden zu wollen.

Wie geht das konkret? Philipps Mutter könnte diesen Konflikt und die Bedürfnisse ihres Sohnes bewusst ansprechen: »Ich habe das Gefühl, es fällt dir schwer, einen Abschluss beim Spielen zu finden, weil du gern weiterspielen möchtest? Ist das so? – Das kann ich verstehen. Doch ich mache mir Sorgen, wenn du nicht kommst. Was für eine Verabredung würde dir helfen, was können wir anders machen?«

Philip und seine Mutter haben vereinbart, dass er zunächst nicht mehr zu einer festen Uhrzeit zu Hause sein muss, sondern dass es ein Zeitfenster von 30 Minuten gibt, in dem er einen Abschluss mit seinen Freunden finden und dann nach Hause kommen kann. Er muss also nicht mehr Punkt 18 Uhr zu Hause sein, sondern kann zwischen Viertel vor und Viertel nach sechs variieren. Das hat zwischen den beiden gut geklappt. Natürlich bleiben sie weiterhin im Gespräch, und Philipp muss nicht mehr herumdrucksen und nach Ausreden suchen.

> Was Eltern tun können: Eine vertrauensvolle Atmosphäre innerhalb der Familie ist die beste Grundlage für Offenheit und Ehrlichkeit untereinander. Wenn sich ein Kind vorbehaltlos geliebt fühlt, kann es auch mit schwierigen Themen vertrauensvoll zu seinen Eltern kommen. So können Eltern in Konfliktsituationen weniger auf die Tatsache eingehen, dass Kinder nicht die Wahrheit sagen. Sie können offen und ohne Vorwürfe zu machen fragen, was Kinder dazu bewegt hat, wie es ihnen geht, und ihnen anbieten, bedingungslos an ihrer Seite zu stehen.

Mein Kind hört nicht!

Wir waren an der Nordsee, direkt am Strand, und Niklas (vier Jahre) wollte unbedingt mit seinen neuen Gummistiefeln ins Wasser laufen. Ich selbst hatte keine Gummistiefel dabei und konnte deshalb nicht mit ins Wasser, habe ihm aber gesagt, wie weit er reingehen darf, damit er nicht nass wird. Ich habe ihm wirklich vertraut und gedacht, er hört auf mich. Leider hat es überhaupt nicht ge-

klappt. Er ist einfach losgestiefelt und hat sich noch nicht mal
mehr umgedreht. Natürlich waren seine Hosen im Nu nass.
Ich habe gerufen und ihm gesagt, wenn er nicht gleich zu-
rückkommt, müssen wir nach Hause gehen. Es war vergeblich: Er ist einfach weitergelaufen und schien dabei so richtig Spaß zu haben. Ich war echt sauer. Ich konnte doch nicht
mit einem klatschnassen Jungen weiterlaufen! Es war nicht
besonders warm an dem Tag. Also habe ich ihn schließlich
ziemlich streng aus dem Wasser gepfiffen. Niklas hat geweint,
und ich war wütend und habe rumgeschimpft, warum er denn
nicht auf mich hören könne. Wir sind dann sofort nach Hause
gegangen und haben den Strandspaziergang abgebrochen.

Ich kann den Wunsch von Niklas Vater, dass sein Sohn sich an
das Besprochene hält, gut nachvollziehen – allerdings gibt es
hier ein Missverständnis. Niklas' Vater scheint davon auszugehen, dass sein Sohn sich absichtlich seinem Verbot widersetzt,
weiter ins Wasser hineinzugehen. Dass Niklas hier jedoch entwicklungsbedingt gar nicht bewusst agiert und er schlicht mit
der Erwartung seines Vaters überfordert ist und diese deshalb
nicht erfüllen kann, scheint ihm nicht klar zu sein.

Häufig ist es so, dass wir von unseren Kindern Dinge erwarten, die ihrer Entwicklung nicht entsprechen, sie überfordern
und die sie deshalb gar nicht erfüllen können. Zudem ist es so,
dass wir die Kinder in innere Konflikte stürzen. Denn Niklas hat
im Moment die vorrangige (Entwicklungs-)Aufgabe, seine Welt
zu erforschen, zu experimentieren und so die Welt Stück für
Stück zu begreifen (im wahrsten Sinne des Wortes). Auch vor
der Erforschung des Strandes und der dazugehörigen Umwelt
macht seine Entwicklung nicht halt. So will er alles genau wissen, spürt den Sand und will auch ins Wasser – zumal er sogar
Gummistiefel dabeihat, also gut ausgerüstet ist. Er hat einen
starken inneren Drang danach, sich selbst auszuprobieren und
zu experimentieren, und gleichzeitig das starke Bedürfnis, mit
seinem Vater zu kooperieren. So sagt er zwar zu, dass er aufpas-

sen wird, dass seine Hose nicht nass wird, kann das Versprechen jedoch nach kurzer Zeit schon nicht mehr halten, denn sein Forscherdrang ist zum einen größer, und zum anderen fehlt Niklas auch die Erfahrung, wie Wellen und bewegtes Wasser wirken. Er kann (noch) nicht abschätzen, wie schnell das Wasser in seine Stiefel schwappen wird.

Viele derartige Konflikte können schon im Vorfeld vermieden werden. Denn sie entstehen durch überhöhte Erwartungen an das Kind. Eine noch so klar verabredete Regelung kann nicht eingehalten werden, wenn Kinder damit entwicklungsbedingt überfordert sind.

Wie hätte Niklas Vater reagieren können? Er hätte damit rechnen können, dass Niklas sich nicht von seinem Forscherdrang abhalten lässt. So hätte er sich entweder selbst besser ausstatten können, um mit Niklas gemeinsam im Wasser zu waten, oder er hätte mit seinem Sohn zusammen testen können, wie weit es möglich ist, im Wasser zu laufen, ohne dabei nasse Hosen zu bekommen. Wichtig ist, dass wir grundsätzlich überprüfen, ob die Erwartung, die ich in einer Situation an das Kind habe, auch tatsächlich erfüllbar ist.

Wenn Kinder nicht hören und sich nicht an Vereinbarungen halten, liegen häufig überhöhte und/oder unrealistische Erwartungen durch die Eltern vor. Wichtig ist neben der wohlwollenden Prüfung der Erwartung auch, nicht auf eine Einhaltung des Vereinbarten zu bestehen. Denn gute Verabredungen miteinander zu finden sind dynamische Prozesse, die im Miteinander stattfinden. Wenn etwas »schief« läuft, können Eltern mit ihren Kindern ins Gespräch kommen und fragen: Was fällt dir so schwer daran, die Vereinbarung einzuhalten?

Mein Kind will keine Zähne putzen – wie konsequent muss ich sein?

Marlene

Marlene (drei Jahre) verweigert überraschend das Zähneputzen am Abend. Schon das Abendessen war stressig, und beide, Marlene und ihr Vater, sind erschöpft. Es ist alles viel später geworden. Marlenes Vater versucht es im Guten: »Komm, Marlene, nur noch Zähne putzen!« »Nein«, schreit Marlene, »ich will nicht!« »Gut«, sagt Marlenes Vater, »dann geht es eben nicht anders! Deine Zähne müssen geputzt werden, sonst kriegst du Löcher und der Zahnarzt muss bohren.« Er schnappt sich seine Tochter, klemmt sie zwischen seine Beine und hält ihren Kopf fest. Er nimmt die Zahnbürste und fährt Marlene blitzschnell damit in den kleinen Mund. Marlene wirkt zunächst überrascht, dann beginnt sie sich zu wehren. Sie prustet und spuckt. »Aua«, ruft sie. »Das muss sein!«, sagt Marlenes Vater und putzt die Zähnchen entschlossen weiter. »Nein, ich will nicht, du bist blöd«, schreit Marlene und beginnt zu weinen. Der Vater überhört ihr Geschrei und lässt sich nicht beirren.

Wie konsequent müssen Eltern in der Erziehung sein? Ist Konsequenz überhaupt notwendig? Und wenn ja, in welchem Ausmaß, und wann darf ich Ausnahmen machen? Diese Fragen stellen sich Eltern immer wieder. Denn sie werden von Ratgebern und von anderen Erwachsenen, Erzieherinnen und Lehrern dazu aufgefordert, Regeln oder die eigenen Ankündigungen »konsequent« und mit »klaren Ansagen« durchzusetzen. Kein Wunder, dass Eltern glauben, sie müssten konsequent sein und festen Regeln und Prinzipien folgen. Nicht selten haben sie den Eindruck, dass die Qualität ihres Elternseins davon abhängt, wie konsequent sie mit ihrem Kind umgehen. So höre oder lese ich nicht selten solche Selbstbezichtigungen:

> Ich weiß, dass es an mir liegt und ich keine so gute Mutter bin. Ich bin einfach zu inkonsequent und lasse zu viel durchgehen, das sagt zumindest mein Mann, mit dem ich mir nicht immer einig bin. Er kann einfach härter durchgreifen, auch wenn es dann Geschrei und Ärger gibt.

Bei dem Versuch, konsequent zu sein, tun Eltern dann manchmal Dinge, die ein Kind kränken, es verletzen und Ärger, Wut und Enttäuschung bei ihm auslösen. Eltern fühlen sich in der Regel damit auch nicht wohl. Sie spüren, dass sie Grenzen des Kindes überschreiten, und auch, dass sie ihre elterliche Macht missbrauchen, um sich durchzusetzen. Sie tun es jedoch trotzdem, weil sie befürchten, dass Inkonsequenz das Kind verwirren und zu Unklarheiten in der Eltern-Kind-Hierarchie führen könnte. So nach dem Motto: Wenn wir jetzt nicht hart bleiben und durchgreifen, wird unser Kind uns als schwach erleben und uns in Zukunft immer auf der Nase herumtanzen.

Kommen wir zurück zum Zähneputzen von Marlene: Marlenes Vater tut das mit den besten Absichten. Er möchte, dass seine Tochter spürt, wer hier das Sagen hat. Wenn er etwas von ihr will, dann hält er auch konsequent daran fest. Man kann ihm nicht einfach auf der Nase herumtanzen, und Zähneputzen ist wirklich wichtig.

Aus meiner Sicht ist konsequentes Verhalten einer der größten Erziehungsirrtümer und ein Missverständnis. Marlene wird so zwar zum Zähneputzen gebracht. Sie versteht auch, dass ihr Vater das Sagen hat und dass er an dem, was er gesagt hat, festhält. Der Preis ist jedoch hoch, denn gleichzeitig werden ihre körperlichen Grenzen übertreten, und sie fühlt sich selbst somit wertlos. Sie empfängt folgende Botschaften auf emotionaler Ebene:

➡ Ich werde in meinen Bedürfnissen nicht ernst genommen und gehört.

→ Ich bin es nicht wert, dass achtsam mit mir umgegangen wird.

Ist es das wirklich wert? Dabei lieben wir doch unsere Kinder, wir wollen ihnen nicht wehtun, und wir wollen sie auch nicht kränken. Wie können wir also unsere Liebe auch in Konfliktsituationen wie dieser in liebevolles Handeln übersetzen?

Bevor wir handeln, ist es wichtig, Folgendes zu verstehen: Im Umgang mit Kindern geht es weniger darum, konsequent zu sein, als darum, konsistent zu sein. Was ist damit gemeint?

Wenn Eltern nur aus Prinzip konsequent sind, ist das schnell destruktiv und endet häufig mit Schreien und Machtkämpfen. Wichtig ist aber, dass Kinder Erwachsene erleben, deren Wertvorstellungen deckungsgleich mit ihrem Verhalten sind. Eltern, die in ihrem Denken, Fühlen und in ihren Werten konsistent sind und sich auch entsprechend authentisch und hierzu stimmig verhalten.

Versuchen wir es also noch einmal, diesmal mit weniger Konsequenz, dafür aber umso mehr Konsistenz:

Mein Kind will keine Zähne putzen, Teil 2

Marlene (drei Jahre) verweigert überraschend das Zähneputzen am Abend. Schon das Abendessen war stressig und beide, Marlene und ihr Vater, sind erschöpft. Es ist alles viel später geworden. Marlenes Vater versucht es im Guten: »Komm, Marlene, nur noch Zähne putzen!« »Nein«, schreit Marlene, »ich will nicht!« Marlenes Vater ärgert sich. Ihm ist es wichtig, dass am Abend die Zähne geputzt werden. (Marlene weint laut und hat sich auf den Boden geschmissen.) Andererseits kann er auch spüren, dass Marlene gerade überfordert ist. Würde er auf das Zähneputzen bestehen und konsequent sein, würde er in einen Machtkampf geraten. Den würde er sogar gewinnen, er ist ja viel größer und stärker.

Hierfür müsste er Marlene allerdings festhalten und Gewalt anwenden, die Zahnbürste in ihren kleinen Mund zwingen, seine Tochter würde sich winden und noch mehr weinen. »Ich ärgere mich, Marlene«, sagt er schließlich, »mir ist wichtig, dass du deine Zähne putzt. Ich möchte nicht, dass du zum Zahnarzt musst.« Marlene weint lauter. Ihr Vater plant für diesen Moment um. Er kündigt an, dass sie morgen noch mal über das Zähneputzen sprechen werden.

Am nächsten Morgen kann er mit Marlene darüber sprechen, dass er es wichtig findet, die Zähne täglich zu putzen, und dass sie sich gemeinsam mehr Zeit dafür nehmen wollen. Marlene hört aufmerksam zu. Sie vereinbaren gemeinsam, heute Abend mehr Zeit einzuplanen, und Marlene wünscht sich, dass Papa mit ihr gemeinsam ins Bad geht und selbst auch seine Zähne putzt.

Der Vater hat seine eigenen Wertvorstellungen und seine Prinzipien nicht über Bord geworfen: Nach wie vor ist ihm der Wert, die Zahngesundheit seiner Tochter, wichtig. Diesen Wert gibt er grundsätzlich auch nicht auf, stellt ihn aber für diesen Moment zurück, weil ein anderer wichtiger Wert in den Vordergrund tritt: das Prinzip, wertschätzend und achtsam miteinander umzugehen.

Er weiß, dass sein Kind gerade nicht anders kann. Er sieht die Not von Marlene und nimmt wahr, dass sie überfordert ist, und so stellt er deshalb das Zähneputzen für diesen Abend zurück.

Das Missverständnis vieler Eltern ist, dass Kinder diese Art, mit Konflikten umzugehen, prompt ausnutzen werden. Sie denken, dass beim Kind die Botschaft ankommt: »Aha! Wenn ich mich nur lange genug verweigere, kann ich also meinen Eltern auf der Nase herumtanzen.« Das ist jedoch nicht die Botschaft, die Kinder empfangen. Das Kind empfängt vielmehr folgende Botschaften:

➡ Ich werde mit meiner Überforderung (in meiner Not) gesehen.

➡ Meine Signale und Bedürfnisse werden ernst genommen.

➡ Ich und meine Gesundheit sind meinem Vater wichtig.

➡ Mein Vater möchte, dass es mir gut geht, er achtet auf mich.

➡ Ich bin wertvoll, und ich bin es wert, gehört zu werden.

Diese Beziehungsbotschaften sind für Marlene und ihre Entwicklung wesentlich. Die Beziehung zu ihrem Vater wird so weiterhin vertieft und das Vertrauen gestärkt.

> Eltern können sich im Alltag mit Kindern immer wieder fragen: Gehe ich achtsam mit den Bedürfnissen und Grenzen meines Kindes um? Berücksichtige ich genügend die emotionale Entwicklung, und begleite ich diese feinfühlig? Wenn das Kind sich verweigert, können wir uns fragen: Warum kann mein Kind gerade nicht kooperieren, und wie kann ich mein Kind wertschätzend im Alltag führen, ohne seine Grenzen zu übertreten?

Mein Kind benutzt Schimpfwörter – darf ich die verbieten?

Viele Eltern, Erzieher oder Lehrer sind erschrocken, wenn Kinder Schimpfworte benutzen. Sie haben das Bedürfnis, ihnen diese Worte zu verbieten. Ich denke, es ist besser, die dahinterliegenden Ursachen zu erforschen und zu verstehen, was das Kind zu diesen Aussagen bewegt. Denn es gibt eigentlich nur zwei Gründe, warum Kinder Schimpfworte benutzen:

➡ Sie ärgern sich.

➡ Sie wollen die Wirkung ausprobieren.

Wenn Kinder schimpfen, dann heißt das, sie sind wütend. Sie ärgern sich und lassen über die Worte, die sie benutzen, ihren Ärger und ihre Wut heraus. Wenn Kindern das Schimpfen verboten wird, ist es, als verbiete man ihnen ihr Gefühl. Deshalb ist es sinnvoll, das Schimpfwort selbst zu übergehen, dafür aber auf das dahinterliegende Gefühl einzugehen.

»Oh, du ärgerst dich aber sehr! Was macht dich denn so wütend? Ah, das verstehe ich!«

Wenn wir das Gefühl haben, dass jemand uns und unser Anliegen verstanden hat, dann brauchen wir oft gar nicht mehr zu schimpfen, der Konflikt kann geklärt werden oder liegt zumindest auf dem Tisch. Wenn jemand aber nur auf unsere Wortwahl reagiert, werden wir noch wütender und fühlen uns allein und unverstanden. Kinder grenzen sich mit Schimpfwörtern auch verbal klar ab. Sie dürfen erst noch lernen, dies auch argumentativ zu tun.

Manchmal wollen Kinder aber auch nur die Wirkung von Schimpfwörtern ausprobieren. Sie lachen dabei und lassen ganze Schimpftiraden ab: Du »Kackapipidoofmama« oder Ähnliches. Hier kann man mit Humor und spielerisch reagieren. Je ernster und empörter man sich äußert, desto interessanter erscheint es für Kinder.

Eltern können als Vorbild für ihre Kinder selbst auf Schimpfwörter verzichten. Wenn Eltern in turbulenten Situationen fluchen oder in Streitsituationen Schimpftiraden auf ihr Gegenüber loslassen, werden die Kinder es nicht anders handhaben. Gern erinnere ich an Eltern hinterm Steuer …

Oder Sie spielen das Schimpfwörterspiel: Gemeinsam mit den Kindern sammeln Sie die »schlimmsten« Schimpfworte, die alle kennen, und tauschen sich über sie aus. So können die Kinder sie ausprobieren, ohne gleich in eine unangenehme Situation zu kommen. Auch können wir so mit Kindern ins Gespräch kommen und klären, welche Bedeutung dieses oder jenes Wort hat, um für die Wirkung zu sensibilisieren. Denn Kinder kennen die Wirkung von verletzenden Worten nicht von Anfang an, sie lernen die Bedeutung von Schamgefühlen und Verletzungen erst nach und nach.

> Schimpfwörter sind meist Ausdruck von Ärger und Wut. Wenn wir weniger auf die Form als auf den Inhalt des Gesagten eingehen, können wir mit Kindern ins Gespräch kommen und erfahren mehr über sie und das, was in ihnen vorgeht.

Mein Kind gibt nicht ab und teilt nicht gerne!

Ich weiß einfach nicht mehr weiter. Mein Sohn Frido (drei Jahre) ist eigentlich wirklich ein liebes Kind, aber wenn sein Kumpel kommt, dreht er völlig durch. Schon wenn es an der Tür klingelt und ich sage, dass es sein Freund ist, schnappt er sich so viel er kann und hält alles fest. Wenn sein Kumpel dann irgendetwas anderes zum Spielen nimmt, reißt er es ihm weg und schlägt auch nach ihm. Ich habe schon viel versucht: Ich rede mit ihm (dann schreit er nur); ich versuche, ihn abzulenken (er schreit); ich schicke ihn aus seinem Zimmer raus (er geht, kommt aber sofort wieder, wenn er merkt, dass sein Kumpel einfach weiterspielt). Ich habe ihm auch schon mal auf die Finger gehauen, habe es aber sofort bereut. Mir tut es nur so leid, auch für das andere Kind. Meine Freundin ist natürlich auch nicht begeistert, dass er so ist, und ich habe schon Angst, dass sie bald keinen Kontakt mehr zu uns will. Die Situation macht mich fertig, ich bin wirklich verzweifelt.

Wenn wir Kinder zum Teilen motivieren, überreden oder gar zwingen, erhalten sie neben der Aufforderung etwas abzugeben auch noch folgende Botschaften:

➡ Es ist okay, jemandem einfach etwas wegzunehmen, wenn man die Sache wirklich haben will.

➡ Es ist nicht okay, seine Grenze deutlich zu machen, indem man etwas einwendet, wenn man derjenige ist, dem etwas weggenommen wurde.

➡ Um selbst beliebt zu sein, muss ich jederzeit teilen und abgeben, auch wenn ich das gar nicht möchte.

So kann bei den Kindern kein Gefühl für die eigene Grenze und das Recht darauf, auch mal »Nein« sagen zu dürfen, entstehen. Im Grunde erziehen wir unsere Kinder damit zu einer gewissen Grenzenlosigkeit.

Jemand anderem etwas abzugeben widerspricht zunächst dem Urinstinkt und ist deshalb nicht so einfach. Es kann eine ganze Zeit dauern, bis Kinder merken, wie schön es sein kann, sich in der Verbundenheit des Gemeinsamen zu spüren, und dass sie nicht zu kurz kommen, wenn sie teilen.

Das sollten wir im Hinterkopf haben, wenn wir es »unsympathisch« oder peinlich finden, wenn unsere Kinder nicht teilen wollen oder können. Kleine Kinder haben eine ganz andere Wahrnehmung als Erwachsene und können sich selbst noch nicht zurücknehmen, denn in ihrem Gefühl sind sie der Mittelpunkt der Welt.

Folgende Voraussetzungen sind also maßgeblich dafür, dass Kinder abgeben und teilen lernen können:

● *Echte Empathie*: Um mit Freude und von sich aus teilen zu können, ist echte Empathie eine wichtige Voraussetzung. Sie entwickelt sich jedoch erst zwischen dem dritten und vierten Lebensjahr.

● *Beim Teilen verliere ich nicht*: Kinder brauchen die wichtige Erfahrung, dass sie beim Teilen nichts verlieren, sondern etwas hinzugewinnen.

- *Über Eigenes verfügen:* Kinder brauchen die Erfahrung, dass sie etwas besitzen, etwas, was ganz und gar nur ihnen selbst gehört und über das sie bedingungslos verfügen können.

Wenn wir diese Voraussetzungen kennen, können wir Kinder wertschätzend bei ihren Erfahrungen begleiten und diese Aspekte mitbeachten:

- Im Alltag mit Geschwisterkindern wird häufig um Spielzeug gestritten. Wir können den Kindern helfen, ihre Grenzen deutlich zu machen. So können Spielzeuge zum Beispiel gemeinsam gekennzeichnet werden, und es kann miteinander ausgehandelt werden, was für alle und was für die jeweiligen Kinder besonders wertvoll ist.
- Kinder dürfen auch Nein sagen: Wer mit dem Roller von einem anderen Kind fahren möchte, kann vorher fragen und auch ein Nein als Grenze des anderen akzeptieren.
- Unterstützen: In der Regel können gleichaltrige Kinder sich ganz gut auseinandersetzen und auch Lösungen finden. Besser bei Lösungen unterstützen als selbst Lösungen vorgeben!
- Geduld haben: Kinder brauchen Zeit für wesentliche Erfahrungen. Wenn Eltern hier die Geduld verlieren und ihre Kinder zum Teilen zwingen, verteidigen diese ihren Besitz umso stärker, und die Angst, das eigene Objekt zu verlieren, steigt. Mit Freude und Leichtigkeit abgeben kann man nur, wenn man sich sicher und selbstbestimmt fühlt.
- Verständnis aufbringen: Es geht oft nicht um den Roller und die Schippe an sich, sondern um das Erlebnis, dass das andere Kind gerade hat. Kinder sehen, dass ein anderes Kind Freude empfindet, und suchen dieses Gefühl dann über den Besitz des Gegenstandes für sich zu reklamieren.
- Wir erwarten Besuch: Hier kann im Vorfeld besprochen werden, welche Spielzeuge geteilt werden dürfen, wo Besucherkinder sich aufhalten können und wo eher nicht.

Es ist wichtig, dass wir Eltern diese Entwicklung mit diesem Wissen liebevoll und wertschätzend begleiten und sowohl die Gefühle des eigenen, aber auch die des anderen Kindes benennen und manchmal auch aushalten. Kinder dürfen lernen, ihre eigenen Grenzen zu wahren, ohne die der anderen zu überschreiten, wenn wir Eltern es ihnen vorleben. Unsere Aufgabe ist es also auch, gut für uns und unsere Anliegen zu sorgen. Wesentlich ist, dass Grenzen deutlich werden – diese können nur in einem Konflikt sichtbar werden. Deshalb sind Konflikte so wertvoll, und es ist wesentlich, dass wir sie nicht wegdrücken und über Strafen und Konsequenzen »lösen«, sondern mit unseren Kindern gemeinsam wertschätzende Wege finden.

> Drei Voraussetzungen brauchen Kinder also, um abgeben und teilen zu können: 1. Echte Empathie, 2. die Erfahrung, dass etwas nur ihnen gehört und sie bedingungslos über Eigenes verfügen dürfen, und 3. die Erfahrung, dass man beim Teilen nichts verliert, sondern etwas wiederbekommt.

Mein Kind hängt ständig am Handy und spielt nur noch am Computer – was kann ich tun?

Immer wieder werde ich gefragt, welche Möglichkeiten ich sehe, den Umgang mit PC und Handy einzudämmen. »*Er sitzt nur noch vor der Kiste und spielt mit seinen Klassenkameraden irgendwelche Online-Games.*«

So oder ähnlich stöhnen viele Eltern besorgt in meiner Praxis. Ja, die Diskussion um die sogenannten neuen Medien ist aktueller denn je. Viele Kinder und Jugendliche verbringen immer mehr Lebenszeit vor dem Computer. Vor allem Online-Rollenspiele wie »World of Warcraft« stehen dabei hoch im Kurs. Aber auch Smartphones spielen eine zunehmend wichtige Rolle für Heranwachsende; Klassenchats und soziale Plattformen gehören für viele zum Alltag.

Mit dieser Situation müssen wir uns auseinandersetzen, um angemessene Verhaltensweisen zu entwickeln. Was wir nicht vergessen dürfen, ist, dass der Umgang mit diesen Medien für die Generation unserer Kinder eine ganz andere Selbstverständlichkeit hat als für uns. Wir sind in diese technische Entwicklung noch vergleichsweise langsam hineingewachsen, während unsere Kinder mit diesen Medien ganz selbstverständlich groß werden. So haben wir Eltern häufig selbst noch wenig Erfahrung und Strategien entwickelt und fühlen uns oft hilflos.

Würden wir unseren Kindern die Teilhabe verbieten, würden wir sie eines nicht unerheblichen Teils ihrer Sozialkontakte berauben, und auch wenn ich den Impuls vieler Eltern verstehen kann, den Stecker zu ziehen oder das Smartphone einzusammeln, ist diese Reaktion eher destruktiv. Die Botschaft, die unsere Kinder hier empfangen lautet: Ich lehne ab, was dir wichtig ist. Dann ziehen sich Kinder und Jugendliche zurück, die Offenheit den Eltern gegenüber sinkt, und nicht selten spielen die Kinder dann heimlich und entwickeln kreative Strategien, um an die Geräte zu kommen. Ein Machtkampf beginnt.

Computerspiele
Meine Erfahrung ist, dass Online-Rollenspiele immer dann übermäßig gespielt werden, wenn Kinder in ihrer realen Welt wenig positiven Kontakt und Beziehung erfahren. Wenn sie sich selbst als minderwertig und nicht attraktiv empfinden und in ihren nahen Beziehungen und ihrer sozialen Welt wenig positive Reize, Wertschätzung, Selbstwirksamkeit und Bestätigung erfahren. Ist das der Fall, ziehen sie die virtuellen Welten vor. Denn dort werden die ungestillten emotionalen Bedürfnisse (vermeintlich) gestillt: Sie erleben sich im Spiel als eine geachtete Persönlichkeit, die handlungsfähig ist, Erfolge erzielt, Macht ausübt und

Herausforderungen besteht, für die sie Anerkennung in der Gemeinschaft erfährt.

Emotionale Grundbedürfnisse (wie das Bedürfnis nach Verbundenheit oder das Gefühl, wertvoll zu sein und dazuzugehören) werden in der virtuellen Welt befriedigt. Jugendliche, die übermäßig viel spielen, suchen diese Befriedigung in der virtuellen Welt, weil sie in der echten Welt nicht »satt« sind, ihre Bedürfnisgläser also nicht oder zu wenig gefüllt sind. Deshalb ist das Verbot auch nur eine Symptombehandlung, das die eigentliche Ursache ungelöst lässt.

Ab wann die Spieldauer von Kindern und Jugendlichen als bedenklich einzustufen ist, kann man pauschal nicht sagen. Die Jugendlichen befinden sich zudem in einer sensiblen Phase, der Pubertät, sodass es wichtig ist, auch die Besonderheiten dieser Entwicklung zu berücksichtigen. Oft gibt es Zeiten, in denen Jugendliche exzessiv spielen, dann gibt es auch wieder Momente, in denen anderes relevanter ist.

Um herauszufinden, ob ein Kind gefährdet ist, können Eltern sich Folgendes fragen:

➡ Kann mein Kind auch aufhören und ein paar Tage nicht spielen?
➡ Geht das Kind regelmäßig zur Schule und geht es auch anderen sozialen Aktivitäten nach?
➡ Wie sieht das soziale Bezugsnetz des Kindes aus? Hat es Freunde in der realen Welt oder dünnen die Kontakte stark aus?
➡ Stehen enge Freundschaften und Beziehungen ernsthaft auf dem Spiel, und nehmen virtuelle Kontakte überhand?

Eltern können sich selbst außerdem hinterfragen:

➡ Wie gut ist unsere Beziehung und die Familienatmosphäre auf einer Skala von 1 bis 10 (1 ist sehr schlecht, 10 sehr gut)?

➡ Wie viel Zeit nehmen wir uns für unsere Kinder? Wann begegnen wir uns wirklich, und wissen wir voneinander, was uns beschäftigt?

➡ Gibt es genug Raum für gemeinsame Erlebnisse in der realen Welt?

➡ Woran merkt mein Kind jeden Tag, dass es für mich wertvoll und wichtig ist?

Die einzige Möglichkeit, mit dem Thema umzugehen, sind aus meiner Sicht der wertschätzende Dialog (siehe Kapitel 5) und das offene Gespräch. Voraussetzung dafür ist, dass Eltern das Interesse des Kindes an den elektronischen Spielen akzeptieren und diese nicht abwerten. Gut ist, wenn Eltern sich darüber freuen können, dass ihr Kind Freude am Spiel hat, und Interesse zeigen, indem sie sich zum Beispiel die Spiele und auch die Faszination der Kinder erklären lassen.

Wichtig ist aber auch, dass Eltern sich positionieren und mit ihren Kindern auch über ihre Gedanken und Sorgen offen sprechen. Dabei geht es nicht darum, die Spiele zu verteufeln, sondern die Kinder und Jugendlichen darin zu begleiten, einen guten Umgang mit dem Medium zu finden. Dafür sind auch eigene Erfahrungen nötig, auch wenn das für Eltern oft schwer auszuhalten ist.

Smartphone

Hier gilt Ähnliches wie beim Umgang mit Computerspielen. Außerdem können Eltern ihre Kinder auch für die Unterschiede von virtueller Kommunikation und Kontakt im realen Leben sensibilisieren. Weiterhin können Eltern gemeinsam mit den Kindern überlegen, wie sie ihr Familienleben gestalten wollen, und zum Beispiel handyfreie Zonen, die für alle gelten, einrichten – zum Beispiel beim Essen.

Wir sollten auch nicht vergessen, dass Kinder der Mediennutzung ihrer Eltern nicht unkritisch gegenüberstehen. Oft erlebe ich, dass Kinder ihren Eltern in Diskussionen vorwerfen: »Du bist ja selbst die ganze Zeit am Handy, und am Computer sitzt du auch dauernd.«

Die Fähigkeit, diese neuen Medien so zu nutzen, dass sie unser Leben bereichern und es nicht beeinträchtigen, muss von uns allen gelernt werden. Eltern können sich deshalb in diesem Prozess vor allem zunächst selbst fragen, welche Position sie hier grundsätzlich vertreten. Wie gehen sie selbst mit dem Medium um? Denn die wichtigste Voraussetzung für den Erwerb von Medienkompetenz ist das Vorbild zu Hause. Welchen Stellenwert nehmen die neuen Medien insgesamt in der Familie ein? Eine Mutter, die ihren Sohn wochenlang am Computer spielen lässt und plötzlich vom Fernseher aufsteht und ihn auffordert, nun endlich den PC auszumachen, ist wenig glaubwürdig.

Es lohnt sich, im Dialog mit Kindern und Jugendlichen die digitale Kommunikation nicht auszusparen und auch Vor- und Nachteile zu diskutieren. So können Gespräche über die Bedeutung des persönlichen Kontakts mit Freunden und Familie entstehen. Außerdem kann es helfen, wenn wir unseren Kindern von eigenen Erfahrungen und auch von unseren Schwierigkeiten im Umgang mit der Mediennutzung erzählen – ein Ende finden ist auch für die meisten Erwachsenen nicht leicht. Das Wichtigste ist, die Konflikte als Chance zu nutzen, um ein Bewusstsein für eine ausgewogene Nutzung der vorhandenen Möglichkeiten zu schaffen.

Wenn Eltern wollen, dass sich etwas ändert, können sie auf die Beziehung zu ihrem Kind vertrauen und in einen wertschätzenden Dialog eintreten. Sie können sich positionieren und sagen, was sie wollen, warum sie Ängste haben und warum sie etwas verändern möchten. In einer offenen Beziehung können dann gemeinsam neue Regelungen für einen neuen Umgang mit dem PC gefunden werden.

Nur Mut! Rückenstärkung für Eltern

Ich möchte Sie zum Ende des Buches auf Ihrem neuen Weg bestärken. Vielleicht haben Sie manchmal das Gefühl, dass es zu anstrengend ist und zu viel Kraft kostet, im Alltag diesen neuen Weg zu gehen. Es mag sich zu Beginn eine Zeit lang so anfühlen. Langfristig jedoch wird es sich lohnen. Sie werden kleine Schritte wahrnehmen und schließlich Früchte ernten können.

Folgende Hinweise möchte ich Ihnen zum Schluss noch mitgeben:

- Seien Sie nicht zu streng mit sich selbst. Gerade wir Mütter neigen zum Perfektionismus und wollen alles sofort »richtig« und auch noch »richtig gut« machen. Seien Sie geduldig und freundlich mit sich selbst. Sie sind auf dem Weg. Vieles gelingt, und manches entwickelt sich auf Umwegen. Das ist kein Grund, mit sich selbst zu hadern oder zu verzweifeln.
- Sie dürfen eine klare, neue Haltung entwickeln, sodass Sie in eine wertschätzende Führungsposition Ihrem Kind gegenüber kommen.
- Der wertschätzende Dialog bedeutet keine langen Diskussionen. Im Gegenteil: Es geht um eine offene und unvoreingenommene Haltung und um die Bereitschaft, mit dem eigenen Kind in einen wertschätzenden Kontakt zu treten. Es geht darum, sich auszutauschen, Beweggründe anzuhören und sich gegenseitig mit Verständnis zu begegnen. Das können kurze, aber intensive Gespräche sein. Vermeiden Sie lan-

ge Diskussionen, die sich im Kreis drehen. Diese sind nicht zielführend und destruktiv. Sie führen häufig eher dazu, dass sich die unterschiedlichen Meinungen verfestigen. Versuchen Sie ohne eine Lösung im Kopf interessiert in ein Gespräch zu gehen. Vermeiden Sie außerdem ein »Aber« im Dialog. Das löst sofort Widerstand aus und verbreitet so eine kämpferische Atmosphäre.

- Bleiben Sie »am Ball« und lassen Sie sich nicht entmutigen, wenn mal etwas nicht gelingt. Der Übergang von einem sanktionierenden Umgang hin zu einem bindungs- und beziehungsorientierten Miteinander kann Kraft kosten und braucht Zeit.

- Beginnen Sie mit dem Vertrauen bei sich selbst. Trauen Sie sich etwas zu und vertrauen Sie sich und Ihren Fähigkeiten als Mensch, Mutter, Vater und wertschätzende Bindungsperson. Ihr Kind liebt Sie bedingungslos – vielleicht haben Sie eine solche Form der Liebe noch nie erfahren. Genießen Sie es und gehen Sie achtsam und sorgsam mit der Liebe Ihres Kindes um. So können Sie bald auch Vertrauen in Ihr Kind entwickeln und werden ein selbstbewusstes, fröhliches und ausgelassenes Kind begleiten dürfen.

- Wir entwickeln und wachsen stetig mit unseren Kindern. So dürfen wir Kinder (auch) als Chance für eigenes Wachstum begreifen. Dieses hört übrigens nie auf, denn wir alle wachsen in Beziehungen und entwickeln uns weiter.

- Lassen Sie sich nicht verunsichern. Sie werden immer Menschen begegnen, die für einen autoritären und sanktionierenden Umgang plädieren. Diese Menschen werden Ihnen vorwerfen, dass Sie unverantwortlich und weltfremd seien. Wenn die Weltordnung dieser Menschen über Strafen und Sanktionen geregelt wird, sind wir gern weltfremd, denn wir wissen um die wundervollen Auswirkungen von Bindung und Beziehung.

• Und zum Schluss: Bleiben Sie mit Ihren Gedanken, aufkommenden Ängsten, Unsicherheit und Sorgen nicht alleine. Suchen Sie ähnlich Denkende und Fühlende und tauschen Sie sich aus.

Wie fruchtbar ein solcher Austausch sein kann und welche großartigen Veränderungen er anstoßen kann, zeigt der folgende Beitrag aus meiner Familienwerkstatt. So schreibt eine Mutter:

> Liebe alle,
> in den letzten Monaten hatte ich nicht viel Zeit, mich hier zu melden, aber ich habe fleißig mitgelesen und bin dankbar für alle Anregungen, die ich hier erfahre.
> Bei uns hat sich in den letzten sechs Wochen viel verändert, und davon wollte ich euch kurz berichten. Vielleicht erinnert ihr euch, dass wir ziemlich traurig waren, weil unsere Maya nach der Geburt ihrer Schwester so viele und lang anhaltende, verzweifelte Wutanfälle am Tag hatte ... Nachdem wir Katias Bücher gelesen haben und in der Familienwerkstatt während eines Online-Seminars von ihr beraten wurden, haben wir einiges verändert und viel an unserer Beziehung und Bindung zu Maya gearbeitet. Und was soll ich sagen ... es hat sich hier wirklich alles toll entwickelt. Wutanfälle, wie sie damals mehrmals am Tag auf der Tagesordnung waren, kennen wir in der Form nicht mehr. Wir haben so viele wunderschöne, innige, lustige und besonders liebevolle Momente mit Maya.
> Klar, gibt's auch noch schwierige Situationen, aber daran wachsen wir ja auch weiter. Wir merken auch, dass die Führung im Alltag uns teilweise noch schwerfällt. Hier muss ich besonders aufpassen, nicht in alte Muster zu verfallen, ohne die Führung völlig aufzugeben. Eine Gratwanderung manchmal ...
> Jedenfalls hoffen wir sehr, dass sich weiterhin alles so positiv entwickelt; ihr alle gebt uns hierfür sehr wertvolle Anregungen. Danke an euch alle!

Ich freue mich sehr über die Veränderungen, die diese Mutter hier beschreibt. Denn es bestärkt mich vor allem in meinem tiefen Glauben darin, dass Eltern alles, was sie für eine Veränderung benötigen, in sich tragen. Eltern haben – häufig ohne es zu wissen – einen Schatz in sich. Einen Schatz an Beziehungsantworten und Bindungsangeboten für ihre Kinder. Sie bringen also alles mit. Es braucht nichts weiter als ein Anrühren und die Entscheidung, es anders machen zu wollen. Alles ist bereits in uns angelegt und häufig nur »verschüttet«. Meine Aufgabe sehe ich darin, diesen inneren Schatz anzustoßen und im besten Falle mit ihnen gemeinsam mit der Bergung zu beginnen. Heben können Eltern ihren Schatz dann meist selbst. Und wenn sie erkennen, was für wertvolle Antworten sie in sich tragen, geht es im Alltag oft wie von selbst voran.

Ich wünsche Ihnen alles Gute auf Ihrer persönlichen Schatzsuche, und vielleicht kann das Buch auf dieser Suche hier und da Ihren Schatz für Sie sichtbarer machen. Ich wünsche es mir, im Sinne unserer Kinder.

Hilfreiche Blogs

www.einfach-eltern.de
Im Vordergrund der »Erziehung« stehen Wertschätzung, Nähe und natürlich Liebe. Geburt und Bindung sind wesentliche Themen der beiden Inhaberinnen. Auf dieser Seite finden Eltern Kurse, Workshops, Onlineangebote und jede Menge Links zu den wichtigsten Themen im Alltag mit Babys rund um das erste Jahr – bindungs- und beziehungsorientiert.

www.geborgen-wachsen.de
Blog der Kleinkindpädagogin Susanne Mierau. Wissenswertes zum Thema Bindung und Geborgenheit, Schwangerschaft, Baby und Kleinkind.

www.gewuenschtestes-wunschkind.de
Ein Blog von zwei jungen Berlinerinnen, die über das Leben mit Kindern und die dazugehörigen Bereiche aus Entwicklung, Erziehung, Gesundheit und Ernährung schreiben und dabei die emotionalen Bedürfnisse in den Mittelpunkt stellen.

www.katiasaalfrank.de
Hier stehen die bindungs- und beziehungsorientierte Pädagogik, die emotionale Entwicklung des Kindes und die konstruktive Eltern-Kind-Beziehung im Vordergrund. Es gibt viele Infos und verschiedene Angebote für Eltern:
- ➡ Familienwerkstatt (Onlineplattform für Eltern): kontinuierliche bindungs- und beziehungsorientierte Begleitung im Alltag mit Kindern, weitere Infos auf der Homepage

➡ Ausbildung: Kursleitung KinderBesserVerstehen (für Eltern, die neue Wege leben und weitergeben wollen)
➡ Ausbildung: Bindungs- und Beziehungsorientierter Eltern- und Familienberater

Private Beratungspraxis Katia Saalfrank Berlin
www.familiensprechstunde-saalfrank.de
Bindungs- und Beziehungsorientierte Eltern- und Familienberatung (in Berlin UND ortsunabhängig online über Videoberatung)

www.kinderwaerts.de
Der Betreiberin der Seite ist ein wertschätzender, würdiger Umgang mit kleinen Menschen und Jugendlichen sehr wichtig. Die ausgebildete Erzieherin ist u. a. Mediatorin und Familienbegleiterin. Kleine Menschen sind für sie kompetent und vollkommen, so wie sie sind. Sie schreibt insbesondere für Erzieher und Erzieherinnen und unterstützt Menschen auf neuen Wegen.

www.nestling.org
Blog, der anderen Eltern Mut machen soll, der eigenen Intuition zu folgen und auf emotionale Bedürfnisse von Kindern zu hören.

www.rabeneltern.org
Webangebot des Vereins Rabeneltern.org e. V., Rückenstärkung für eine gewaltfreie, respektvolle und fürsorgliche Erziehung.

Literatur

Bauer, Joachim: *Schmerzgrenze – Vom Ursprung alltäglicher und globaler Gewalt.* München 2011

Bohsen, Guido: »Zahl der ADHS-Diagnosen steigt deutlich«, http://www. sueddeutsche.de/gesundheit/untersuchung-zahl-der-adhs-diagnosen-steigt-deutlich-1.3023871

Chopich, Erika J. und Margaret Paul: *Aussöhnung mit dem inneren Kind.* München 2009

Dies.: *Aussöhnung mit dem inneren Kind – ein Arbeitsbuch.* München 2009

Hüther, Gerald: »Neurobiologische Grundlagen der Herausbildung psychotraumabedingter Symptomatiken«, in: *Trauma und Gewalt. Forschung und Praxisfelder.* 4. Jahrgang, Heft 1/2010

Ders.: *Was wir sind und was wir sein könnten: Ein neurobiologischer Mutmacher.* Frankfurt/Main 2011

Ders. mit Uli Hauser: *Jedes Kind ist hoch begabt. Die angeborenen Talente unserer Kinder und was wir aus ihnen machen.* München 2012

Juul, Jesper: *Grenzen, Nähe, Respekt: Auf dem Weg zur kompetenten Eltern-Kind-Beziehung.* Hamburg 2009

Kast, Verena: *Vom Sinn des Ärgers. Anreiz zu Selbstbehauptung und Selbstentfaltung.* Freiburg 2005

Kast-Zahn, Annette: *Jedes Kind kann Regeln lernen.* Düsseldorf 2005

Lago, Remo: *Babyjahre.* München 2003

Ders.: *Kinderjahre.* München 2000

Leibovici-Mühlberger, Martina: *Wenn die Tyrannenkinder erwachsen werden.* Wien 2016

Litters, Jennifer: »Ohrfeige oder Klaps – Tabu oder nicht so schlimm?«, http://www.eltern.de/kleinkind/erziehung/ohrfeigen-klaps.html

Loney, B. R. et al.: »The relation between salivary cortisol, callous-unemotional traits, and conduct problems in an adolescent non-referred sample«, in: *Journal of Child Psychology and Psychiatry*, 47 (1), 2006, S. 30–36

Maaz, Hans-Joachim: *Die narzisstische Gesellschaft: Ein Psychogramm.* München 2014

Miller, Alice: *Am Anfang war Erziehung.* Frankfurt/Main 1983

Renz-Polster, Herbert: *Kinder verstehen: Born to be wild. Wie die Evolution unsere Kinder prägt.* München 2015

Roth, Gerhard und Nicole Strüber: *Wie das Gehirn die Seele macht.* 7. Auflage. Stuttgart 2017

Saalfrank, Katharina: *Du bist ok, so wie du bist. Beziehung statt Erziehung.* München 2014

Dies.: *Was unsere Kinder brauchen. 7 Werte für eine gelingende Eltern-Kind-Beziehung.* München 2016

Servan-Schreiber, David: *Die neue Medizin der Emotionen: Stress, Angst, Depression: Gesund werden ohne Medikamente.* München 2006

Strüber, Nicole: *Die erste Bindung. Wie Eltern die Entwicklung des kindlichen Gehirns prägen.* Stuttgart 2016

Winterhoff, Michael: *Warum unsere Kinder Tyrannen werden. Oder: Die Abschaffung der Kindheit.* München 2009

Dank

Ich möchte mich bei den vielen Menschen bedanken, denen ich in meiner beruflichen Praxis begegne und die mir ihr Vertrauen schenken. Sei es in meiner Eltern- und Familienberatung, meinen Seminaren, in den verschiedenen Ausbildungen oder auch in der Familienwerkstatt, wo ich Eltern online in ihrem Alltag bindungs- und beziehungsorientiert begleite.

Danke euch allen für das Vertrauen, das ihr mir mit euren Fragen entgegenbringt. Und danke, dass ihr nach neuen, wertschätzenden Lösungen – im Sinne eurer Kinder – sucht. Viele Gedanken aus diesen Begegnungen sind im vorliegenden Buch verarbeitet.

Bedanken möchte ich mich auch bei meiner Familie, meinen Söhnen und bei meinem Mann, die mich jeden Tag lehren, was tiefe Beziehungen bedeuten. Auch meinen Eltern, insbesondere meinem Vater, danke ich dafür, dass er immer für mich da ist und wertvolle Entwicklungen anstößt, und auch meinen Geschwistern bin ich dankbar für den Austausch und die Bestärkung. Bedanken möchte ich mich auch bei meinem Freund André Stern, mit dem ich mich tief verbunden fühle und der mich immer wieder sehr inspiriert, bei meiner Freundin und Kollegin Savina Tilmann, die stets bedingungslos an meiner Seite ist, und bei ATI, die einfach großartig ist. Und bei Dr. Nicole Strüber für die wunderbare inhaltliche und spontane Unterstützung und den fachlichen Austausch zu den neurobiologischen Zusammenhängen, die im Kontext von Bindung und Beziehung inzwischen so umfassend erforscht wurden.

Das intuitive Wissen unserer Kinder

André Stern
Die Rhythmen
und Rituale
unserer Kinder

BELTZ

Das Kind will nichts als Nudeln essen oder auf Bildschirme schauen? Den ganzen Tag tanzen oder Rennauto spielen? André Stern ermutigt zur Gelassenheit: Die ganz eigenen Rituale und Rhythmen von Kindern sind ein bedeutsamer Ausdruck ihrer Ziele und Bedürfnisse. Sie sind Ruhepunkte, von denen aus Kinder immer wieder aufbrechen zur Entdeckung neuer Horizonte.

Auf seine unnachahmliche Art, in Text und wunderbaren Fotos, schaut André Stern genau hin: auf Trotzanfälle, ausgefallene Spiele und Gewohnheiten von Kindern. Unsere Töchter und Söhne wissen, was gut für sie ist, und alles, was sie tun, hat einen Sinn. Dieses Wissen ist jedem Kind angeboren, und wir sollten es schützen, um es nicht zu zerstören.

»André Stern ist ein wundervolles Buch gelungen. Er nimmt seine Leser mit in die Welt der Kindheit und berührt uns tief mit seiner einzigartigen Interpretation ihres kindlich-intuitiven Tuns.« Katharina Saalfrank

»Lasst Kinder doch ihren Wachstumsimpulsen in ihrem eigenen Tempo folgen, sagt André Stern allen Eltern so liebevoll in diesem Buch. Und ich kann nur sagen: Er hat ja so recht.« Prof. Dr. Gerald Hüther

André Stern
Die Rhythmen und Rituale unserer Kinder
Vom Reichtum, der von innen kommt
Gebunden, 184 Seiten
ISBN 978-3-407-86661-5

www.beltz.de

Der Weg ist das Ziel

Eine liebevolle Eltern-Kind-Beziehung ist die Basis für das gesunde Aufwachsen von Kindern. Damit sie gelingt, brauchen wir einen Perspektivwechsel: Nicht das Verhalten des Kindes steht im Mittelpunkt, sondern seine Bedürfnisse und Gefühle. Eltern dürfen dabei die Welt mit Kinderaugen sehen und zudem ein besseres Verständnis für sich und ihre Werte gewinnen. Nur wer sich selbst besser versteht, kann auch sein Kind besser verstehen. Deshalb ist Elternsein immer auch eine Reise zu sich selbst.

Die bekannte Familienberaterin Katharina Saalfrank greift die drängendsten Fragen von Eltern auf: Was steckt hinter Aggressionen oder Ängsten? Wie können Eltern mit starken Gefühlen bei Kindern und bei sich selbst umgehen? Welche Bedürfnisse hat das Kind, welche haben die Eltern? Wie finden Eltern im Alltag die Verbindung zu sich selbst? Und wie gelingt wertschätzende Führung? Die Autorin ermutigt Mütter und Väter, den Fokus zunächst auf sich zu richten, um dann neue Wege mit der Familie zu gehen

Katharina Saalfrank
Die Reise zur glücklichen Eltern-Kind-Beziehung
Dein Kind und dich besser verstehenn
gebunden, 381 Seiten
ISBN 978-3-407-86688-2

www.beltz.de

Was wir jetzt für unsere Kinder tun müssen

Nicole Strüber

Was wir jetzt tun müssen, um unsere Kinder vor den seelischen Folgen der Pandemie zu schützen

BELTZ

Die Corona-Pandemie hinterlässt besonders bei Kindern und Jugendlichen Spuren: Sie sind gereizt, gestresst oder ziehen sich zurück. Wichtige Entwicklungen im kindlichen Gehirn fanden während der Lockdown-Phasen nur eingeschränkt statt – das könnte die seelische Gesundheit einer ganzen Generation gefährden.

Neurobiologin Nicole Strüber erklärt, was Eltern, Kitas, Schulen und die Gesellschaft jetzt tun müssen, damit unsere Kinder die Pandemie gut verarbeiten. Sie betont: Kinder, die genügend Ressourcen haben, können die verpassten Entwicklungen aufholen, aber sie brauchen jetzt unsere Unterstützung, mehr Verständnis und viel freie Zeit. Besonnen, undogmatisch und mit zahlreichen Einblicken von Expert*innen aus Psychologie, Medizin und Pädagogik gibt sie konkrete Antworten und Akuthilfe an die Hand.

*»Nicole Strüber stellt sich an die Seite von Eltern, nimmt ihnen Druck und plädiert dafür, die Bedürfnisse von Kindern gerade nach der Pandemie in den Mittelpunkt zu rücken. Wissenschaftlich fundiert zeigt sie auf, warum es wichtig ist, dass wir als Eltern, Pädagog*innen und Gesellschaft für unsere Kinder jetzt zusätzliche Räume für emotionale Entwicklung zur Verfügung stellen und warum Leistungsdruck jetzt eher kontraproduktiv ist.«*
Katharina Saalfrank, Eltern- und Familienberaterin

Nicole Strüber
Coronakids
Was wir jetzt tun müssen, um unsere Kinder vor den seelischen Folgen der Pandemie zu schützen
broschiert, 160 Seiten
ISBN 978-3-407-86727-8

www.beltz.de **BELTZ**